Co-rédactrices en chef
ISABELLE MORIN et ALICE TILLIER
Ministère de l'Éducation nationale – FIPF

Présentation graphique
Jean-Pierre Delarue

Conception graphique
Jehanne-Marie Husson

Directeur de la publication
JEAN-PIERRE CUQ
Ministère de l'Éducation nationale – FIPF

LE FRANÇAIS DANS LE MONDE est la revue de la Fédération internationale des professeurs de français (FIPF), au CIEP
1, av. Léon Journault 92311 Sèvres
Tél. : 33 (0) 1 46 26 53 16
Fax : 33 (0) 1 46 26 81 69
Mél : secretariat@fipf.org
http://www.fipf.com

LE FRANÇAIS DANS LE MONDE
9, avenue Pierre de Coubertin
75013 Paris
Téléphone : 33 (0) 1 45 87 43 26
Télécopie : 33 (0) 1 45 87 43 18
Mél : fdlm@fdlm.org
http://www.fdlm.org

Recherches et applications _____ N°45

JANVIER 2009
PRIX DU NUMÉRO : 15,50 €

La perspective actionnelle et l'approche par les tâches en classe de langue

coordonné par
ÉVELYNE ROSEN

La perspective actionnelle et l'approche par les tâches en classe de langue

Mise en contexte

Cette introduction se propose tout d'abord de situer la perspective actionnelle et l'approche par les tâches tant du point de vue de l'actualité des réalisations que des perspectives pour la classe de FLE. L'organisation du numéro, ainsi que les articles qui le composent, sont ensuite présentés.

Le CECR propose un modèle d'ensemble où le rapport entre «stratégie», «texte» et «tâche» occupe une position centrale et en quelque sorte motrice. C'est dans cette perspective, dite «actionnelle» que la notion de tâche trouve à s'inscrire, ni comme seulement «communicationnelle» ni comme d'abord scolaire. La question posée est celle des rapports entre tâches, progressions et curriculums.

La «perspective actionnelle» suggère une réelle filiation avec les théories de l'activité, c'est-à-dire la visée socio-culturelle et ce qu'on pourrait nommer la co/multi-action. Le CECR aborde sans s'attarder cet aspect social en considérant tout locuteur/apprenant dans sa dimension d'acteur social. Dès lors, la «tâche» peut-elle être considérée comme individuelle comme l'approche communicative le laisse entendre ? Comment tenir compte en classe de langues de cette perspective sociale et actionnelle sans retomber dans la tradition de l'apprenant se développant en toute autonomie ? Quelle place accorder, en plus de la compétence de communication, aux compétences dites génériques et transversales qui sont mobilisées nécessairement dans l'action sociale ? Comment évaluer et valoriser cette intelligence actionnelle partagée ?

Approche par les tâches, pédagogie du projet et perspective actionnelle dans le quotidien de la classe de langue

Le CECR met au centre de l'apprentissage et de l'utilisation d'une langue étrangère la notion de tâche. En nous appuyant sur des manuels de FLE récents, nous dégagerons une typologie des tâches communicatives proposées et nous pointerons les avancées méthodologiques liées au CECR pour les «capacités à faire» dans le domaine de la réception, de l'interaction et de la production.

Comment un projet peut-il être réalisé en classe de langue ? Quelles sont les mesures préparatoires nécessaires pour réussir un projet dans un environnement de liberté des apprenants qui offre, d'une part, de grandes chances de réussite et, d'autre part, des possibilités d'échec «à risques limités» ? Ce sont ces questions de fond auxquelles l'article viendra apporter des éléments de réponse en s'appuyant sur un projet visant l'aide à la réussite d'étudiants allemands en médecine lors de stages professionnels en France.

Cet article se propose de présenter un exemple de pédagogie de projet permettant de développer l'approche communicative à visée actionnelle promue par le CECR. Il s'agit d'un concours BD, mis en place dans un Centre universitaire de FLE, pour des apprenants de niveau C1, qui offre la possibilité d'établir un continuum entre des activités pédagogiques d'écriture créative et des activités communicationnelles et culturelles ancrées dans la vie sociale.

ISBN : 978-2-09-037117-8

Dans le cadre de formations en français langue étrangère au sein des Nations unies et suite à l'adoption du CECR comme document de référence, une approche basée sur scénario a été retenue afin de former les fonctionnaires internationaux. Un an et demi après sa mise en place, nous proposons notre compte rendu de cette approche ainsi que notre réflexion théorique.

Approche par les tâches, perspective actionnelle, TICE et dispositifs autonomisants

Une perspective socio-constructiviste et actionnelle de l'approche par les tâches à l'ère des cybergenres comporte de nouveaux enjeux en ce qui concerne les représentations socio-culturelles des genres textuels et les nouvelles compétences de lecture et d'écriture. Les problèmes qui se posent exigent une nouvelle approche de la formation à l'autonomie et aux nouvelles littératies, intégrant la formation à la pensée critique et à la culture du débat.

Les tâches exploitant Internet rapprochent-elles ou au contraire éloignent-elles de la vie réelle ? Agir sur Internet est-il au fond si virtuel que cela ? Après un bref survol théorique de la notion de tâche, cet article analyse, en termes de rapport à la vie réelle, des tâches ou scénarios conçus par des étudiants de FLE. L'analyse porte tant sur les supports que sur les processus et les résultats des tâches.

Dans la perspective de Bologne, le centre de langues de la Freie Universität de Berlin s'est engagé dans la redéfinition de ses cours de FLE. À cet effet, l'utilisation du CECR et la mise en place d'un centre d'autoformation en langues font partie des innovations qui ont accompagné cette réforme. Le présent article montre comment, dans le cadre d'un cours, la contextualisation du CECR a donné lieu à la réalisation d'un curriculum multidimensionnel et scénarisé favorisant l'autonomie de l'apprenant.

Approche par les tâches, perspective actionnelle et dimension interculturelle

Le développement récent de la perspective socio-constructiviste éveille l'intérêt des didacticiens du FLE pour l'approche par tâches-problèmes. Par ailleurs, le choix d'un enseignement articulé autour de tâches s'inscrit dans la logique du CECR. Partant du constat que le potentiel pédagogique de l'approche par tâche-problème n'a guère encore été mis en œuvre dans le domaine de l'apprentissage culturel, nous entendons poser le problème et sa résolution comme un cadre pédagogique adapté à l'acquisition de la compétence interculturelle.

Cet article fait part d'une expérience de rencontres entre étudiants finnophones apprentis-experts en études françaises et des étudiants francophones, dans le cadre desquelles ils co-construisent un exposé sur un thème interculturel. Nous analysons le déroulement des préparations, les positionnements des acteurs et les approches interculturelles retenues pour effectuer la tâche. Un modèle de compétences interculturelles pour l'actionnel est discuté.

Approche par les tâches, perspective actionnelle et évaluation

L'approche actionnelle offre de nouvelles perspectives à l'évaluation sommative et certificative dont les opérateurs européens, les méthodologues et les enseignants s'emparent peu à peu à la suite de théoriciens généralement anglo-saxons. Cependant, s'il est relativement aisé de définir désormais les paramètres fondamentaux des tâches évaluatives, l'analyse des performances qui en résultent nécessite une mise en perspective politique que le recours à des techniques statistiques ne pourra résoudre seul.

Selon les moments et le type d'évaluation qu'un enseignant souhaite mettre en place, il se trouve confronté à des choix à opérer. Quels types de tâches et d'exercices mobiliser quand on se place dans une perspective actionnelle telle qu'elle est définie dans le CECR ? Quel impact cette perspective a-t-elle sur les modalités de l'évaluation ? En réponse à ces questions, l'article proposera une typologie des outils disponibles articulant et détaillant les types de tâches, les types de réponses et les compétences en jeu.

Pour conclure... sur des perspectives ouvertes

La perspective actionnelle du CECR confirme pratiques et recherches en formation professionnelle et continue des migrants et les mesures qui l'accompagnent opèrent la première jonction entre « formateurs » et « professeurs de français langue étrangère ». La notion de situation peut les réunir et promouvoir une formation adaptée, qui inverse la relation applicationniste entre formateur-enseignant et ingénierie.

« Méthodologie active », « Pédagogie du projet », « Approche par les tâches », « Approche par les compétences », « Perspective actionnelle »… : toutes ces constructions didactiques ont affiché dans leur appellation même l'idée d'un agir de référence, que l'on retrouve aussi dans les « méthodes actives » mises en avant dans la méthodologie directe, les actes de parole de l'approche communicative, les récits imaginaires de la simulation globale ou encore les activités professionnelles du FOS.

On analysera ce concept central d'« agir » en didactique des langues-cultures sous ses deux formes inséparables de l'agir d'usage et de l'agir d'apprentissage, et on montrera comment ses mutations méthodologiques, au cours de l'évolution didactique, peuvent et doivent inspirer, de nos jours, des formes différenciées de mise en œuvre de la perspective actionnelle dans les classes de langue.

Remerciements

Je tiens tout particulièrement à remercier Jean-Pierre Cuq et Christian Puren,
qui m'ont soutenue tout au long de l'élaboration de ce numéro.
Leurs précieux conseils et les judicieuses remarques formulées
ont sensiblement enrichi les réflexions développées dans ces pages.

Évelyne Rosen

Mise en contexte

Évelyne Rosen

Daniel Coste

Claude Springer

Perspective actionnelle et approche par les tâches en classe de langue

ÉVELYNE ROSEN
UNIVERSITÉ DE LILLE 3

Le *Cadre européen commun de référence* pour les langues (désormais CECR) a-t-il « tétanisé » la réflexion en didactique des langues-cultures ? Cette question, posée par Jean-Pierre Cuq lors du Colloque de la FIPF en juin 2007[1], traduit l'inquiétude de nombreux collègues et chercheurs face à cet outil qui s'est imposé dans le quotidien des classes et des institutions en France et à l'étranger, depuis les années 2000 : comment mettre en effet en place des cours de langue respectant les principes du CECR – et avec quelle marge de liberté ? Outre l'adoption des niveaux de compétence (A1, A2, B1, B2, C1 et C2) et des descripteurs du CECR, y a-t-il des dimensions et caractéristiques directement pertinentes pour et dans le quotidien de la classe de langue ?

Le B-A-BA de la perspective actionnelle et de l'approche par les tâches

La mise en lumière d'un des points clés de la philosophie du CECR permet de donner d'emblée des éléments de réponse : la défense du plurilinguisme. Encourager le plurilinguisme en Europe est en effet l'une des priorités du Conseil de l'Europe : c'est en formant une personne sensibilisée à la réalité de différentes langues et de différentes cultures que l'on peut en faire un médiateur linguistique et culturel capable de jouer pleinement son rôle de citoyen européen. Avec l'implication suivante pour l'enseignement/apprentissage des langues : selon la perspective – actionnelle – promue par le CECR, l'on prépare alors les apprenants en classe, par une approche fondée sur la réalisation de tâches, à pouvoir s'intégrer dans les pays d'Europe qu'ils seront amenés à fréquenter pour une durée assez longue (pour effectuer une

[1]. Colloque organisé au CIEP à Sèvres en juin 2007 autour d'un thème aussi fédérateur que provocateur : « Le Cadre européen, une référence mondiale ? » Les Actes de ce Colloque sont publiés dans la revue de la FIPF, *Dialogues et Cultures*, n° 54, 2009.

7

Perspective actionnelle et
approche par les tâches
en classe de langue

partie de leurs études à l'étranger, pour y effectuer une partie de leur carrière, etc.).

La notion de *tâche* à accomplir est en effet au cœur du CECR. Dans cette perspective, le niveau de compétence d'un apprenant est défini en fonction du plus ou moins grand nombre de tâches qu'il est capable de réaliser correctement. Faire des courses, réserver une chambre au CROUS, accomplir diverses démarches administratives auprès des secrétariats, suivre un cours magistral à l'université, téléphoner à un club de sport pour connaitre les heures des cours et s'y inscrire, etc. sont autant de tâches que des apprenants souhaitant par exemple intégrer un cursus universitaire sont amenés à effectuer en langue étrangère au quotidien : pour arriver à les accomplir avec succès et efficacité, ils doivent mobiliser l'ensemble de leurs compétences et de leurs ressources (y compris leurs talents en communication non verbale !). Selon les contextes et les circonstances, les tâches seront bien entendu différentes, mais, si l'on se place dans la logique du CECR, l'objectif est constant : accomplir différentes tâches en vue de s'intégrer à terme dans une communauté autre pour y devenir, autant que faire se peut, un acteur social à part entière.

On s'intéressera dans le présent numéro aux tâches que l'on effectue en classe et à leur articulation avec les tâches effectuées en dehors de la classe. Ces tâches effectuées en classe présentent les caractéristiques globales suivantes : elles sont généralement choisies par l'enseignant en fonction de ses objectifs[2]; elles sont effectuées par un seul apprenant ou par plusieurs; leur accomplissement donne lieu à une évaluation qui porte sur le fond (la tâche menée à bien avec succès), mais (éventuellement) également sur la forme (une réalisation linguistique correcte). Une telle définition est consensuelle et englobe les tâches bien souvent déjà mises en place dans les classes. Qu'est-ce qui change alors avec l'approche défendue dans le CECR? Les tâches y sont classées en trois catégories : les tâches de pré-communication pédagogique constituées d'exercices spécifiquement axés sur la manipulation décontextualisée des formes, les tâches «pédagogiques communicatives» (que l'on connait bien depuis l'approche communicative) dans lesquelles les apprenants s'engagent dans un «faire-semblant accepté volontairement» pour jouer le jeu de l'utilisation de la langue-cible, se préparant ainsi à mener à bien les tâches «proches de la vie réelle» choisies en fonction des besoins de l'apprenant hors de la classe ou du contexte d'apprentissage (par exemple lire un mode d'emploi ou prendre des notes pendant un cours magistral). Dans cette perspective, une continuité peut s'établir entre les tâches dans lesquelles l'apprenant est impliqué en classe comme apprenant parce qu'elles font partie du processus d'apprentissage et celles qu'il est amené à réaliser en tant qu'utilisateur de la langue (dans la «vraie vie»). Se situer dans une perspective actionnelle fondée sur une approche par tâche,

2. Mais ce n'est pas le cas dans la pédagogie du projet par exemple (voir Reinhardt dans ce numéro).

c'est ainsi répondre aux exigences suivantes, partagées par l'apprenant et l'utilisateur d'une langue : l'action doit être motivée par un objectif communicatif clair et donner lieu à un résultat tangible. Autrement dit, l'on ne se contente ainsi plus de former un « étranger de passage » capable de communiquer dans des situations attendues, l'on souhaite aider un apprenant à devenir un utilisateur efficace de la langue, un citoyen européen à même de s'intégrer dans un autre pays. Ce positionnement en implique un autre, fondamental pour bien saisir les tenants et aboutissants de l'articulation entre approche communicative et perspective actionnelle : le passage d'un apprentissage individuel (que l'on peut associer à la centration sur l'apprenant, caractéristique de l'approche communicative et qui s'exerce parfaitement lors des jeux de rôle et des simulations) à un apprentissage collaboratif et solidaire misant sur un agir social et communicationnel (que l'on peut associer, pour tenter le parallèle, à une centration sur le groupe qui trouve son expression dans la pédagogie du projet)[3]. Le tableau suivant propose une synthèse des évolutions ainsi réalisées sous forme de continuum (mettant en avant moins des ruptures que des continuités marquées).

De l'approche communicative à la perspective actionnelle

	approche communicative	perspective actionnelle
Public ciblé par la formation	étranger de passage, développant des échanges ponctuels → sensibilisation à la réalité de la communication exolingue	citoyen européen/du monde, acteur social à part entière → sensibilisation à une éducation plurilingue et pluriculturelle
Objectif ciblé par la formation	apprendre à communiquer en langue étrangère → parler avec l'autre	réaliser des actions communes, collectives, en langue étrangère → agir avec l'autre
Activités par exellence	production/réception de l'oral et de l'écrit → pédagogie par tâches (de pré-communication pédagogique, pédagogiques communicatives et proches de la vie réelle) → jeux de rôle et simulations	interaction (voire co-action) et médiation → pédagogie par tâches (de pré-communication pédagogique, pédagogiques communicatives et proches de la vie réelle) → pédagogie par projet → recours aux outils et environnements collaboratifs (en particulier ceux du Web 2.0)[4]
Principes forts[5]	– importance donnée au sens (via la grammaire notionnelle qui propose une progression souple permettant à l'apprenant de produire et de comprendre du sens) – pédagogie non répétitive, grâce au développement d'exercices de communication « plus communicatifs, conformément à une hypothèse de bon sens qui est que c'est en communiquant qu'on apprend à communiquer »	– importance donnée à la co-construction du sens (accent mis sur l'agir communicationnel qui prend place dans un contexte social de solidarité) – pédagogie non répétitive, grâce à une participation à des activités collectives pour accomplir à plusieurs un but partagé

3. Voir à ce propos les perspectives complémentaires développées par C. Springer et C. Puren p. 27 et 156.

4. Voir par exemple Lehuen J. et Kitlinska S. (2006) pour une réflexion sur l'utilisation des plates-formes dans la mise en place de jeux de rôle et de simulations (http://sticef.univ-lemans.fr/num/vol2006/lehuen-06/sticef_2006_lehuen_06p.pdf)

5. Selon Debyser (1988) pour l'approche communicative.

9

*Perspective actionnelle et
approche par les tâches
en classe de langue*

	– centration sur l'apprenant impliquant que l'apprenant devient le sujet et l'acteur principal de l'apprentissage et non son objet ou le destinataire d'une méthode – aspects sociaux et pragmatiques de la communication	– centration sur le groupe (classe), la dimension collective, impliquant que l'apprenant devient un citoyen actif et solidaire – aspects sociaux-culturels et pragmatiques de la communication
Arrière-plan théorique	passerelles établies entre théories linguistiques (autour de la notion de compétence de communication mise en exergue par Hymes) et apprentissage des langues (selon une approche communicative) → questionnement sur l'acquisition et l'enseignement de la compétence de communication, impliquant la conversion d'une pédagogie de l'enseignement à une pédagogie de l'apprentissage (Roulet, 1976)	théories de l'activité mettant en avant une visée socio-culturelle et une visée sociale (voir Springer p. 27) → l'apprentissage envisagé comme une activité sociale et l'élève comme un acteur social → on n'apprend pas seul, mais avec et grâce aux autres et en transformant, de manière personnelle et créative, ce qui a déjà été appris par une communauté humaine
	→ importance de la notion d'acte de communication pour l'enseignement d'une langue (rejoignant en cela les préoccupations des philosophes du langage tels Austin et Searle) – importance accordée à l'autonomie individuelle → formation d'un individu critique et autonome	théories socio-cognitives de l'apprentissage (voir Puren p. 156) qui mettent l'accent sur la dimension sociale du processus d'apprentissage (*i.e.* sur la fonction d'aide qu'apporte l'entourage dans l'apprentissage individuel) importances des actes langagiers *et* autres que langagiers (manipuler des outils, se déplacer, etc.), s'inscrivant dans une dimension collective et durable → prise en compte de l'action dans sa complexité (voir Coste p. 17) – importance accordée à l'action sociale, à la prise de responsabilités au sein du groupe → formation d'un individu critique et autonome, *ainsi que* d'un citoyen responsable et solidaire
Évaluation	– évaluation de la compétence de communication	– évaluation des compétences communicatives langagières et des compétences générales individuelles et sociales → mise en place de dispositifs d'auto-évaluation et d'évaluation formative (voir Springer et Veltcheff p. 27 et 135)

Quelles sont les implications d'une telle perspective pour l'enseignement/apprentissage des langues ? Quelle est l'articulation entre l'approche par les tâches telle qu'on vient de la présenter et le *Task-Based Language Learning and Teaching* et comment s'approprier les riches travaux déjà effectués dans ce domaine par nos collègues anglo-saxons ? Quelles sont les pistes – ainsi renouvelées – pour la classe que l'on peut explorer, tant dans le domaine de l'interculturel que dans celui de l'évaluation ou des TICE ? Quelle place accorder à la pédagogie du projet ?

Autant de questions auxquelles ce numéro spécial répondra en abordant différentes facettes de la perspective actionnelle et de l'approche par les tâches. Les propositions qui y sont faites vont au-delà du CECR et de son esprit et visent à mettre au travail la « pierre philosophale » du CECR, la clé permettant de transformer l'approche communicative en une « matière plus noble et riche d'espoir pédagogique : celle de l'action, la tâche étant l'élément principal de l'édifice », pour reprendre la formule de Springer (p. 27).

L es parcours possibles de lecture

L'un des mérites, et non des moindres, du CECR est ainsi qu'il incite chacun à expliciter ses positionnements. Centré sur le FLE, le présent numéro propose plusieurs parcours de lecture, qui pourront être effectués selon les intérêts du lecteur.

UN PARCOURS DE LECTURE LINÉAIRE

Un premier parcours, linéaire, explore cinq facettes de ces (re)positionnements à l'oeuvre :

1) Dans une mise en contexte solide, Daniel Coste aborde de front la question majeure de l'articulation entre tâches (notamment la manière dont elles motivent les apprenants et la nécessaire progression de ces tâches) et curriculum, et conclut sur la nécessité d'expliciter les choix éducatifs réalisés selon les contextes et d'en tirer toutes les implications pédagogiques et méthodologiques ; Claude Springer parvient à une semblable conclusion après avoir démontré de manière convaincante la filiation entre perspective actionnelle et théories de l'activité.

2) La deuxième partie entre de plain-pied dans la réalité et le quotidien de la classe : Évelyne Bérard marque l'articulation entre approche communicative et perspective actionnelle, et détaille le renouvellement des principes méthodologiques et des activités d'apprentissage en jeu. Deux options sont ensuite développées : celle de la pédagogie du projet présentée par Claus Reinhardt, qui pèse avantages et inconvénients tant de cette construction didactique que de l'approche par les tâches

11

*Perspective actionnelle et
approche par les tâches
en classe de langue*

à l'anglo-saxonne, illustrée ici d'une application pour la classe de français langue professionnelle (langue médicale). Marie-Pascale Hamez et Brigitte Lepez viennent compléter ce panorama en présentant les tenants et aboutissants d'un « projet culturel » mené en classe de FLE, le concours BD. La deuxième option est celle d'une approche par scénario, retenue par Sébastien Durietz et Nicolas Jérôme, mise en place à l'ONU aux États-Unis, et qu'ils analysent de manière critique.

3) La troisième partie reprend – et répond à – certaines interrogations posées dans ces études réalisées tant en milieux homoglotte qu'hétéroglotte, autour de la place et de l'enjeu des TICE et des dispositifs autonomisants dans les formations. Dans un article de fond, Marie-Luisa Villanueva, en prenant comme fil conducteur de sa réflexion la notion de (cyber)genre, pose les bases d'une didactique complexe des langues-cultures, en en détaillant les objectifs, les conditions ainsi que les habiletés requises. Deux études de cas suivent, interrogeant sous des angles différents la réalisation en classe des *real-world activities* chères à Rod Ellis : François Mangenot et Frédérique Pénilla s'intéressent à la question de la plausibilité des tâches proposées, et Isabelle Ortiz et Marie Denorme aux avantages – mais également aux risques – inhérents à la mise en place d'un scénario curriculaire.

4) Comment développer la compétence interculturelle des apprenants à l'heure du CECR et de l'approche par les tâches ? C'est à cette question transversale que vient répondre la quatrième partie du numéro : Nathalie Auger et Vincent Louis s'attachent à mettre en avant le potentiel pédagogique de l'approche par tâche-problème dans le domaine de l'apprentissage culturel, tandis que Fred Dervin s'interroge, par l'exemple, sur ce qu'est une « bonne tâche » en la matière, et dégage les paramètres devant favoriser coopération, collaboration, négociations du sens et de la forme.

5) Enfin la cinquième partie, de manière attendue, aborde la question centrale de l'évaluation et des pratiques induites par le CECR, du côté de l'évaluation sommative pour Patrick Riba et du côté de l'évaluation formative pour Caroline Veltcheff.

Des perspectives ouvertes viennent refermer provisoirement ce numéro : François Champion plaide pour des recompositions nécessaires entre praticiens et théoriciens du français (de la formation professionnelle, mais pas seulement) rendues possibles et nécessaires par le CECR ; Christian Puren, dans une conclusion-synthèse du numéro développée et actualisée sur le site de la revue, cerne clairement, en quatorze points, les tenants et aboutissants du concept central d'agir social en didactique des langues-cultures étrangères.

Ce regroupement en cinq axes cerne les principales tendances d'un renouvellement des théories et des pratiques liées à la mise en place de la perspective actionnelle et de l'approche par les tâches sur laquelle elle s'appuie, mais ne les épuise pas.

UN PARCOURS DE LECTURE THÉMATIQUE

D'autres parcours de lecture – pointés ci-dessous – pourront être accomplis au fil de ce numéro, menés autour des questions suivantes auxquelles des réponses nuancées sont apportées selon les auteurs :
– la proximité/continuité de la perspective actionnelle avec les courants méthodologiques précédents (C. Springer, É. Bérard, F. Mangenot et F. Penilla, F. Dervin, M. Villanueva) ;
– l'articulation entre curriculum et tâches (D. Coste, C. Reinhardt, I. Ortiz et M. Denorme, S. Durietz et N. Jérôme, P. Riba, F. Champion) ;
– la complexité des tâches et leur progression (D. Coste ; É. Bérard) ;
– l'articulation entre exercices, tâches et activités (D. Coste, C. Springer, É. Bérard) ;
– le rôle et les enjeux de la bifocalisation à l'œuvre (É. Bérard, C. Veltcheff) ;
– les contextes dans lesquels il semble pertinent de mobiliser perspective actionnelle et approche par les tâches ainsi que les publics concernés – avec cette question qui revient : le public ERASMUS serait-il un public idéal pour ce faire ? (C. Reinhardt, I. Ortiz et M. Denorme, F. Champion) ;
– l'approche par les tâches et la gestion des faces avec la mise en valeur du rôle préparatoire de la classe (C. Reinhardt, I. Ortiz et M. Denorme) ;
– le choix terminologique entre *approche* et *perspective actionnelle* (J.-M. Gautherot ; C. Springer, C. Puren) ; l'on retiendra dans cette introduction que le présent numéro a l'ambition de poser balises et repères d'une *approche* par les tâches (pointant des principes d'élaboration de programmes d'enseignement privilégiant la communication, l'interaction) orientée vers une *perspective* actionnelle engageant les acteurs sociaux que sont les apprenants de langue dans la voie de la collaboration et de la co-action.

Démontrer la pertinence d'une approche par les tâches s'inscrivant dans une perspective actionnelle misant sur l'interaction et la collaboration entre les participants est ainsi l'option majeure de ce numéro, en lien direct avec les orientations du CECR. Ce présent numéro occupe une place particulière parmi d'autres contributions en la matière qui conçoivent autrement la manière de travailler avec le CECR en classe.

N otes pour situer le présent numéro par rapport à d'autres contributions et orientations

Le CECR est certes disponible et bien diffusé dans plus de 36 langues, mais son texte demeure néanmoins difficilement accessible, à tel point

13

*Perspective actionnelle et
approche par les tâches
en classe de langue*

que différents commentaires et exégèses ont été nécessaires. Le présent numéro constitue une orientation possible en la matière, mais il n'est sans doute pas inutile de le situer au sein de quatre phases principales de publication aux objectifs complémentaires :

1) comprendre l'historique, les principes et la philosophie du CECR pour entrer en douceur dans sa logique[6], en particulier sous l'angle de l'évaluation[7] ;

2) développer les outils et manuels d'accompagnement (voir le site du Conseil de l'Europe[8])

3) présenter des applications pratiques, des études de cas, proposer des éclaircissements terminologiques, pour s'interroger sur la portée du CECR[9] ;

4) aller au-delà du CECR, l'interpréter, en exploiter telle ou telle orientation pour renouveler la réflexion méthodologique, un axe dans lequel se situe le présent numéro. Les propositions qui y sont faites pourront être mises en parallèle avec les contributions de :

– Jean-Claude Beacco (2007) qui développe la voie d'une très intéressante « approche par compétences » pensée en relation avec la notion de genre de discours, mais qui s'écarte pour ce faire des propositions terminologiques du CECR (articulant pourtant clairement les notions de compétences et d'activités) et qui ne retient pas la notion de tâche centrale dans ce document de référence ;

– Daniel Coste (à paraitre) qui milite pour une nécessaire contextualisation du CECR ouvrant la voie à des travaux tels ceux réunis dans Blanchet P., Moore D. et Asselah Rahal, S. (dir.) (2008) ;

– Christian Puren (depuis 2002) qui propose en ligne, sur le site de l'Association des Professeurs de Langues Vivantes de l'enseignement public, des réflexions stimulantes en n'hésitant pas, par exemple, à poser quelques « questions impertinentes » à propos du « Cadre de révérence »[10].

B onne lecture !

À l'image du présent numéro entrecroisant théories et pratiques de classe, un glossaire commenté des termes du CECR (développé *in extenso* sur le site de la revue) proposé par Jean-Marie Gautherot incite finalement à poursuivre la réflexion au-delà des présentes pages et devrait permettre à chacun de faire le point sur ses connaissances et de les approfondir, voire de les mettre en question, pour pouvoir se (re)positionner en toute connaissance de cause dans un champ en pleine évolution. Une vaste tâche incitant sans aucun doute à l'action !

6. Goullier, 2005 ; Lallement & Pierret, 2007 ; López, 2006 ; Rosen, 2006.

7. Tagliante, 2005 ; Veltcheff & Hilton, 2003.

8. http://www.coe.int/t/dg4/linguistic/Publications_FR.asp

9. Robert (avec la collaboration d'É. Rosen) (à paraitre en 2009); Frath (dir.), 2008 ; Morrow (dir.), 2004 ; le n° 1 de la revue *Synergies Europe* de 2006 (http://fle.asso.free.fr/GERFLINT/europe1.htm) ; les Actes des différents colloques organisés sur cette thématique tel le n° 54 de la revue *Dialogues et Cultures*.

10. www.aplv-langues modernes.org. Voir également la conclusion-synthèse p. 156.

Bibliographie

BEACCO, J.-C. (2007), *L'Approche par compétences dans l'enseignement des langues. Enseigner à partir du Cadre européen commun de référence pour les langues*, Paris, Didier.

BLANCHET, P., MOORE, D., ASSELAH RAHAL, S. (dir.) (2008), *Perspectives pour une didactique des langues contextualisée*, Paris, Éditions des archives contemporaines, Agence universitaire de la francophonie.

COSTE, D. (à paraitre), « Le Cadre européen commun de référence pour les langues. Contextualisation et/ou standardisation », *Dialogues et Cultures*, n° 54.

DEBYSER, F. (1988), « De l'imparfait du subjonctif aux méthodes communicatives. Où en est l'enseignement des langues vivantes ? », in *Bilan, évaluation des matériels didactiques*, Actes de la VIIᵉ Table ronde des Centres, Départements et Instituts de linguistique appliquée d'Afrique noire, Kigali, 14-22 janvier 1987, Québec, AUPELF, p. 371-377.

FRATH, P. (dir.) (2008), « Le Cadre européen : où en sommes-nous », *Les Langues Modernes*, n° 2/2008.

GOULLIER, F. (2005), *Les Outils du Conseil de l'Europe en classe de langue. Cadre européen commun et Portfolios*, Paris, Didier.

LALLEMENT, B., PIERRET, N. (2006), *L'Essentiel du CECR pour les langues*, Paris, Hachette Éducation.

LÓPEZ, J.S. (2006), *De Un niveau-seuil au Cadre européen commun de référence pour les langues*, Granada, Editorial Universidad de Granada y Universidad autónoma de Barcelona.

MORROW, K. (dir.) (2004), *Insights from the Common European Framework*, Oxford, Oxford University Press.

ROBERT, J.-P. (avec la collaboration d'É. ROSEN) (à paraitre en 2009), *Dictionnaire pratique du CECR*, Paris, Ophrys.

ROSEN, É. (2006 ; 2ᵉ édition corrigée en 2007), *Le Point sur le Cadre européen commun de référence pour les langues*, Paris, CLE international.

TAGLIANTE, C. (2005), *L'Évaluation et le Cadre européen commun*, Paris, CLE international.

VELTCHEFF, C., HILTON, S. (2003), *L'Évaluation en FLE*, Paris, Hachette FLE.

Tâche, progression, curriculum

DANIEL COSTE

ENS, LETTRES ET SCIENCES HUMAINES (ICAR)
ET UNIVERSITÉ PARIS 3 (DILTEC)

Mon propos portera ici sur deux dimensions d'un instrument qui est l'objet de multiples mentions dans le présent recueil, à savoir le CECR. Ces deux dimensions touchent, d'une part, la notion de tâche et, d'autre part, les développements relatifs au curriculum. Et il convient de les articuler entre elles, dans la mesure où, comme le souligne Jean-Louis Chiss (Chiss, 2005), cette mise en relation n'est pas suffisamment explicite dans les courants qui se recommandent d'une «approche actionnelle».

Action et tâche

L'usage qui est fait de la notion d'action dans le CECR est très directement lié à une double option :
– poser l'apprenant aussi bien que l'utilisateur de langues comme un acteur social œuvrant dans différents domaines ;
– considérer l'apprentissage et la communication comme des actions de cet acteur social.
D'où la mise en relation possible de différents termes et notions : l'action en contexte social peut comporter la mise en œuvre d'activités langagières (réception, production, interaction, médiation) qui elles-mêmes sont analysables en termes de réalisation/compréhension d'actes de langage (remercier, demander une information, protester, etc.) et de genres (conférence, éditorial, débat, etc.). Mais l'action comporte le plus souvent aussi des activités autres que langagières : se déplacer, manipuler des outils, etc.
La notion de tâche renvoie à une action finalisée, avec un début, un achèvement visé, des conditions d'effectuation, des résultats constatables (réparer une machine, remplir un formulaire, acheter un billet de train sur Internet, jouer au loto). Les tâches peuvent mobiliser et com-

biner divers ordres d'activités, langagières et non langagières. Les tâches ne sont pas toutes «communicationnelles» et celles qui sont communicationnelles ne sont rarement que cela. Les dimensions communicationnelles d'une tâche peuvent être multimodales (par exemple, la réception d'un exposé oral accompagné de projection de diapositives PowerPoint), combiner des activités langagières (l'enseignant de mathématiques écrivant au tableau une démonstration en poursuivant son cours à l'oral).

D'une manière générale, la didactique des langues, tout comme l'analyse linguistique, n'a que relativement peu pris en compte l'action dans sa complexité et en particulier le fait que les activités langagières, lorsqu'elles accompagnent, commentent ou dépendent d'autres activités intervenant dans l'action, se trouvent de facto structurées par celles-ci plus que par une forme de cohérence (progression thématique, organisation discursive ou conversationnelle) «interne». Que l'on songe, entre autres, au commentaire journalistique d'un match de rugby à la télévision (cf. Porel & Royer, 2007) ou aux échanges verbaux dans une salle d'opération lors d'une intervention chirurgicale (cf. Mondada, 2001). Tout s'est longtemps passé, pour l'enseignement comme pour la description linguistique, comme si la communication langagière se résumait à la seule interaction verbale ou à la continuité d'un texte écrit «autosuffisant». Le cadre actionnel et le recours à la notion de tâche, pour autant qu'on ne réduise pas celle-ci à des composantes langagières, viennent quelque peu modifier cet état de fait.

Pour autant, il ne s'agit pas de faire de « l'approche actionnelle» et d'une «centration sur la tâche» (comme naguère «sur l'apprenant») les piliers d'une méthodologie prétendument nouvelle. D'autres contributions au présent recueil indiquent les rapports entre action et tâche d'un côté et, de l'autre, des courants comme ceux de la pédagogie par objectifs, de la pédagogie du projet, sans oublier le rappel des méthodes actives ou la mention du FOS (français sur objectifs spécifiques), voire le recours aux simulations globales. Même si la notion de tâche n'est ni centrale ni toujours thématisée dans ces courants méthodologiques ou démarches pédagogiques, on perçoit bien des proximités, des continuités, y compris avec telle ou telle variante des approches communicatives: conception de l'apprentissage reposant sur l'activité de l'apprenant; souci de motiver ce dernier en l'impliquant dans des pratiques qui aient un sens et qui importent à ses yeux. À quoi on ajoutera le choix fréquent de se référer à des modèles d'apprentissage où la dimension collective et l'inscription sociale, voire la co-construction aient toute leur place, où les acquis et l'expérience antérieure des apprenants ne soient pas oblitérés, mais où intervienne aussi souvent la médiation d'un autre acteur social (enseignant, adulte, parent, expert, natif, etc.)

Évoquer le rôle de médiateur ou l'existence de tâches comme «passage obligé» pour le développement de capacités visées, c'est, d'une certaine manière, recouper la distinction souvent faite dans la littérature didactique entre «tâches communicationnelles» et «tâches d'apprentissage» (distinction qui n'est pas sans rappeler celle, à la fois utile et discutée, entre stratégies de communication et stratégies d'apprentissage) de même que celle entre «tâche» et «sous-tâche» (ou «tâches intermédiaires») ou entre tâche et décomposition d'une tâche en opérations/actes plus élémentaires.

Dans la perspective actionnelle, ces différentes distinctions sont subsumées sous la notion même d'action. Mais, du point de vue didactique, sans sortir de cette perspective, quelques remarques complémentaires peuvent être formulées. C'est ce qu'il convient de noter brièvement.

M otivation et tâche

De façon moins provocatrice qu'il ne semble y paraitre, on dira que tout «exercice» entrant dans une séquence d'enseignement est à considérer comme une tâche (dans la mesure où il y a consigne éventuelle, objectif, résultat observable et évaluable). Ainsi considérées, une dictée, une interrogation à choix multiples, une lecture avec trous à remplir sont tout autant des tâches qu'une simulation globale ou la préparation d'une exposition (affiches, panneaux, envoi des invitations, couverture photographique ou vidéo, etc.) ou un journal de la classe. Façon de marquer que toute tâche n'est pas seulement ni nécessairement «communicationnelle».

Tout en qualifiant précisément l'exercice, Besse et Porquier le rangent bien dans la catégorie des tâches, le considérant comme «une tâche langagière ponctuelle à caractères répétitif, contraint et métalinguistique marqués, tâche demandée par le professeur aux étudiants et évaluée par lui» (Besse & Porquier, 1991 : 121). «Faire» un exercice relève bien de l'action, mais les activités (langagières et autres) qui s'y trouvent sollicitées sont clairement moins diversifiées que celles requises pour des tâches plus complexes.

Reste que, dans l'enseignement des langues et quelle que soit donc leur diversité, les tâches sont censées contribuer principalement (mais non exclusivement) au développement d'une capacité à communiquer (y compris pour les méthodologies dites grammaire-traduction : la lecture de textes classiques latins ou grecs est une forme de communication, les exercices de thème/version servent aussi les progrès dans la langue de scolarisation).

Tout se passe comme si la question se posait avant tout en termes de signification de la tâche pour l'apprenant et d'adhésion motivée à l'exécution de cette tâche. Il y a signification si l'apprenant est conscient de ce à quoi elle sert, de ce qu'elle est de nature à lui apporter : soit parce qu'elle comporte des enjeux réels, soit parce que son utilité propédeutique pour des usages futurs est patente, soit parce qu'elle est perçue comme constituant un passage obligé en vue de la construction d'autres capacités. Il y a adhésion motivée si la tâche présente un intérêt intrinsèque pour l'apprenant, s'il se sent à même de la réaliser et s'il considère qu'elle lui permet de progresser (Goullier, 2005 ; Rosen, 2006).

On est alors loin d'une conception du travail comme se ramenant à des tâches atomisées, répétitives, quasiment automatisées, où les exécutants, même s'ils savent quelle place ils occupent dans la chaine et quel sera le produit achevé, sont privés d'initiative et de responsabilité et n'apprennent plus rien des tâches qu'ils ont à accomplir, dès l'instant où ils en ont intégré et maitrisé le processus attendu de réalisation.

Mais on notera aussi, à l'inverse, que bien des tâches complexes, « communicationnelles » et « réalistes » (projets, simulations, scénarios de résolution de problèmes, jeux à enjeux) ne répondent pas toujours aux conditions de pertinence pour l'apprentissage mentionnées ci-dessus. Même pris au jeu, l'apprenant peut fort bien ne pas concevoir la signification de la tâche finalisée qui lui est proposée et/ou estimer qu'elle ne lui apporte rien de neuf ou de plus dans son parcours et son progrès.

Autrement dit, et pour reprendre une distinction dont on connait les limites, toute tâche communicationnelle doit être pensée, analysée et proposée ou choisie quant à son apport comme tâche d'apprentissage. Toute « micro-tâche » doit être mise en relation avec l'ensemble ou les ensembles dans lesquels son exécution réussie trouvera à s'insérer et pourra être remobilisée.

Sans vouloir donner à cette approche une dimension méthodologique modélisante, il est permis de mentionner ici des démarches telles celles que retiennent les « séquences didactiques », proposées en Suisse romande, en particulier pour le développement des capacités d'expression écrite en langue de scolarisation au premier niveau de l'enseignement secondaire (Schneuwly & Dolz, 1998 ; De Pietro, 2002). La séquence propose une tâche initiale (par exemple, rédiger une pétition contre les devoirs faits à la maison, tâche qu'on peut dire en la circonstance communicationnelle), comporte une analyse collective des difficultés, des blocages rencontrés dans le processus et des inadéquations du résultat. S'en dégagent un certain nombre de remédiations utiles et de (sous)tâches d'apprentissage finalisées, qui peuvent aussi bien être de nature linguistiquement formelle que de type plus cognitif, réflexif, documentaire, etc. La séquence se conclut par une nouvelle tâche « communicationnelle » de production de texte relevant d'un genre particulier et inscrit dans un contexte et une situation de communication donnés.

On pourrait évidemment mentionner d'autres cas (et le présent recueil n'en manque pas) et il ne s'agit pas là de pointer une originalité particulière de ce type de séquence, mais bien de constater la mise en œuvre d'une relation didactiquement pensée et pédagogiquement intelligible entre tâches «globales» et tâches intermédiaires, les apprenants prenant en principe eux-mêmes conscience (avec la médiation de l'enseignant) de la signification et du pourquoi de l'agencement de ces diverses tâches les unes par rapport aux autres et se trouvant du coup plus susceptibles d'y adhérer et d'entretenir leur motivation à apprendre. Il existe une progression «visible» à l'intérieur d'une séquence cohérente, et, par ailleurs, le choix de la tâche première pour une séquence donnée répond lui-même à une progression qui doit assurer tout à la fois que les apprenants disposent de moyens pour s'engager dans la tâche initiale et la mener plus ou moins à un terme, mais qu'il leur manque aussi des outils, connaissances, savoir-faire pour la réaliser adéquatement – manques que l'action même va mettre en évidence.

T âche et progression

Pour une approche faisant la part belle à des tâches de type communicationnel, la question de la progression de l'enseignement et de l'appui au progrès des apprenants est régulièrement soulevée, et à juste titre (comme, déjà cité, Chiss, 2005). Ainsi, on ne manquera pas de relever que, dans leur insertion institutionnelle, les projets (pédagogie du projet), les simulations (globales ou moins globales), les échanges scolaires et autres ensembles d'activités constituant une sorte de macro- ou supra-tâche gardent souvent un caractère paradoxalement marginal et ne s'inscrivent pas pleinement dans le cursus «ordinaire»[1]. Du fait souvent de leur complexité – dont l'intérêt est clair –, elles sont multidimensionnelles et ne se laissent pas ordonner selon la relative linéarité de tâches plus élémentaires ou plus mono-objet – dont les limitations sont par ailleurs patentes.

Le chapitre 7 du CECR, consacré explicitement à la notion de tâche et aux caractéristiques et usages des tâches («Les tâches et leur rôle dans l'enseignement des langues»), n'aborde pas de front la question d'une progression. Il y est distingué entre tâches «authentiques» et tâches «pédagogiques» et une sorte d'équivalence est établie entre «tâche» et «activité», notions plus distinctes dans d'autres sections de l'ouvrage (rappelons que, pour nous ici, l'exécution d'une tâche mobilise, comporte et combine la mise en œuvre de différentes activités, langagières et/ou autres que langagières).

---

1. Voir Reinhardt p. 47.

Mais les caractéristiques attribuées aux tâches sous le point 7.3 (p. 123-127), relatif à «la difficulté de la tâche», peuvent aisément devenir des critères permettant d'établir une gradation sur une échelle facilité/difficulté et donc de retenir et combiner des axes selon lesquels construire des progressions. Il en va ainsi par exemple de la relative familiarité/nouveauté de la tâche pour les apprenants, cette plus ou moins grande familiarisation pouvant porter sur le thème de la tâche, le ou les genres textuels et les schémas interactionnels mobilisés pour la réalisation de la tâche, les savoirs et savoir-faire présupposés, etc. Mais le degré de difficulté peut aussi toucher aux conditions d'effectuation de la tâche : variation dans les contraintes de temps, accès plus ou moins facilité à des ressources (documentation, etc.). Il résultera souvent du poids éventuel de normes linguistiques (sociolinguistiques ou autres) exigées par la tâche. Ainsi, dans l'exemple imaginé plus haut d'une «séquence didactique» portant sur une pétition contre les devoirs à la maison, un certain nombre de connaissances relatives au genre «pétition» sont nécessaires, des arguments doivent être imaginés (tenant compte peut-être du caractère factice ou humoristique de ce genre de tâche), la qualité de la langue et celle de la présentation du document importent (sauf à faire le choix d'une parodie). Il est clair que des tâches telles qu'une pétition (même genre) contre la vivisection animale (autre objet), ou encore la préparation, le déroulement et le compte rendu dans le journal de l'école d'une enquête (autre genre) autour des devoirs à la maison (même thème) seraient généralement perçues comme plus exigeantes et plus complexes que la première formulée.

Mais, pour le choix des paramètres d'une progression et d'une mise en ordre des tâches, tout dépend en fait du type d'objectif(s) visé(s) dans telle ou telle phase du cursus : objectifs de formulation linguistique (maniement d'outils d'argumentation, enrichissement et affinement du vocabulaire)? de prise de conscience et de meilleure gestion d'un genre textuel particulier? de fonctionnement coopératif d'un groupe de travail? d'articulation entre apprentissage linguistique et construction de connaissances disciplinaires autres?

Par exemple, poser des contraintes temporelles fortes pour la réalisation d'une tâche collective peut fort bien aboutir à des productions textuelles de moindre qualité que si elles avaient été réalisées plus à loisir, mais (si l'on met à part ce qui pourrait tenir au respect du cadre horaire institutionnel) l'objectif de cette tâche «précipitée» peut être de servir de référence ensuite à une tâche méta-communicationnelle et méta-interactionnelle où le groupe est invité à s'interroger sur sa propre gestion, ses fonctionnements, sa répartition des rôles, ses modalités de décision sous la pression temporelle...

En d'autres termes aussi, la question que soulève une approche centrée sur des tâches «complexes» est celle de l'économie d'ensemble du programme. Au double sens du terme «économie» : organisation et agencement, mais aussi rapport coût/efficacité. Dans des travaux récents, Gajo et ses collègues (Gajo, 2008) font appel à la notion de «saturation» (pour des tâches ou activités verbales dans un cadre d'enseignement bilingue où l'interrogation porte sur le profit cognitif et le profit langagier de telle ou telle séquence observée) et la déclinent aussi en «sous-saturation» (quand, sous un aspect et/ou l'autre, l'activité est interrompue sans que le profit qu'on pouvait en attendre soit pleinement tiré) et «sur-saturation» (lorsque, à l'inverse, la tâche est prolongée ou reprise alors que tout le profit possible en a déjà été dégagé). Ce type d'appréciation n'est sans doute pas toujours aisé à porter, mais il n'est pas excessif d'estimer qu'un cursus reposant sur des tâches «communicationnelles» et «authentiques» présente quelque risque de sous-saturation pour certains des éléments importants pour l'apprentissage et, dans la durée, de sur-saturation pour d'autres. Ce qui conduit aussi à revenir sur un questionnement évoqué au début de cette contribution : l'articulation ou l'absence d'articulation entre tâche et curriculum.

C urriculum et tâche

Dans la perspective de l'enseignement/apprentissage des langues, le succès d'une approche mettant l'accent sur les tâches, comme unités d'action finalisée passant notamment par des activités langagières, tient en partie à ce qu'elle présente l'avantage de définir des entités autonomes de travail, des blocs concrets à objectif en principe clair pour les acteurs qui y sont engagés, apprenants et enseignants. Mais on vient de voir que les questions touchant à l'établissement de progressions restaient, non pas entières, mais traitées seulement de manière indirecte et demandant quelque réélaboration quand la focalisation se fait sur les tâches, dans des instruments de référence tels que le CECR.

Sauf bien entendu à considérer que les descripteurs des échelles de niveau (de A1 à C2) suggèrent des gradations de tâches articulées à des situations de communication prototypiques. Cette dernière lecture est plus que possible. Elle n'a pas manqué d'être faite. Mais le risque est peut-être alors d'inscrire l'apprentissage dans une linéarité (ou au mieux une «spiralité» ascendante) de tâches communicationnelles et d'objectifs eux-mêmes (uniquement) communicationnels, dont la complexité et l'exigence vont croissant du point de vue linguistique. Ce qui peut induire des modalités pédagogiques essentiellement analogues aux modalités d'évaluation et entrainer certains effets de sur-saturation. Et ce qui peut aussi conduire à ce que la conception des curriculums se cale sur (et soit régulée par) le seul étagement des échelles de niveau.

De fait toutefois, pour ce qui est des activités pédagogiques et de leur diversification possible, le CECR ne manque pas de suggestions et de pistes (en particulier dans son chapitre 6, et notamment dans la section 6.4). Elles se distinguent souvent nettement de ce qu'impliquent les descripteurs. Rappelons simplement ici, dans le prolongement de commentaires formulés plus haut, ce bref passage à propos des tâches :

> Jusqu'où peut-on attendre ou exiger des apprenants qu'ils apprennent par des tâches et des activités ? et par
>
> a. la simple participation à des activités spontanées ?
>
> b. la simple participation à des activités planifiées en termes de type d'activités, de buts, de supports, de produits, de rôles et d'activité des participants, etc. ?
>
> c. par la participation non seulement à la tâche mais à sa préparation, à son analyse et à son évaluation ?
>
> d. comme c. mais accompagné d'une prise de conscience explicite sur les objectifs, la nature et la structure des tâches, des attentes quant au rôle des participants, etc. ?

Et notons que ce même chapitre 6, dans la section 6.1, reprend les composantes du modèle général pour, dans une perspective de type modulaire, poser que les objectifs d'apprentissage peuvent se décliner selon des accents différents :
– en termes de développement des compétences générales des apprenants (savoirs, savoir-faire, dispositions et attitudes ou savoir apprendre) ;
– en termes d'extension et de diversification de la compétence à communiquer langagièrement (composante socio-linguistique, composante linguistique, composante pragmatique) ;
– en termes de meilleure réalisation de telle ou telle activité langagière (réception, production, interaction, médiation) ;
– en termes d'insertion fonctionnelle optimale dans un domaine particulier (public ou personnel, professionnel ou éducationnel) ;
– en termes d'enrichissement des stratégies ou d'accomplissement de tâches.
Il s'agit là d'une sorte d'éclatement analytique des éléments qui composent le modèle intégratif de l'action (qu'elle soit d'apprentissage, de communication ou autre) que propose le CECR. Mais c'est aussi souligner que des séquences ou modules d'enseignement/apprentissage des langues peuvent viser, certes la maitrise de tâches communicationnelles, mais aussi la construction de savoirs (par exemple d'ordre culturel ou social) ou des apports de connaissances (méta)linguistiques, ou même une prise de conscience de stratégies utiles.
Encore une fois, cette diversification des démarches pédagogiques, éventuellement articulée à une modulation, voire à une modularisation des objectifs, ne remet pas en cause la notion de tâche et une certaine centration sur les tâches, pour autant qu'on retienne la définition large ici adoptée de la notion de tâche.

Quant à la conception des curriculums, et cela au titre d'abord des contextes scolaires, le chapitre 8 du CECR en esquisse un cadrage compatible avec des finalités générales par ailleurs énoncées, telles que :
– doter les apprenants d'un premier portefeuille plurilingue ;
– les préparer à faire usage de ressources pour l'apprentissage autres aussi que celles offertes par l'école (médias, environnement, contact avec des natifs, etc.) ;
– contribuer à ce qu'ils acquièrent une culture diversifiée d'apprentissage les rendant plus autonomes ;
– inscrire enfin le développement des capacités langagières à l'intérieur d'un projet éducatif plus global, répondant à un ensemble de valeurs.
C'est ainsi que, dans une certaine vision du curriculum de langues, tournée vers une éducation plurilingue, des scénarios curriculaires finalisés et contextualisés peuvent être imaginés, selon des principes d'économie tels que la diversité, la différenciation, la complémentarité des expériences et des parcours d'apprentissage proposés. Les questions de progression et d'une certaine gradation des tâches, elles-mêmes posées comme complémentaires dans leur différenciation, sont dès lors à envisager à l'intérieur des options curriculaires retenues (Coste, 2006).

S ans conclure

Une approche de type actionnel et l'importance qui s'y trouve donnée à la notion de tâche ne prennent plein sens que si elles débordent (tout en les incluant) une lecture fonctionnelle de la communication langagière et une conception de l'apprentissage comme simulation propédeutique à des usages « authentiques ». Le CECR, y compris dans ce qu'il comporte d'hétérogène et de non vraiment intégré, est à penser et à utiliser comme permettant plusieurs modes de mise en œuvre ou à contribution. La question majeure de l'articulation entre tâches et curriculum peut y être abordée et traitée de diverses manières, dont aucune ne s'y trouve pleinement explicitée. Affaire de contextualisation autant que de standardisation ? Sans doute, mais pour autant que les choix éducatifs soient eux explicités et qu'on en tire les implications. C'est à cette… tâche qu'il convient en premier lieu de s'atteler. Ce n'est pas la plus aisée.

Bibliographie

BESSE, H., PORQUIER, R. (1991), *Grammaire et didactique des langues*, Paris, Didier, collection LAL.

CHISS, J.-L. (2005), «Réflexions à partir de la notion de tâche: langage, action et didactique des langues», in *Plurilinguisme et apprentissages. Mélanges Daniel Coste*, textes réunis par MOCHET, M.-A. et al., Lyon, École normale supérieure Lettres et Sciences humaines.

CONSEIL DE L'EUROPE (2001), *Relier les examens de langues au Cadre européen commun de référence pour les langues: Apprendre, enseigner, évaluer*, Paris, Didier et http://www.coe.int/lang/fr

COSTE, D. (2006), «Scénarios pour les langues dans l'école valdôtaine», in COSTE, D., SOBRERO, A., CAVALLI, M., BOSONIN, I., *Multilinguisme, plurilinguisme, éducation. Les politiques linguistiques éducatives*, Aoste, IRRE.

DE PIETRO, J.-F. (2002), «Et si à l'école on apprenait aussi?», in *AILE*, n° 16, 47-72, Saint-Denis, Université Paris VIII.

GAJO, L. et al. (2008), Rapport final, sur projet «Construction intégrée des savoirs linguistiques et disciplinaires dans l'enseignement bilingue au secondaire et au tertiaire», multigraphié.

GOULLIER, F. (2005), *Les Outils du Conseil de l'Europe en classe de langue. Cadre européen commun et Portfolios*, Paris, Didier.

MONDADA, L. (2001), «Intervenir à distance dans une opération chirurgicale: l'organisation interactive d'espaces de participation», in *Bulletin Suisse de Linguistique Appliquée*, n° 74, 33-56.

POREL, M. et ROYER, R. (2007), «Les discours du sport» et «Temps du rugby», in *Le français dans le monde*, n° 353 (sept.-oct. 2007).

ROSEN, É. (2006), *Le Point sur le Cadre européen commun de référence pour les langues*, Paris, CLE international.

SCHNEUWLY, B. et DOLZ, J. (1998), *Pour un enseignement de l'oral. Initiation aux genres formels à l'école*, Paris, ESF.

La dimension sociale dans le CECR : pistes pour scénariser, évaluer et valoriser l'apprentissage collaboratif

CLAUDE SPRINGER
UNIVERSITÉ DE PROVENCE

La «perspective actionnelle» suggère une filiation avec les théories de l'activité, c'est-à-dire une visée socio-culturelle et une visée sociale. Le CECR aborde ce point capital sans s'attarder sur la définition de l'action. Ce changement de perspective soulève de nombreuses questions. Si l'on s'inscrit dans une perspective de l'action sociale, peut-on continuer à considérer la «tâche» comme relevant strictement de l'individuel, comme l'approche communicative le laisse entendre? Comment définir alors la tâche sociale? Comment tenir compte en classe de langues de cette perspective sociale et actionnelle sans retomber dans la croyance en un développement spontané de l'apprenant? Quelle place accorder, en plus de la compétence de communication, aux compétences dites génériques et transversales qui sont mobilisées nécessairement dans toute action sociale? Comment scénariser, évaluer et valoriser l'apprentissage collaboratif? Peut-on, doit-on centrer l'approche pédagogique sur la communauté d'apprentissage et non plus uniquement sur l'élève-apprenant solitaire? L'apprentissage est certes solitaire, mais n'est-il pas également solidaire?

Théories de l'activité et « perspective actionnelle » du CECR

Une mise en relation entre les théories de l'activité, qui devraient devenir la référence incontournable, et les propositions du CECR n'a pas été faite jusqu'ici par les commentateurs et experts déclarés du CECR. Je propose une mise en relation synthétique, mais indispensable. De quoi parle-t-on exactement?

La didactique des langues a eu recours jusqu'ici au postulat de l'apprentissage conditionné, avec comme finalité la mise en place d'automatismes. L'approche réflexive suscitée par l'approche communicative aurait pu infléchir les pratiques behavioristes largement répandues dans les années 1980, mais on constate encore dans la salle de classe une tendance vivace à maintenir des formes, sans doute plus édulcorées, du conditionnement behavioriste. Les théories de l'activité nous invitent à envisager l'apprentissage comme une activité sociale et l'élève comme un acteur social. L'action est vue comme une spécificité humaine de transformation et/ou de représentation du réel. La médiation instrumentale, qu'elle soit matérielle ou idéelle, est essentielle pour agir sur le réel. On part ainsi du postulat que l'activité humaine suppose une volonté, une intention. Elle implique aussi des modalités de coopération, car c'est à travers la relation aux autres que se constitue la conscience individuelle de l'activité. Si l'expérience sociale est bien sûr personnelle, elle ne peut se réaliser et se formaliser qu'à travers la communication et l'interaction avec les autres et grâce à divers instruments et outils. Taurisson (2007, p. 10) résume ce postulat de la manière suivante ; l'activité comporterait :

– une finalité, qui en est le moteur, menée en collaboration ;

– un processus de production/transformation, qui oblige à la coopération et à une coordination des actions grâce au langage.

Le modèle d'Engeström (1987) a été le premier à proposer une schématisation intégrant la dimension communautaire :

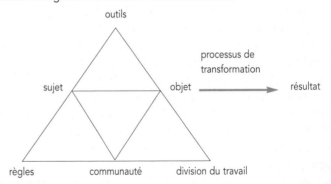

L'apprentissage vu sous l'angle de l'action est paradoxal : c'est une activité individuelle que l'on pourrait réduire aux trois notions de base du modèle d'Engeström (le sujet, l'objet de l'intention à matérialiser, grâce à la médiation d'outils et de signes) ; mais cette activité est également profondément sociale et historique. Cette particularité explique la place accordée aux notions de communauté, de règles et de répartition des rôles. C'est bien l'ensemble de ces éléments qui constitue l'activité sociale.

Bourguin (2000, p. 93) explique que « l'activité débute avec une situation initiale donnée dans la tâche, cette situation est partagée par les sujets impliqués, elle est transformée par le processus de réalisation de la tâche et conclue dans un état final ». Mais, pour cet auteur, cette

27

La dimension sociale
dans le CECR :
pistes pour scénariser,
évaluer et valoriser
l'apprentissage collaboratif

situation initiale, qui crée le besoin d'action, n'est pas figée, elle se modifie au cours des interactions et négociations. La tâche définit l'objet de l'activité, les outils à utiliser et les rôles qui vont être mis en jeu. Elle est, pour reprendre les termes de Leontiev, un des fondateurs de la théorie de l'activité (cité par Bourguin, 2000 : 92), une situation nécessitant la réalisation d'un but dans des conditions spécifiques. Elle est la base de l'activité et elle constitue la mise en situation et la raison d'être de l'activité.

Linard (2001) précise que l'activité est structurée en trois niveaux interactifs de relations entre des sujets et des objets :

	Les 3 niveaux	Orienté vers
1	Niveau supérieur **l'activité** intentionnelle	Les motifs, les intentions ; chaque motif est lié à un besoin (matériel ou idéel) à satisfaire par le sujet ; une activité peut comporter plusieurs actions
2	Niveau intermédiaire **l'action** (planification et stratégies)	Le/les buts conscients, la représentation possible d'un résultat ; la/les stratégies pour atteindre le but ; une action peut servir plusieurs activités
3	Niveau élémentaire les **opérations** de base	Les conditions pratiques de réalisation des actions (savoirs, méthodes et procédures élémentaires automatisées) ; une action peut devenir opération

Mais ce n'est pas suffisant. Il est indispensable de ne pas négliger la communauté et les individus qui la constituent et interagissent selon des règles et une répartition des rôles. Selon Habermas (1995), l'agir communicationnel consiste à chercher un consensus social, de façon à interpréter ensemble une situation et à s'accorder mutuellement sur la conduite à tenir. L'activité sociale est ainsi affaire de communauté. Les actions sont toujours socialement situées, elles dépendent des conditions matérielles et sociales. L'apprentissage est de ce fait un processus historique. Apprendre, c'est participer à une expérience personnelle et collective. On n'apprend pas seul, mais avec et grâce aux autres et en transformant, de manière personnelle et créative, ce qui a déjà été appris par une communauté humaine.

Pour terminer cette trop rapide synthèse, il me semble intéressant de reprendre quelques éléments de la «pensée complexe» d'E. Morin (2005). Nous avons, en tant que pédagogues, l'habitude de séparer, de diviser une activité en différentes parties, afin de permettre une réalisation aisée de ces parties. Cette pensée «simplifiante» est notre héritage intellectuel. Nous croyons pouvoir réduire la complexité en séquences stables permettant de mettre en œuvre des procédures, des programmes formatés. Nous voulons croire que cette façon de simplifier n'altère en rien la totalité, oubliant de ce fait les interactions multiples que chaque élément entretient avec d'autres éléments et avec le tout. Or, nous dit Morin (id. : 106), «l'action est stratégie». Lors d'une activité sociale, le plus souvent complexe, nous envisageons des scénarios pour l'action, des plans d'action, qui pourront au fur et à mesure être modifiés par l'activité poursuivie et les interactions qui la constituent. Dans toute action, il y a, inévitablement, du hasard, de l'aléatoire. Dans un programme pré-formaté, nous connaissons les entrées et par conséquent le résultat. Mais, nous ne fonctionnons pas – pas toujours ! – comme des robots. Une activité humaine peut être considérée comme complexe dès que l'inattendu intervient, dès qu'il s'agit de gérer un problème.

La perspective actionnelle du CECR et la tâche pédagogique communicative

Si l'on interroge le texte du CECR, on se rend bien vite compte que le cadre théorique qui sous-tend toute la réflexion est esquissé plus qu'il n'est fermement développé. Le terme « théorie de l'action/activité » est absent. Les auteurs ont préféré les termes de « perspective actionnelle » et d'« approche actionnelle ».

Parler de « perspective » n'est pas anodin. Le sens de perspective renvoie à une vision au loin, vision plus ou moins claire, vision qui peut aussi être en trompe-l'œil ! Il s'agit plus d'une manière d'aborder, d'interpréter une question, un angle d'approche. Cette mise en perspective indique que l'on fait voir quelque chose de lointain, que l'on va vers, mais pas qu'on est près et encore moins qu'on se situe dans.

Le chapitre 2 du CECR est consacré à la présentation de l'approche actionnelle. On trouve p. 15 un paragraphe qui présente de manière très générale ce qui pourrait être la pierre philosophale du CECR, la clé permettant de transformer l'approche communicative en une matière plus noble et riche d'espoir pédagogique, celle de l'action. Le CECR indique clairement qu'il ne propose qu'une « représentation d'ensemble très générale ». La définition proposée reprend quelques points clés de la théorie de l'activité. Il n'est, malheureusement, pas possible d'entrer dans le détail de l'analyse du chapitre. La tâche, cela a été dit et redit, est l'élément principal de l'édifice. Il est important de revenir à la définition proposée p. 16 :

> « Est définie comme tâche toute visée actionnelle que l'acteur se représente comme devant parvenir à un résultat donné en fonction d'un problème à résoudre, d'une obligation à remplir, d'un but qu'on s'est fixé... Si l'on pose que les diverses dimensions ci-dessus soulignées se trouvent en interrelation dans toute forme d'usage et d'apprentissage d'une langue, on pose aussi que tout acte d'apprentissage/enseignement d'une langue est concerné, en quelque manière, par chacune de ces dimensions : stratégies, tâches, textes, compétences individuelles, compétence langagière à communiquer, activités langagières et domaines. »

Cette définition comporte un certain nombre d'éléments, sur lesquels il est important de revenir. La tâche n'est pas un exercice. Cette affirmation peut sembler simpliste, mais elle est essentielle et constitue en soi une rupture fondamentale. Le *Dictionnaire de didactique du français* (2003 : 94) dit justement que l'exercice « renvoie à un travail méthodique, formel, systématique, ciblé vers un objectif spécifique ». L'exercice, comme unité minimale d'apprentissage, a été valorisé par la méthodologie audio-visuelle sous la forme canonique de l'exercice structural. Les manuels scolaires, même pendant la période communicative, proposent essentiellement ce type de travail d'apprentissage. L'exercice est donc, par tradition, intimement lié au travail sur la langue, et pour nous il doit le rester, si l'on veut que la nouvelle notion de tâche trouve sa place. C'est un travail purement scolaire, formel, systématique, répétitif, limité. Disons-le d'une autre façon : il s'agit de créer des automatismes, de mettre en place des procédures automatisées, des opérations pré-formatées (c'est-à-dire le niveau élémentaire de l'activité).

Dans le CECR, la tâche est considérée comme une manière d'envisager l'action de l'élève-acteur social. L'élève doit :

– être motivé « par un objectif ou un besoin, personnel ou suscité par la situation d'apprentissage » (Goullier, 2006 : 21)

– pouvoir se représenter le résultat final de ce qui est attendu.

Ces deux conditions doivent être impérativement remplies pour qu'il y ait tâche. Le CECR dit clairement que « tout acte d'apprentissage/ enseignement d'une langue est concerné » par cette définition. On recherche ici une « sincérité » de la tâche, qu'elle soit de type social, de type scolaire ou de type artistique. La nature de la tâche peut être variée : résolution de problème (social ou scolaire), besoin personnel (social : par exemple, tâches sociales pour les publics migrants, enfants en classe de CLIN/CLA, FLS), projet artistique (scolaire), etc. et « toutes formes d'usage ».

La tâche scolaire de type communicatif, activité d'apprentissage que nous connaissons bien et que les manuels des années 1990 ont bien mis en valeur, est définie de la manière suivante (p. 121) : « un faire-semblant accepté volontairement (sic !) pour jouer le jeu de l'utilisation de la langue cible ». Cette définition de la tâche correspond bien à la simulation proposée par l'approche communicative, qui est contextualisée par rapport à une situation de communication et permet un accès au sens. Le CECR précise (p. 121) : « Les tâches pédagogiques communicatives (contrairement aux exercices formels hors contexte) visent à impliquer l'apprenant dans une communication réelle, ont un sens (pour l'apprenant), sont pertinentes (ici et maintenant dans la situation formelle d'apprentissage), exigeantes mais faisables (avec un réajustement de l'activité si nécessaire) et ont un résultat identifiable. »

Nous disposons ainsi d'une redéfinition de la simulation communicative. Cette définition permet de distinguer clairement deux types d'activité scolaire : la tâche pédagogique communicative et l'exercice formel. Le CECR propose de revisiter et clarifier les contours de la simulation communicative, ce que l'approche communicative n'a pas tout à fait réussi. La conception d'un exercice formel est relativement aisée, elle bénéficie de nombreuses aides logicielles et d'une longue tradition (exercices à trous, exercices QCM, exercices de mise en relation, etc.). La conception d'une tâche pédagogique communicative est, par contre, d'une plus grande complexité, dans la mesure où il faut tenir compte de plusieurs variables : les compétences et caractéristiques des apprenants-usagers, les conditions et les contraintes de l'activité, les stratégies de planification, exécution et évaluation pour la réalisation de la tâche. Le concepteur doit définir la cohérence de son activité, cerner les difficultés potentielles et donc définir les aides nécessaires, ne pas orienter l'activité vers une seule et unique réponse, et par conséquent envisager différentes réalisations possibles. Il doit en d'autres termes focaliser son attention sur l'apprenant et son apprentissage – credo de la version optimiste de l'approche communicative (Springer, 1996).

On peut expliciter la définition de la tâche pédagogique communicative de la manière suivante (voir aussi Ellis, 2003). Elle :
– est orientée vers un but,
– impose stratégie et planification,
– a une pertinence et un sens,
– implique de ce fait l'apprenant,
– offre toute liberté pour la mise en œuvre des ressources disponibles,
– définit clairement un résultat communicatif identifiable,
– est réaliste et faisable.

La tâche pédagogique communicative apporte ainsi une dimension actionnelle à la simple simulation de l'approche communicative. Il est de ce fait tout à fait justifié d'améliorer, comme le propose Goullier (2006), les simulations de l'approche communicative, c'est-à-dire de *Vers un apprentissage solidaire : pistes pour scénariser, évaluer et valoriser l'apprentissage collaboratif*

V*ers un apprentissage solidaire :*
pistes pour scénariser, évaluer et valoriser l'apprentissage collaboratif

Les propositions qui suivent vont au-delà du « texte » du CECR, mais pas de son « esprit ». La tâche pédagogique communicative définie par le CECR reste au niveau intermédiaire de l'action. Cela ne veut pas dire qu'une extension (attendue et logique !) vers le niveau global de l'activité soit exclue, c'est-à-dire le niveau du projet, de la mission ou de la quête. Plusieurs points d'explication que l'on trouve çà et là dans le CECR vont d'ailleurs dans ce sens.

31

*La dimension sociale
dans le* CECR :
*pistes pour scénariser,
évaluer et valoriser
l'apprentissage collaboratif*

Je propose de présenter quelques éléments pédagogiques permettant d'intégrer la dimension du projet, c'est-à-dire la dimension communautaire et socio-culturelle. Faute de place, je ne développerai pas les aspects communautaires (voir Springer et Koenig-Wisniewska, 2007).Disons simplement que la collaboration consiste en la participation à des activités collectives pour accomplir à plusieurs un but partagé. Elle ancre l'activité/l'apprentissage dans un contexte social de solidarité, d'entente, dans un véritable agir communicationnel. La visée socio-culturelle prend ici tout son sens, il y a valorisation des autres, respect et intérêt pour les autres. La construction des savoirs, de l'expérience est partagée. L'apprentissage est de ce fait vu comme la participation à un processus social de construction de connaissances, une transformation sociale des individus et de leur environnement. La communauté, dans le respect des règles et des rôles, œuvre pour aboutir au résultat espéré.

En reprenant les propositions de Luce Brossart (1999), on peut définir les bénéfices de l'apprentissage collaboratif de la manière suivante : les acteurs ont ou se donnent des tâches complexes à accomplir avec un but clairement défini ; ils prennent ensemble des décisions sur la façon de procéder ; ils ne font pas forcément tous la même chose au même moment ; ils ont accès à un grand nombre de ressources ; ils traitent une grande quantité d'informations authentiques ; ils interagissent entre eux, mais aussi avec des personnes externes (experts, membres de la communauté, etc.) ; ils sont engagés dans un processus de découverte/construction des connaissances ; ils réfléchissent sur leurs actions et sur les ressources mobilisées ; ils communiquent et partagent leur savoir ; ils s'auto-évaluent tout au long du processus pour améliorer le résultat ; ils développent de nouvelles compétences tout en s'impliquant dans l'action ; ces compétences sont à la fois individuelles, sociales, transversales et spécifiques.

La pédagogie du projet représente depuis longtemps un exemple d'approche actionnelle. Elle est souvent liée aux notions d'interdisciplinarité et d'interculturalité. L'interdisciplinarité consiste à réaliser ensemble une production qui engage plusieurs disciplines en aboutissant, par le langage, à un consensus raisonné. Ce type d'activité sociale est maintenant bien connu au sein de l'école française : itinéraires de découvertes en collège (IDD), travaux personnels encadrés en lycée (TPE), projet pluridisciplinaire à caractère professionnel en lycée professionnel (PPCP). Il faudrait bien sûr analyser ces projets de manière attentive, mais ce n'est pas le but ici (on trouvera quelques sites en bibliographie). L'interculturalité peut également se développer dans de bonnes conditions au sein des projets et des communautés. La culture est en effet vue de manière dynamique. Les échanges permettent une approche de l'altérité et l'expression de voix plurielles. La communauté d'apprentissage/de pratique offre une meilleure garantie de co-construction d'un univers de significations et de signes culturels.

L'activité sociale de type projet collaboratif suppose ainsi la mise au point d'un scénario, nouvelle matrice pédagogique. Nous disposons aujourd'hui des propositions de l'enquête – la mission virtuelle (ou webquest) – mais également de la simulation globale. Ces propositions d'activité collaborative s'appuient sur l'idée de scénario pédagogique. La mission virtuelle (voir le site du Webquest), par définition, est une résolution de problème qui nécessite analyse, jugement critique, synthèse sous la forme d'une action sociale authentique[1]. Les éléments constitutifs sont les suivants :
– la mise en situation : conception d'un environnement attrayant et authentique qui propose un projet collectif ;
– les tâches : définition de tâches collaboratives authentiques, qui peuvent être plurilingues, et des rôles pertinents pour aboutir au résultat ;
– la méthode : un processus collaboratif permettant d'aboutir au résultat souhaité ;
– les ressources : documents, instruments et matériels, plus ou moins didactisés ;
– l'évaluation : les évaluations sociales sur le processus de collaboration et l'auto-évaluation (avec portfolio par exemple).
Scénariser signifie concevoir un environnement finalisé en termes de rôles, d'actions, de ressources, de méthodes, de régulation/médiation, de résultat. Le scénario pédagogique n'impose pas une linéarité et une approche frontale comme dans le cas du déroulement classique d'un cours. Il invite au contraire aux détours et à la collaboration. Cet exemple de scénarisation pédagogique laisse une grande liberté aux élèves, qui sont réellement responsables de leur production et des choix stratégiques. Il se situe bien au niveau général de l'activité et peut être de type apprentissage, avec un guidage fort et la définition de tâches plus spécifiquement scolaires, ou de type artistique et social, offrant aux élèves une liberté maximale. L'une des caractéristiques essentielles est la créativité et l'originalité des productions et de la collaboration.
Et l'évaluation ? Le CECR distingue très clairement compétences générales et compétences langagières. La pédagogie du projet valorise ces deux types de compétences et s'inscrit parfaitement dans le mouvement de l'approche par compétences (Springer, 2008). L'évaluation des compétences individuelles et sociales demeure cependant la grande absente de la pédagogie et du CECR. Il est curieux de constater l'éternel décalage méthodologique, décalage entre les principes didactiques et le dispositif d'évaluation. L'approche communicative, qui postulait pourtant la centration sur l'apprenant et l'apprentissage, n'a rien proposé, ou si peu, pour un dispositif d'auto-évaluation et d'évaluation formative, se contentant d'élargir la panoplie des exercices purement formels. Les nouvelles pratiques évaluatives impliquées par le CECR devront intégrer l'évaluation des compétences générales et sociales au même titre que les compétences langagières. Malheureusement, les descripteurs ne rendent compte que des compétences langagières.

1. Voir Villanueva p. 74.

33

*La dimension sociale
dans le* CECR :
*pistes pour scénariser,
évaluer et valoriser
l'apprentissage collaboratif*

Pourtant, on commence à voir apparaitre des évaluations d'un autre type. Par exemple, certaines fiches d'évaluation des TPE commencent à intégrer des éléments nouveaux :

– attitude générale : dynamisme, motivation, autonomie, initiative, implication personnelle ;

– réalisation du projet : implication personnelle dans le travail en équipe, respect des échéances, apports personnels ;

– production finale : inventivité, clarté, adéquation des moyens aux objectifs, qualité du support de la production.

J'ai présenté d'autres exemples de ce type (Springer, 2008) avec des critères qui devraient permettre d'évaluer la collaboration :

– prendre ses responsabilités ;

– évaluer le point de vue des autres ;

– tenir compte des spécificités culturelles ;

– développer des stratégies d'apprentissage ;

– travailler en équipe.

Un dernier exemple tiré d'un manuel récent pour finir. La méthode *Sac à dos 1* (Difusión, 2007) propose une approche par tâche et définit en guise d'évaluation d'un miniprojet (la mascotte) les pistes suivantes (évaluation plus uniquement disciplinaire, mais intégrant les compétences générales) :

– utilisation des connaissances,

– présentation orale,

– présentation de la mascotte sur poster (niveau esthétique),

– travail en groupe (clarté des objectifs, participation, concentration, écoute des autres).

Ces critères d'évaluation et d'auto-évaluation montrent que la dimension sociale et créative est présente dans ce miniprojet. Nous voyons apparaitre, grâce au CECR, des propositions pour de nouvelles pratiques évaluatives plus conformes à l'optique actionnelle.

J'ai voulu montrer que la « perspective actionnelle » s'inscrit bien dans le cadre des théories de l'activité. Cependant, un gros travail d'explicitation de cette nouvelle optique s'avère nécessaire. La perspective actionnelle pourrait succéder à l'approche communicative, à condition de réussir les mises à niveau. J'ai montré que la tâche pédagogique communicative constitue l'élément moteur d'une rénovation pédagogique de type actionnel. Cela peut sembler être en définitive un petit pas, mais il s'agit d'une avancée riche d'évolutions, que ce soit pour l'apprentissage ou pour l'évaluation formative/formatrice. Ne soyons toutefois pas naïfs, l'école reste fermement concernée par la maitrise des contenus de base, que l'on appelle aujourd'hui pompeusement « socle de compétences ». L'évaluation en langues est déjà contrainte et limitée par la mise en place de certification du noyau dur linguistique, que l'échelle du CECR fournit pour les différents niveaux. L'idéal actionnel avec son « vivre avec » et « agir ensemble » peut de ce fait paraître bien éloigné. Pourtant, pour le développement d'une éducation plurilingue et interculturelle, il parait nécessaire de proposer de réelles activités collaboratives, de vrais projets d'action. La pédagogie du projet représente bien une perspective vers laquelle on pourrait tendre à condition que les institutions scolaires s'engagent dans un mouvement clair qui permettrait de s'éloigner progressivement de l'individualisme et de la simplification excessive de l'apprentissage et de l'évaluation. Pour finir sur une note optimiste, on peut espérer, dans une phase prochaine, que les institutions éducatives prendront mieux en compte cette visée actionnelle. Les changements inscrits dans le CECR sont déjà conséquents et nécessiteront beaucoup d'efforts de formation. À chaque mouvement suffit sa peine !

Bibliographie

BOURGUIN, G. (2000), *Un support informatique à l'activité coopérative fondé sur la théorie de l'Activité : le projet DARE*, Thèse de doctorat, Directeur de thèse, A. Derycke, Université des Sciences et Technologies de Lille.

BROSSART, L. (1999), «Entrer dans la construction des compétences», in *Vie pédagogique*, n° 112.

BUTZBACH, M., MARTIN, C., PASTOR, C., SARACIBAR, I. (2007), *Sac à dos 1*, Barcelone, Difusión.

CONSEIL DE L'EUROPE (2001), *Cadre européen commun de référence pour les langues*, Paris, Didier.

CUQ, J.-P. (2003), *Dictionnaire de didactique du français*, Paris, CLE International.

ELLIS, R. (2003), *Task-based Language Learning and Teaching*, Oxford, Oxford University Press.

ENGESTROM, Y. (1987), *Learning by Expanding*, Helsinki, Orienta-Konsultit Oy. http://lchc.ucsd.edu/MCA/Paper/Engestrom/expanding/toc.htm

GOULLIER, F. (2006), *Les Outils du Conseil de l'Europe en classe de langue*, Paris, Didier.

HABERMAS, J. (1995), *Sociologie et théorie du langage*, Paris, A. Colin.

LINARD, M. (2001), «Concevoir des environnements pour apprendre: l'interaction humaine, cadre de référence», in *Revue sciences et techniques éducatives*, vol. 8, n°3-4, Paris, Hermès, 211-238.

MORIN, E. (2005), *Introduction à la pensée complexe*, Paris, Seuil.

SPRINGER, C., (1996), *La Didactique des langues face aux défis de la formation des adultes*, Gap, Ophrys.

SPRINGER, C., KOENIG-WISNIEWSKA, A. (2007), «Du journal intime aux réseaux sociaux», in *Le français dans le monde*, n° 351, mai-juin, Paris, CLE International, http://www.fdlm.org/fle/article/351/springer.php.

SPRINGER, C. (2008), «Évaluer les apprentissages dans les environnements numériques», in *Les Cahiers du GEPE*, Université de Strasbourg, en cours de publication.

TAURISSON, A. (2007), «Action, acte et activité, révélateurs du sujet, et d'un espace fondateur pour une pédagogie», in *Actualité de la Recherche en Éducation et en Formation*, Strasbourg, http://www.congresinta-ref.org/actes_pdf/AREF2007_Alain_TAURISSON_217.pdf

Sitographie
Webquest: http://www.webquest.org/index.php.
IDD, TPE, PPCP, projets documentaires:
http://www2.educnet.education.fr/sections/cdi/pedago/tpe/
Le Café pédagogique: http://www.cafepedagogique.org/disci/tpe/23.php
Flenet: http://flenet.rediris.es/actipedago.html

Approche par les tâches, pédagogie du projet et perspective actionnelle dans le quotidien de la classe de langue

ÉVELYNE BÉRARD

CLAUS REINHARDT

MARIE-PACALE HAMEZ ET BRIGITTE LEPEZ

SÉBASTIEN DURIETZ ET NICOLAS JÉRÔME

Les tâches dans l'enseignement du FLE :

rapport à la réalité et dimension didactique

ÉVELYNE BÉRARD

CLA, UNIVERSITÉ DE FRANCHE-COMTÉ

Le CECR établit une continuité avec la méthodologie communicative et fonctionnelle dans la mesure où la dimension authentique des discours est mise en avant, mais également l'idée de tâches à accomplir dans l'utilisation ou dans l'apprentissage de la langue. Le couple texte/tâche est un des éléments clés de la perspective actionnelle développée dans le cadre.

Nous définirons cette notion de tâche et sa relation au langagier ; nous nous demanderons s'il est opérationnel de proposer une classification des tâches et nous verrons enfin quel est le rapport entre tâche, réalité et enseignement d'une langue étrangère.

Textes authentiques

La compréhension et la production de textes, et particulièrement de textes authentiques, est un élément central dans l'apprentissage d'une langue étrangère, le texte étant défini dans le CECR comme séquence discursive orale ou écrite. Nous nous attarderons assez peu sur les débats déjà anciens quant à l'utilisation de l'authentique, nous signalerons quelques points qui nous semblent marquants. Il est évident que des difficultés subsistent quant à la collecte et à la sélection de documents ; l'enracinement dans des situations sociales, la présence de nombreuses références liées soit au domaine d'utilisation de la langue, soit aux éléments socio-culturels peuvent représenter des obstacles pour l'enseignant et l'apprenant. On peut enfin rencontrer des difficultés pour organiser les documents de sorte qu'ils soient productifs pour l'apprentissage, mais pour cela, les référentiels apportent une aide efficace, si ces inventaires sont utilisés d'une manière souple. Ils permettent de choisir les fonctions qui vont être traitées à chaque niveau : l'analyse des documents et leur mise en relation avec les objectifs vont faciliter les choix pour l'utilisation de ces supports dans la mesure où il est souvent non pertinent de travailler un document authentique de façon exhaustive. Ainsi lors de la compréhension d'un texte au niveau A2, on retiendra la fonction « donner une opinion » mais sans doute pas la fonction « nuancer une opinion ». Parallèlement, les inventaires pour les notions générales et spécifiques et pour les éléments de grammaire délimitent les contenus à enseigner ; or, dans un document, des structures non listées dans les référentiels risquent certainement d'apparaître, l'enseignant pourra choisir de prendre en compte certaines d'entre elles : par exemple les pronoms relatifs « qui, que, où » au niveau A1.

Les raisons pour lesquelles un consensus s'est établi quant à l'utilisation de textes authentiques sont évidentes : motivation des apprenants et familiarité qu'ils peuvent avoir avec des schémas de textes connus en langue maternelle, diversité et disponibilité des documents, possibilité d'introduire dans les séquences d'apprentissage la variation sociale, opportunité de recréer un environnement réel et vivant de la langue étrangère, en particulier par le biais des médias et d'Internet.

Mais l'utilisation du document authentique se conçoit en relation avec les tâches pour lesquelles il sert de support : le même document peut fonctionner à des niveaux différents à condition que ce qui est demandé aux apprenants corresponde à leurs compétences à un moment donné. La conception et l'adaptation de la tâche sont donc centrales par rapport à un groupe d'apprenants et à leur niveau.

 Tâches

DÉFINITIONS

Le concept de tâche, tel qu'il est défini dans le CECR, met en avant l'idée d'un résultat identifiable auquel l'utilisateur/apprenant d'une langue étrangère va parvenir à travers les activités langagières qui mobilisent sa compétence communicative mais en utilisant également ses compétences générales et ses stratégies dans un domaine donné et dans une situation donnée. Ces éléments permettent un renouvellement des activités d'apprentissage en classe ou dans un cadre individuel : projet, échanges, réalisation collective ou individuelle. Cette façon de concevoir les activités d'apprentissage remet l'apprenant au centre du dispositif d'enseignement/apprentissage d'une langue étrangère pour plusieurs raisons : l'ensemble des compétences de l'individu est mobilisé et pris en compte, la compétence à communiquer langagièrement est vue comme un tout qui englobe langue maternelle et langues étrangères. Certains principes méthodologiques s'imposent donc naturellement : ne pas rejeter la langue maternelle, utiliser les capacités de l'apprenant dans le transfert d'une langue à une autre, le placer dans des situations didactiques qui requièrent une attitude active mais également le recours à des compétences et des stratégies diversifiées.

Le CECR, en choisissant de mettre au centre de l'usage et de l'apprentissage des langues étrangères la perspective actionnelle donne à la notion de tâche une importance particulière, car la réalisation de tâches est finalement l'aboutissement de toute activité langagière. Le CECR donne une définition de la tâche, langagière ou non, centrée sur le résultat :

> « Est définie comme tâche toute visée actionnelle que l'acteur se représente comme devant parvenir à un résultat donné en fonction d'un problème à résoudre, d'une obligation à remplir, d'un but qu'on s'est fixé. Il peut s'agir tout aussi bien suivant cette définition de déplacer une armoire, d'écrire un livre, d'emporter la décision dans la négociation d'un contrat, de faire une partie de cartes, de commander un repas dans un restaurant, de traduire un texte en langue étrangère ou de préparer en groupe un journal de classe. »[1]

Le terme « tâche » en didactique des langues a été et est utilisé avec différentes acceptions : on a associé dans un courant méthodologique tâche et résolution de problème, dans le terme tâche-problème, ce qui est sans doute la définition la plus restreinte[2]. À l'inverse, la définition la plus large qui englobe toutes les activités d'apprentissage de la langue, est celle de Breen[3] :

> « le terme tâche est en somme supposé référer à un éventail de projets de travail qui ont globalement comme objectif de faciliter l'apprentissage d'une langue – depuis le simple et bref exercice jusqu'à des activités plus complexes et plus longues telles que la résolution de problèmes en groupe ou les simulations et les prises de décision ».

Pour Nunan[4], à la suite de plusieurs auteurs (Candlin, Wright), le terme « tâche » est défini par ce qui la compose : « les objectifs, les supports, les procédures, le rôle de l'enseignant, le rôle de l'apprenant, le cadre ». Ces éléments renvoient à la situation didactique, mais font aussi référence aux documents, aux objectifs pragmatiques. Nunan insiste sur le fait que la tâche est liée à du sens, qu'elle a une relation avec des activités réelles, que l'évaluation se fait à partir du résultat. C'est également sur le résultat que Willis met l'accent[5] : « Dans cet ouvrage, les tâches sont toujours des activités où l'objectif langagier est utilisé par l'apprenant dans un but communicatif pour atteindre un résultat. »

La définition donnée dans le CECR s'inscrit donc bien dans la perspective de Nunan et Willis, car nous y trouvons également la notion de résultat.

1. CECR, p. 16.

2. Voir la discussion menée dans Auger et Louis, p. 104.

3. Breen, M. (1987), « Learner contributions to task design », in C. Candlin, D. Murphy (dir.), *Language Learning Tasks*, Englewood Cliffs NJ, Prentice-Hall.

4. Nunan, D. (2004), *Task-Based Language Teaching*, Cambridge, Cambridge University Press.

5. Willis, J. (1996), *A Framework for Task-Based Learning*, Harlow, Longman.

39

Les tâches dans
l'enseignement du FLE :
rapport à la réalité
et dimension didactique

Il est également clair que la réalisation d'une tâche va rendre nécessaire d'utiliser des textes comme supports. Mais l'authenticité peut aussi se situer au niveau des interactions que la réalisation d'une tâche suppose entre les apprenants. Mangenot et Louveau le formulent ainsi[6] :

> « Activité qui n'est pas seulement vraisemblable en termes de simili-
> tude avec la vie réelle, mais aussi interactionnellement justifiée dans la
> communauté où elle se déroule (la classe, en général). La tâche est
> donc définie comme devant impliquer une communication la plus
> authentique possible entre les apprenants. »

Dans cette perspective, la tâche à réaliser se justifie parce qu'elle est créatrice d'interactions et que, comme dans l'acquisition naturelle d'une langue, c'est par le biais des interactions que se réalise l'apprentissage.

TÂCHE LANGAGIÈRE OU NON

Les tâches peuvent faire appel au langage ou non ; ainsi une tâche du quotidien, comme conduire une voiture et effectuer un trajet ne fait pas appel au langage mais demande de maitriser certaines règles relevant du code de la route : reconnaissance de panneaux, signalisations écrites. Elles peuvent également être basées uniquement sur le langage : par exemple téléphoner pour obtenir un renseignement administratif. Entre les deux, il existe un éventail de tâches qui font appel au langage de différentes façons, (par exemple mettre en marche un appareil à partir d'une notice) et aux différentes aptitudes (écouter, lire, parler, écrire, traduire, interpréter, reformuler).
De la même manière, le résultat d'une tâche peut être langagier ou non, ainsi, acheter un billet de train suppose de passer par un certain nombre d'activités langagières, mais le résultat quant à lui ne sera pas de l'ordre du langagier.

L es tâches dans la classe

Il va de soi pour tous que le fait de travailler sur des tâches dans la classe facilite l'apprentissage puisque l'apprenant est placé dans des situations proches du réel et parce que, comme dans le communicatif, la réalisation de tâches en classe va permettre de les réaliser ensuite dans la vie quotidienne. Cela suppose que l'apprenant entre dans cette démarche didactique qui peut être problématique lorsqu'il n'a aucun contact à l'extérieur avec la langue qu'il apprend ; par ailleurs, la simulation de la réalité n'est pas seule garante de l'apprentissage, il est concevable d'utiliser des tâches faisant appel par exemple à l'imaginaire et à la créativité. En outre, les tâches proposées dans la classe ne sont pas tout à fait identiques à celles de la vie car elles n'ont

6. Mangenot, F., Louveau, E. (2006), *Internet et la classe de langue*, Paris, CLE International.

pas d'enjeu réel, la plupart du temps elles sont simulées, mais leur réalisation peut donner lieu à des interactions et des échanges comparables aux échanges réels. Par ailleurs, l'objectif dans une tâche est double : c'est non seulement la tâche elle-même qui est visée mais également la correction de la langue utilisée pour la réaliser.

> «Dans un cours de langue, la langue assume un autre rôle par rapport aux tâches à effectuer. On attendra non seulement des apprenants qu'ils accomplissent correctement une tâche mais, qu'en outre, ils la réalisent en employant les termes appropriés et corrects de la langue. C'est le cas même des approches pédagogiques qui considèrent que les tâches à accomplir dans les cours de langues doivent être le reflet fidèle de la "vraie vie" – puisque, après tout, l'objectif des cours de langues consiste bien à apprendre une nouvelle langue. Même dans une telle approche, il faut insister autant sur l'apprentissage du système formel de la langue que sur le contenu de chaque tâche[7]. »

La situation de classe présente de ce point de vue des analogies avec les conversations exolingues à la fois quant à l'acquisition et quant à la double focalisation :

> «Les interlocuteurs portent leur attention de manière alternative ou simultanée d'une part sur le contenu des messages, d'autre part sur les modes de formulation, transmission, interprétation, etc. Bange (1987) parle à ce propos de bifocalisation[8]. »

La situation de double focalisation, inhérente à la classe de langue, conduit parfois à une dérive qui consiste à porter toute l'attention sur la langue, en oubliant le résultat, c'est donc un équilibre entre les deux pôles qui est nécessaire et une attention différenciée portée au résultat ou à la correction de la langue, objectif central dans les exercices.

Les types de tâche

CLASSIFICATION

Il est donc aisé de distinguer ce qui relève des tâches et ce qui relève des exercices, nous employons ce terme pour simplifier mais on pourrait dire également activités linguistiques ; dans la définition qui suit, elles sont appelées «tâches de pré-communication pédagogique» ; elles ont toujours comme objectif la manipulation des formes. Le CECR distingue par ailleurs les tâches de simulation de la réalité et les tâches qui se fondent sur la communication dans la classe comme espace social.

> «Le *Cadre* distingue trois catégories de **tâches** auxquelles participe l'apprenant de langue vivante :
> 1. les **tâches** «**cibles**», «**de répétition**» ou «**proches de la vie réelle**» choisies en fonction des besoins de l'apprenant hors de la classe ou du contexte de l'apprentissage ;
> 2. les **tâches de communication pédagogique** fondées sur la nature sociale, interactive et immédiate de la situation de classe ; les apprenants s'y engagent dans un «faire-semblant accepté volontairement» pour jouer le jeu de l'utilisation de la langue cible ; ces tâches ont des résultats identifiables ;

7. Conseil de l'Europe (2002), *Guide pour utilisateurs.*
8. De Pietro, J.-F., Matthey, M., Py, B. (1988), «Acquisition et contrat didactique : les séquences potentiellement acquisitionnelles dans la conversation exolingue», in *Actes du 3ᵉ Colloque régional de linguistique*, Strasbourg, Université des Sciences Humaines et Université Louis Pasteur.

41

*Les tâches dans
l'enseignement du FLE:
rapport à la réalité
et dimension didactique*

3. les **tâches de pré-communication pédagogique** constituées
d'exercices spécifiquement axés sur la manipulation décontextualisée
des formes.[9] »

Il est cependant évident que toute une série de tâches proposées en
classe relève de la simulation du réel, nous sommes bien alors dans le
«faire semblant accepté» comme règle pour apprendre la langue
étrangère. Mais certaines tâches peuvent avoir un rapport étroit avec la
réalité: comprendre un document sonore ou télévisé, avoir une
conversation avec un autre apprenant sur une expérience
personnelle... Willis propose une classification qui fait référence à une
autre manière d'envisager la tâche:

« 1. Lister
2. Ordonner et classer
3. Comparer
4. Résoudre un problème
5. Partager une expérience personnelle
6. Participer à des tâches créatives. »[10]

Ce classement se situe du point de vue de l'apprenant et se fait en
fonction des opérations cognitives qu'il doit réaliser (1, 2, 3, 4), on
pourrait ajouter apparier, hiérarchiser qui sont des opérations proches,
ou en fonction de l'expérience et de l'imagination de l'apprenant (5, 6).
Nous pouvons compléter cette manière de classer avec les
composantes de la tâche: support, rôle de l'enseignant, de
l'apprenant, procédures et aptitudes (écouter, lire, parler, écrire,
traduire, interpréter, reformuler).

L'utilisation d'une grille qui prend en compte ces différents éléments se
justifie pour l'enseignant car elle permet de faire travailler l'apprenant
sur une variété proche de la réalité et sur toutes les composantes de la
compétence à communiquer langagièrement. La grille que nous
proposons ci-dessous a pour origine le *Guide pour utilisateurs du
CECR*, c'est une matrice que nous avons modifiée et qui peut être
perfectionnée. Elle constitue une aide pour la conception des tâches en
fonction des domaines visés et des objectifs fixés[11].

Outil de conception de tâches

	Écouter	Lire	Parler	Écrire	Grammaire	Lexique	Culture
Tâches de base							
Comprendre							
Anticiper							
Répondre /Interroger							
Nommer							
Apparier							

9. *Ibid.*
10. Willis, J. (1996),
*A Framework for Task-Based
Learning*, Harlow, Longman.
11. Conseil de l'Europe (2002),
Guide pour utilisateurs, p. 260.

	Écouter	Lire	Parler	Écrire	Grammaire	Lexique	Culture
Transférer							
Sélectionner							
Trouver/Identifier							
Compléter							
Tâches de conceptualisation							
Regrouper							
Classer/Ordonner							
Comparer/Mettre en opposition							
Déduire/Imaginer/Inférer							
Tâches de modification							
Compléter							
Insérer							
Corriger							
Extraire							
Supprimer							
Développer							
Continuer							
Transformer/Modifier							
Améliorer							
Tâches discursives							
Décrire							
Discuter							
Expliquer							
Justifier							
Argumenter							
Démontrer							

RÉALISATION DES TÂCHES ET COMPLEXITÉ

La difficulté et la complexité d'une tâche relève de plusieurs facteurs : des compétences qui doivent être mises en jeu pour accomplir une tâche, des stratégies auxquelles l'apprenant doit faire appel, de la nature de la tâche elle-même et de sa possible décomposition en étapes ; par exemple, rédiger un texte argumentatif à un niveau C1 peut inclure les tâches suivantes :
– lire des textes pour se documenter sur un sujet
– lister les idées personnelles sur le thème
– faire un plan du texte
– rédiger, relire.
La réalisation d'une tâche met en jeu différentes compétences :

43

*Les tâches dans
l'enseignement du* FLE:
*rapport à la réalité
et dimension didactique*

– compétences générales qui renvoient à la connaissance du monde, à l'expérience de l'individu, à ses capacités cognitives
– compétence à comprendre des textes
– compétence à communiquer langagièrement avec ses composantes: linguistique, socio-linguistique, pragmatique et différentes stratégies.

La réalisation de tâches met également en œuvre des stratégies: ainsi, lorsqu'on demande à un apprenant de classer des éléments, il utilisera la comparaison, il procédera par élimination; de la même manière la compréhension d'un document sonore est facilitée par la présence d'éléments visuels, par la reconnaissance de marques intonatives, par la connaissance de la situation présentée, car tous ces éléments permettent d'arriver au sens par la déduction et l'inférence.

La nature de la tâche elle-même peut être plus ou moins complexe parce qu'elle peut faire appel à plusieurs compétences, parce que la situation est inconnue pour l'apprenant, parce qu'il ne sait pas réaliser en langue maternelle le même type de tâche, ainsi une tâche scolaire comme faire un exposé peut présenter certaines difficultés dans sa planification (préparation) comme dans sa réalisation, car elle suppose que l'apprenant a des connaissances sur un sujet, qu'il maîtrise de façon fine la structuration d'un discours, dans les enchaînements logiques, qu'il mette en œuvre une compétence linguistique, mais aussi qu'il possède fluidité et aisance dans la production d'un discours oral.

La complexité procède également de la relation entre texte ou support et tâche, ainsi le même document sonore peut donner lieu à une compréhension globale, ou à une compréhension détaillée pour une prise de notes. Par rapport à cela, et d'une façon consensuelle, la tendance que l'on trouve dans la plupart des manuels se réclamant du CECR est la suivante: l'apprenant est exposé à un ensemble de tâches à caractère limité à partir de documents authentiques ou vraisemblables et à des exercices visant à la pratique de la langue. Ces tâches portent sur les différentes composantes de la compétence à communiquer langagièrement, d'une part socio-linguistique et plus largement socio-culturelle et d'autre part pragmatique. L'ensemble de ces activités se conclut en général sur une tâche plus complexe, nommée par exemple «projet» dans la méthode *Alors*, «tâche ciblée» dans la méthode *Rond Point*[12]; cette tâche finale a un caractère soit réel, soit simulé, mais elle implique toujours de traiter des documents, d'utiliser différentes aptitudes et de passer par plusieurs étapes, comme organiser une fête, choisir un lieu de vacances, etc. Cet aboutissement implique la production de discours, la résolution de problèmes, un résultat, comme dans une situation de la vie quotidienne. Et dans une certaine mesure, ce type d'activités pourrait aller jusqu'à la simulation globale.

12. Di Giura, M., Beacco, J.-C. (2007), *Alors*, Paris, Didier et Labascoule, J., Lause, C., Royer, C. (2004), *Rond Point*, Difusión.

En guise de conclusion : réalité de la tâche et utilisation de la langue étrangère

Les démarches qui vont dans le sens de la réalisation de tâches comme principes d'une méthodologie ouvrent également une perspective dans la relation entre réalité, utilisation de la langue et apprentissage dans la classe. Un dispositif d'apprentissage peut tout à fait inclure des tâches qui simulent des situations réelles, qui préparent la réalisation de tâches réelles : par exemple apprendre à comprendre un journal télévisé dans la classe facilite le développement et le réinvestissement de stratégies à l'extérieur de la classe. C'est ce qui est développé dans une méthode comme *Ici*, conçue pour une utilisation en milieu francophone[13]. Mais le développement des TICE rend aisée cette pratique lorsque la langue apprise n'est pas la langue de communication dans le contexte : il est possible de proposer des tâches à effectuer seul ou par petits groupes, dont les résultats seront présentés en classe, par exemple trouver sur Internet un hôtel avec certaines contraintes (localisation, confort, prix…), envoyer un message pour obtenir une documentation sur un produit donné, donner un avis sur un forum, etc. Travailler dans ce sens recrée une fluidité entre l'apprentissage et la réalité, entre la classe et l'extérieur, et instaure une continuité entre l'utilisation de la langue et son apprentissage, dans laquelle l'apprenant peut évoluer comme acteur social.

13. Abry, D., Daas, Y., Deschamps, H. (2007). *Ici 2*, Méthode de français niveau A2, Paris, CLE International.

Bibliographie

BEACCO, J.-C. (2007), *L'Approche par compétences dans l'enseignement des langues*, Paris, Didier.

BEACCO, J.-C., BOUQUET, S., PORQUIER, R. (dir.) (2004), *Niveau B2 pour le français, Un référentiel*, Paris, Didier.

BÉRARD, É. (1991), *L'Approche communicative*, Paris, CLE International. cla.univ-fcomte.fr/ mediacla.

CONSEIL DE L'EUROPE (2001), *Cadre européen commun de référence pour les langues : apprendre, enseigner, évaluer*, Paris, Didier.

CONSEIL DE L'EUROPE (2002), *Guide pour utilisateurs*, site du Conseil de l'Europe.

GOULLIER, F. (2005), *Les Outils du Conseil de l'Europe en classe de langue*, Paris, Didier.

NUNAN, D. (2004), *Task-based Language Teaching*, Cambridge, Cambridge University Press.

ROSEN, É. (2007), *Le Point sur le Cadre Européen Commun de Référence pour les Langues*, Paris, CLE International.

WILLIS, J. (1996), *A Framework for Task-Based learning*, Harlow, Longman.

Pour une application des trois compétences du CECR en classe :

une synthèse pragmatique des propositions de la pédagogie du projet et de l'enseignement/ apprentissage par les tâches

CLAUS REINHARDT

IUFM DE COLOGNE, ALLEMAGNE

Connaitre une langue ne se résume pas à la création de phrases linguistiquement bien formées : cet adage a pris beaucoup d'importance depuis la diffusion du CECR qui a accordé une place centrale à la dimension socio-linguistique de la compétence, informant les dimensions linguistique et pragmatique de la langue et favorisant ainsi les possibilités d'une mobilité accrue au sein de l'espace européen (Rosen, 2006 et 2007).

Du même coup, avec la diffusion du CECR, les attentes en matière d'enseignement/apprentissage des langues ont évolué, car l'on attend désormais un travail important sur les dimensions socio-linguistiques et pragmatiques de la compétence, et plus seulement un travail sur la langue en elle-même et pour elle-même : autrement dit, c'est un enseignement/apprentissage complet, prenant en charge l'ensemble de la compétence à communiquer langagièrement qui est attendu. Cette volonté de développer un large spectre de compétences, posée par le CECR, ne relève pas d'une simple mode pédagogique amenée sous peu à être remplacée par un nouveau dogme.

Si ce concept de formation exhaustive représente effectivement les canons de la formation moderne, comment dès lors concevoir un cours qui permette le développement de ces trois compétences (linguistique, pragmatique et socio-linguistique), et partant, d'une compétence à communiquer langagièrement complète ?

Deux concepts pédagogiques, en partie concurrents, la pédagogie du projet et l'enseignement/apprentissage par les tâches dans son acception anglo-saxonne (*task-based learning*) sont à cet égard en discussion. La pédagogie du projet, d'une part, telle qu'elle a déjà été développée par Dewey et Kilpatrick (1935), n'est pas aisée à mettre en place, du fait de ses exigences globales en matière de développement des compétences dans tous les domaines. D'autre part, le *task-based learning*, tel que décrit par Willis (2005) et Nunan (2004), comporte un vaste éventail d'activités, allant d'une forme très structurée, comme par exemple la recherche d'informations à un apprentissage par projet. Comment situer le cours de langue entre ces deux extrêmes ? Quelles positions intermédiaires trouver ? Ce sont les questions auxquelles le présent article apportera des éléments de réponse en se fondant sur la réalité pédagogique d'un programme d'échanges ERASMUS entre l'Allemagne et la France, mis en place pour des étudiants en médecine (français sur objectif médical).

P *édagogie du projet*

Beaucoup d'études ont montré qu'un projet réussi permettait, de manière optimale, le développement et l'élargissement du spectre des compétences de l'apprenant (Barkley *et al.*, 2005 ; Weimer, 2002). Bien qu'incontestables, les avantages liés à la pédagogie du projet se heurtent à la réalité de la classe : peu de projets y sont développés et rares sont ceux qui le sont avec succès (Petty, 2004). Comment expliquer que cette pédagogie du projet ne soit pas davantage appliquée avec succès ?

L'ORIGINE DU PROJET

Dans l'idéal, les idées à l'origine du projet devraient venir des apprenants eux-mêmes (Frey, 1998). C'est la condition pour s'assurer qu'un projet couvrira un thème pertinent et intéressant pour les apprenants. Dès cette première phase pourtant, des problèmes peuvent se poser : d'une part, l'idée du projet doit être motivante pour les apprenants ; mais, d'autre part, le projet doit être rattaché au curriculum (Marham, 2003). Ce dilemme explique l'échec de nombreux projets. Soit les apprenants choisissent librement le thème du projet, et l'on court alors le risque qu'il n'y ait aucun lien avec le curriculum. De tels « projets » sont souvent mis en place dans des phases un peu creuses de l'année scolaire, par exemple entre le moment où les notes sont remises et les vacances. De fait, l'engagement, dans le temps et dans les efforts intellectuels requis, est souvent limité. Soit l'enseignant propose une idée de projet en lien direct avec le curriculum, et l'on se trouve alors souvent confronté à un intérêt, et partant à un engagement, limité des apprenants (Forsyth, 2004)[1].

1. Voir Coste p. 17.

En règle générale, une bonne idée de projet relève d'un compromis entre l'intérêt des apprenants et le curriculum (Marham, 2003). Pour cela, une bonne connaissance du thème est nécessaire. Les apprenants ne conçoivent généralement pas les aspects intéressants d'un thème ou les problèmes qui en découlent ; les apprenants d'une langue étrangère ne se représentent pas, par exemple, dans leur propre langue maternelle, les spécificités – et les problèmes liés à – des interactions simples de la vie quotidienne (acheter un billet de train, une place de théâtre, etc.) ou de genres tels que le reportage.

LE DÉROULEMENT DU PROJET

Lorsqu'une idée pertinente de projet est ainsi née, il faut encore mettre en place un calendrier d'exécution. Dans cette perspective, il est pertinent de s'entendre sur des moments de contrôle, permettant de mesurer l'avancée du projet. Selon les classes, l'on peut également conseiller de s'entendre sur les résultats *a minima* du projet (Forsyth, 2004 ; Marham, 2003). Tout projet doit aboutir à la réalisation d'un produit. Ce produit peut prendre une forme tangible (la construction d'une ferme avec des cubes par exemple pour Dewey), ou bien une forme immatérielle comme une intervention sur la prévention dans une maison de retraite ou bien encore la mise en place d'un contrat de classe en précisant les règles (Frey, 1998). Cette perspective de réalisation d'un produit, et le fait qu'il puisse y avoir échec dans la réalisation de ce produit, est une source importante de motivation pour les apprenants. En même temps, l'avantage de réaliser un tel projet dans le cadre privilégié et protégé de la classe est que les conséquences d'un tel échec sont atténuées (Weimer, 2002 ; Rosen et Reinhardt, 2003). C'est même parfois le travail de fond réalisé sur les causes des erreurs et de l'échec qui constitue le résultat le plus précieux du projet : c'est la raison pour laquelle un projet doit toujours se clore sur une évaluation du projet en lui-même (Petty, 2004).

Un projet est une méthode très libre qui mobilise un nombre important de compétences (en particulier méthodologiques). Cela peut constituer un avantage, mais il faut bien voir que cette méthode n'est pas sans risques pour les apprenants aux compétences limitées, car elle peut trop les solliciter, ce qui mène à un échec du projet (Weimer, 2002). De manière idéale, tous les collègues potentiellement impliqués dans le projet devraient intervenir et prendre en charge dans leurs cours de spécialité le développement des compétences spécifiques requises (Weimer, 2002). Cette manière de planifier les cours est déjà d'actualité et institutionnalisée dans l'enseignement professionnel sous la forme de situations d'apprentissage *(Lernsituationen)*. Une situation d'apprentissage est ainsi travaillée ensemble, dans tous les cours concernés, pour un métier donné. C'est par et grâce à ce concept de champ d'apprentissage *(Lernfeldkonzept)* que l'on parvient, d'une part, à ce que toutes les disciplines participent au développement des compétences des apprenants et qu'une discipline n'en porte ainsi pas seule la charge; d'autre part, les apprenants peuvent véritablement être immergés dans le projet et le vivre plus intensément (Frey, 1998).

E nseignement/apprentissage par les tâches (task-based learning)

Le *task-based learning* (désormais TBL), cet enseignement/apprentissage par les tâches à l'anglo-saxonne, jouit depuis la fin des années 1980 d'une grande popularité, en particulier grâce aux travaux de Ellis (2003), Nunan (2004) et Willis (2005). Le cœur du TBL est que l'apprenant soit confronté activement à la résolution d'un problème dans la langue-cible (lors d'achats à effectuer, d'une visite médicale ou de démêlés avec l'administration, etc).

TRAVAILLER AVEC DES TÂCHES EN CLASSE

Le TBL recouvre un grand éventail d'opportunités d'apprentissage, d'activités très structurées – de la recherche d'informations sur un thème donné ou des exercices de comparaison et de remise en ordre, à des activités s'apparentant à la pédagogie du projet, en passant par la participation à des débats suscitant des échanges d'opinions et d'idées. À la différence de ce que nous avons vu précédemment sur la pédagogie du projet, l'idée vient généralement, dans le TBL, de l'enseignant (Ellis, 2003).

LE DÉROULEMENT D'UN APPRENTISSAGE PAR LES TÂCHES

Quelle que soit la forme retenue, les apprenants devront travailler autour de contenus d'apprentissage motivants, leur permettant de participer de manière active et créative au cours. Trois phases sont géneralement développées dans le TBL (Ellis, 2003; Willis, 2005; pour une présentation en français, voir Rosen, 2006: 104):
1. une phase de présentation du thème et de la tâche puis de préparation *(pre-task)*
2. une phase de réalisation *(task cycle)*
3. une phase de retour sur la langue *(language focus)*.
Nunan distingue quant à lui six phases. La phase de préparation comporte une présentation du thème par l'enseignant, qui peut également mettre en évidence les mots et structures utiles: il aide et prépare ici les étudiants à accomplir la tâche. Les apprenants peuvent éventuellement écouter un enregistrement de pairs ou de natifs réalisant une tâche similaire (Nunan, 2004). Cette phase de préparation

*Pour une application
des trois compétences
du* CECR *en classe :
une synthèse pragmatique
des propositions
de la pédagogie du projet
et de l'enseignement/
apprentissage
par les tâches*

peut ainsi prendre différentes formes, des plus formelles et déclaratives aux plus ouvertes. La phase de réalisation comporte la résolution du problème et généralement une présentation devant la classe. Les apprenants travaillent ici par pairs ou en groupes et échangent en langue-cible (Ellis, 2003 ; Nunan, 2004 ; Willis, 2005). L'analyse linguistique des productions est menée par l'enseignant : il identifie les problèmes langagiers qui se sont posés lors de la phase de présentation et met en place des exercices autour des structures problématiques, des nouveaux mots et structures rencontrés (Ellis, 2003 ; Nunan, 2004 ; Willis, 2005). L'avantage de proposer une telle démarche après la phase de réalisation est d'accroitre la motivation des apprenants qui se trouvent confrontés à leurs propres erreurs et leurs propres lacunes (Nunan, 2004 ; Willis, 2005).

Le TBL recouvre ainsi un grand éventail d'activités, des plus structurées (proches des cours de langue classiques) aux plus ouvertes (proches de la pédagogie du projet) : cette grande variété, regroupée sous cette même appellation de TBL, peut laisser l'enseignant perplexe, dès lors qu'il souhaite passer à une application pratique, en classe, de ces principes.

D es solutions pratiques pour le quotidien de la classe : l'exemple du français sur objectif médical

Si une structure par champ d'apprentissage n'est pas en place dans une institution, la mise en place d'un projet véritable comme nous l'avons décrit précédemment est très couteux en temps et en énergie, car doivent être développées tant les compétences de méthode que l'analyse du problème, la planification du projet, les évaluations intermédiaires et finales, sans oublier les compétences professionnelles dans la langue étrangère cible.

Le TBL peut, d'un autre côté, ne pas être aussi motivant que cela s'il est présenté sous une forme très structurée, se rapprochant alors des cours de langue traditionnels.

De fait, il semble nécessaire de trouver une nouvelle voie, pragmatique, à la croisée de ces deux méthodes qui viennent d'être présentées, pour un cours de langue renouvelé.

Le pas le plus important est sans aucun doute d'identifier un problème pertinent qui stimule les apprenants et les incite à l'échange d'idées (Marham, 2003). D'une part, les apprenants ne sont pas toujours conscients des enjeux liés aux dimensions socio-linguistiques des situations-problèmes, et d'autre part, pour l'enseignant, il n'est pas toujours aisé d'identifier les problèmes que les apprenants seront susceptibles de rencontrer lors de leur séjour dans le pays où est pratiquée la langue-cible ; cette remarque vaut en particulier pour les cours de langue étrangère en milieu hétéroglotte.

METTRE EN PLACE UNE SITUATION-PROBLÈME EN FRANÇAIS SUR OBJECTIF MÉDICAL

De fait, pour mettre au point un problème pertinent, des connaissances factuelles et professionnelles sont nécessaires que l'enseignant de langue étrangère ne possède pas toujours (Blondel, 2001). Un exemple concret va venir illustrer ce dernier point.

Pour la préparation d'un cours ERASMUS destiné à des étudiants en médecine de l'université de Cologne se préparant à effectuer leur externat dans l'université partenaire de Lille, nombre de problèmes pertinents ont un arrière-plan professionnel : comment traiter un patient en France ? Comment se comporter avec le médecin en chef, avec les infirmières ? Comment se comporter à la cantine avec les autres médecins ? Quelles sont les consignes et rituels à suivre, par exemple concernant la manière spécifiquement française de se désinfecter les mains avant d'entrer au bloc opératoire ? Dans la mesure où l'enseignant de langue a rarement eu l'occasion d'expérimenter par lui-même, sur le terrain, dans un hôpital français, de telles difficultés, il a besoin d'aide pour pointer de tels questions et problèmes pertinents et pour y répondre de manière adéquate.

LE RECOURS AU JOURNAL D'ÉTONNEMENT

Afin de résoudre ce problème, nous avons introduit la pratique du journal d'étonnement (voir notamment Barbot et Rosen, 2007). Les *Alumni* (ces anciens élèves de l'institution), partis dans le cadre de cet échange ERASMUS, doivent en effet consigner dans leur journal d'étonnement les dix situations qui les ont le plus étonnés, qu'elles se rapportent à leur travail à l'hôpital ou à des situations de la vie quotidienne. Voici l'extrait d'un tel journal (CR-ERASMUS-0607) :

> « dans le bloc opératoire, en Allemagne, je devais seulement lever mes mains et l'infirmière me passait les gants stérilisés, alors qu'en France les gants étaient posés sur la table d'opération et je devais les passer moi-même en respectant les consignes de sécurité. L'infirmière m'a expliqué comment faire... mais je n'ai malheureusement pas tout compris ! J'ai dû retourner me désinfecter les mains... et finalement le chirurgien a dû attendre après moi plus de cinq minutes. Quel désastre ! ».

Il leur est également demandé de proposer une solution au problème rencontré, ce qu'illustre l'extrait suivant :

> « Pour éviter de tels tracas, j'aurais dû m'informer par avance de ce qui m'attendait dans le bloc opératoire et arriver bien en avance, ce que j'ai toujours fait depuis lors, ce qui me laisse la chance de poser des questions quand je ne comprends pas une explication, voire de demander que quelqu'un me montre ce qu'il faut faire (je raconte souvent l'anecdote des gants stérilisés et les collègues français comprennent mieux ma situation et prennent du temps pour m'aider) ».

*Pour une application
des trois compétences
du CECR en classe :
une synthèse pragmatique
des propositions
de la pédagogie du projet
et de l'enseignement/
apprentissage
par les tâches*

L'enseignant de langue peut alors puiser dans ce fonds de ressources toujours actualisé pour y chercher un problème et l'aborder en classe. Son rôle consistera alors à présenter, à partir d'un problème concret, les dimensions linguistiques (poser différents types de question dans différents contextes), les dimensions pragmatiques (réagir de manière appropriée dans une situation difficile), les dimensions socio-linguistiques (poser les questions appropriées pour se sortir d'affaire face à une infirmière, à un pair, au chirurgien ; se présenter à un supérieur). Par le recours à de telles situations vécues, ce n'est pas seulement la satisfaction des étudiants en cours de langue qui va grandir, mais également leurs chances de réussir leur externat à l'étranger.

POUR UNE APPROCHE PAR LES TÂCHES EN LIGNE ?

Dans la mesure où l'université de Cologne met à la disposition des enseignants une plate-forme et des wikis, la question s'est posée de savoir si l'on ne pourrait pas proposer un tel cours en ligne, en y plaçant et en y diffusant ainsi les données recueillies. Il n'y aurait à cela aucun obstacle technique ; néanmoins, l'on renoncerait ainsi à une phase importante du TBL, à savoir la phase d'analyse des productions et des situations et le transfert à d'autres situations que peut réaliser l'enseignant. L'exemple suivant, reprenant le cas précédemment évoqué de l'hygiène des mains dans le bloc opératoire, va venir étayer cette position.

Cette étape de désinfection n'est pas conduite de manière identique d'un hôpital à un autre et ses modalités peuvent même évoluer au sein d'un même service selon le désinfectant utilisé. Un étudiant ayant travaillé via le forum aurait appris ainsi à connaitre un type de procédure particulier, mais n'aurait pas appris à réagir de manière appropriée face à une telle situation inattendue et se trouverait aussi dépourvu de moyens que l'apprenant ayant consigné cette situation dans son journal d'étonnement, face à une réalité sensiblement différente. C'est seulement par ce travail sur les trois compétences, et sur les stratégies afférentes, qu'un apprenant peut passer du connu à l'inconnu et se préparer efficacement à l'action (Petty, 2004). De surcroit, une formation des étudiants à l'auto-évaluation de leurs productions est souvent nécessaire – elle ne peut prendre place, de manière optimale, qu'en cours ; une fois franchie cette étape, les apprenants sont alors en mesure d'auto-évaluer leurs interactions et de progresser par eux-mêmes lors de leur séjour à l'étranger. Ils devraient être par exemple en mesure d'analyser une consultation passée avec un patient, d'en dégager les forces et les faiblesses communicatives et de se préparer alors à améliorer leur prochaine consultation. Autant d'éléments qui pèsent en faveur d'un cours en présentiel, pendant lequel l'enseignant peut mener à bien les trois phases de la TBL (et en particulier la dernière phase d'analyse des tâches et des situations-problèmes).

Afin d'aller plus loin encore dans le développement de telles stratégies, nous avons développé le modèle suivant (voir figure 1). Ce modèle prend en compte les contraintes de temps liées au cours de langue, si bien que la situation-problème ainsi que les stratégies sont fournies dans un premier temps par l'enseignant. L'enseignant incite alors chaque participant du cours à proposer ses propres stratégies de résolution de problème. De plus, des conseils pratiques en vue d'une réalisation (sous forme de simulation) sont donnés, qui peuvent être dans un premier temps assez directifs puis l'être de moins en moins au fur et à mesure des cours, et se limiter finalement à quelques questions. Un tel étayage doit permettre à l'apprenant de résoudre rapidement lui-même de telles situations difficiles (Ellis, 2003). L'on peut procéder de même pour ce qui touche à l'auto-évaluation.

Ainsi équipés, les apprenants peuvent alors passer eux-mêmes à la résolution d'un deuxième problème, dans la mesure où ils ont maintenant développé, grâce à l'enseignant, les stratégies mises en place lors de la résolution du premier problème.

Aménagement d'un projet

Un projet concret, mené selon la figure précédente, peut prendre ainsi la forme suivante. Les apprenants sont confrontés à la situation de désinfection des mains précédemment évoquée (problème 1). Ils travaillent alors en classe le vocabulaire et les compétences pragmatiques afférentes (simulation filmée). L'auto-évaluation est menée à partir du film de la simulation : les moments réussis de la communication sont tout d'abord analysés et présentés comme modèles pour de telles situations de communication. Ce sont ensuite les moments non réussis de la communication qui sont ensuite travaillés, au moyen de ressources appropriées : ces ressources sont constituées des stratégies de résolution de problèmes que les étudiants mobilisent déjà au quotidien, qui sont adaptées ici à une situation professionnelle spécifique. Une fois dotés de ces stratégies, les étudiants peuvent aborder la résolution d'un deuxième problème aux contours semblables, en l'occurrence la manière dont un médecin revêt sa blouse d'opération stérile au bloc, à l'aide d'une infirmière.

Pour ne pas conclure

Ce dispositif, mis en place dans un cours ERASMUS destiné à des étudiants en médecine de l'université de Cologne, montre ainsi la grande importance des compétences socio-linguistiques une fois un certain niveau de langue atteint. Le présent article visait à évaluer les problèmes éventuels concernant les apprenants et les curriculums, et à proposer une approche pragmatique entre TBL et pédagogie du projet. Cette approche pragmatique permet ainsi de développer les compétences socio-linguistiques et pragmatiques (et plus seulement linguistiques) et représente dans son essence même un heureux compromis concernant les méthodes, les apprenants et les curriculums.

Bibliographie

BARKLEY, E., CROSS, P., MAJOR, C. (2005), *Collaborative Learning techniques*, San Francisco, Jossey-Bass.

BARBOT, M.-J., ROSEN, É. (2007), « Élaboration d'un processus d'auto-évaluation et outillage en formation d'enseignants au niveau master », in *Les Cahiers THEODILE*, n° 8, p. 101-126.

BLONDEL, É. (2001), « L'enseignant et les savoirs spécialisés : à propos de la dénomination spécifique en classe de français, langue profession-nelle », in *Les Carnets du Cediscor*, n° 7, p. 37-50.

DEWEY, J., KILPATRICK, W.H. (1935), *Der Projektplan*, Weimar.

ELLIS, R. (2003), *Task-Based Language Learning and Teaching*, Oxford, Oxford University Press.

FREY, K. (1998), *Die Projektmethode*, Weinheim, Belz (8e édition).

FORSYTH, D. (2004), *The Professor's Guide to Teaching*, Washington American Psychological Association (2e édition).

MARHAM, T. (2003), *Project Based Learning Handbook*, Novato Buck Institute for Education (2e édition).

NUNAN, D. (2004), *Task-Based Language Teaching*, Cambridge, Cambridge University Press.

PETTY, G. (2004), *Teaching Today*, Cheltenham Nelson Thornes Ldt. (3e édition).

ROSEN, É. (2006), *Le Point sur le Cadre européen commun de référence pour les langues*, Paris, CLE International.

ROSEN, É. (2007), « La formation initiale des enseignants de FLE à l'heure européenne : impacts croisés du système LMD et du Cadre européen commun de référence pour les langues », in *Le français dans le monde, Recherches & Applications*, p. 25-35.

ROSEN, É. et REINHARDT, C. (2003), « Les risques (limités) du métier... La notion d'expertise dans le continuum exolingue/endolingue », in *LINX*, n° 49, p. 91-108.

WEIMER, M. (2002), *Learner-Centered Teaching*, San Francisco, Jossey-Bass.

WILLIS, J. (2005), *A Framework for Task-Based Learning*, Harlow, Longman (9e édition)

Travailler en projet avec la bande dessinée dans une approche actionnelle

MARIE-PASCALE HAMEZ ET BRIGITTE LEPEZ
UNIVERSITÉ LILLE 3

En privilégiant l'approche communicative et interculturelle à visée actionnelle, le CECR bouleverse le concept d'apprentissage scolaire. Du *comme si* traditionnel de la simulation de l'approche communicative à l'acte socialisé authentique, en prise directe avec la communication sociale dans toute sa complexité et variabilité, les choix didactiques du CECR font évoluer les pratiques de classe en rompant avec le huis-clos de la sphère scolaire. Par l'importance accordée au contexte, à l'autonomie, à la pragmatique, à la finalité sociale, c'est désormais tout l'espace social qui devient territoire d'investigation d'un enseignement-apprentissage qui a pour ambition de responsabiliser l'apprenant dans un ensemble d'activités complexes réalisées dans des contextes socioculturels diversifés.

« Le parti pris de non-directivité » du CECR (p. 40) donne toute latitude à l'enseignant de langue de s'approprier la démarche conseillée dans sa perspective de type actionnel, pour explorer tout le potentiel offert par le contexte, dans des activités créatives adaptées au profil des apprenants et appelés projets culturels ; le continuum des apprentissages étant garanti par les descripteurs de compétences. Le *Projet culturel* (Lepez, 2008) est une activité didactique de production et de communication d'objets culturels qui engagent des actes langagiers et qui développent des compétences de créativité à visée sociale, ces objets culturels étant destinés à un public donné, le public d'étudiants internationaux du centre universitaire et le public autochtone. L'objectif didactique du projet culturel est double. Non seulement le projet culturel permet de construire des compétences langagières tout en exploitant les compétences spécifiques de l'apprenant. Mais il participe aussi de la problématique interculturelle. Grâce au projet culturel, l'étudiant se construit une mémoire individuelle de la mobilité ancrée dans une histoire collective, puisque sa production culturelle sera offerte au regard de l'autre, voire explicitée et confrontée dans des rencontres avec le public autochtone

55

*Travailler en projet avec
la bande dessinée dans
une approche actionnelle*

et dans des lieux culturels urbains clairement identifiés. Dans ces confrontations interculturelles, les paramètres identitaires seront revisités car c'est bien dans la rencontre avec l'autre que se construit l'identité culturelle (Zarate,1986).

Ainsi, grâce au projet culturel, les apprenants de langue en multipliant les activités et les stratégies langagières selon les phases de préparation, de création, de communication de leurs objets culturels, vont induire une dynamique de classe qui explore l'exterritorialisation de l'espace didactique. La classe de FLE du centre universitaire devient un lieu de rendez-vous de l'évènementiel culturel, où se construit et se développe une articulation de nombreuses compétences fondées sur des tâches complexes, qui mettent en jeu des activités langagières dans des situations authentiques de communication interculturelle : vernissage d'exposition, interviews journalistiques, rallyes, séances débat... La classe devient aussi un lieu d'échanges des cultures où les identités se co-construisent dans la connaissance et la reconnaissance de la culture de l'autre.

L'étudiant, responsabilisé dans son activité d'apprentissage d'acteur social dans un contexte autre, est partie prenante, dans la conceptualisation des tâches et dans la recherche de ressources. L'enseignant joue le rôle de référent pour tout guidage méthodologique, ou de médiateur et de facilitateur de contacts, si nécessaire. Il est celui qui va s'assurer que l'apprenant dispose bien de tous les outils communicatifs pour mener à bien ses activités, et rester disponible à toute demande d'étayage. Au cours du présent projet, toute tâche s'accomplit en binôme et bénéficie d'une phase préparatoire et d'un feedback avec l'ensemble du groupe classe. Le concours BD, de sa conception à sa communication grand public, est un projet complet et complexe qui met en œuvre de nombreuses compétences personnelles et langagières.

D escriptif du projet et du contexte de production

Le projet BD dont il est question ici, intitulé «Personnages célèbres du monde entier» s'inscrit dans le cadre d'un module culturel optionnel initiant à la bande dessinée francophone. Ce module de lecture-écriture du genre BD a été proposé à 15 étudiants internationaux de niveau C1 à raison d'1 heure 30 par semaine, sur une session universitaire de 14 semaines au Département Enseignement du Français à l'International (DEFI) de l'université Lille 3. Ce groupe pluriculturel est composé d'étudiants chinois, japonais, vietnamiens, anglais, polonais, suédois, thaïlandais, coréens, péruviens et mexicains. Il s'agit, pour l'apprenant de FLE, de s'initier dans un premier temps aux codes spécifiques de la BD francophone, puis de produire son propre texte ancré dans la culture de son pays, avec ses valeurs et ses représentations (Hamez, 2006). La thématique retenue pour la création d'une planche de BD consiste en la scénographie d'une biographie d'un personnage célèbre de leur pays, mais inconnu en France. L'acceptation d'une exposition publique fait partie des conditions de participation au concours.

Phase de découverte et d'initiation au genre : lecture d'albums et cercles de lecture

Les étudiants découvrent tout d'abord les supports privilégiés de la bande dessinée francophone : album, saga, one-shot, strip, gag en une page... Puis, une collection d'albums diversifiés, mis à disposition, leur permet de découvrir la multiplicité des genres (policier, science-fiction, aventures, reportage, biographie, fantastique, etc.). Pour constituer une culture commune au groupe, peu à peu spécialisée en BD, un système de prêt est mis en place, ainsi qu'un dispositif d'échange oral autour des albums, qui rappelle les cercles de lecture (Hébert, 2005). Pour une séance sur deux, sur l'ensemble des 14 semaines de la session, un temps est réservé au choix des albums et à un échange de lecture critique entre pairs, étayé par un court commentaire écrit suite à leur lecture personnelle.

Les étudiants discutent de manière autonome sans la présence de l'enseignant, qui peut cependant intervenir à leur demande en tant que personne-ressource, accompagnatrice, médiatrice, pour expliciter par exemple une donnée culturelle. L'échange, qui a lieu en classe en petits groupes de 5, offre à ces communautés actives de lecteurs (Lebrun, Coulet, 2004) la possibilité :

– de rendre compte de leurs lectures, patients décodages inscrits dans le temps personnel

– d'intégrer la dimension hypertextuelle en reliant leurs découvertes à des expériences de lectures antérieures, dans une autre langue-culture que le français.

Les deux activités langagières associées sont donc la réception de l'écrit et l'interaction orale, ou plus exactement la réception de messages mixtes constitués de textes et d'images. Ces activités situées sont le résultat de l'interaction entre les lecteurs, les albums et le contexte (Giasson, 1995), dans un espace-classe transformé en bibliothèque spécialisée. Un dispositif qui engendre à son tour un espace de discussion critique et de construction de sens.

57

*Travailler en projet avec
la bande dessinée dans
une approche actionnelle*

Les tâches proposées dans les cercles de lecture intègrent un oral communicatif ainsi qu'un oral réflexif dans la mesure où les apprenants réagissent à leurs lectures en fonction de leur biographie culturo-langagière, et de leurs représentations initiales parfois stéréotypées de la bande dessinée.

Ainsi, ce dispositif de lecture permet aux apprenants de commenter leur réception des œuvres autour de trois axes :

– leur rapport à l'articulation texte-image comme confrontation à un système sémiotico-culturel à découvrir ;

– les relations axiologiques qu'ils entretiennent avec les albums : jugements sur l'histoire, les personnages et la narration ;

– les émotions esthétiques qui se créent ou non, entre eux et les albums.

P hase de spécialisation au domaine BD : initiation aux codes spécifiques du 9e Art

Pendant la première partie de la session, les cercles de lecture alternent avec des séances consacrées à l'analyse des codes, pendant lesquelles l'enseignant fournit aux apprenants des outils pour mieux lire les œuvres et pour mieux élaborer leurs futures planches, objets sémiotiquement hétérogènes. La lecture de ce médium spécifique devient objet d'enseignement et d'apprentissage. Ces séances, qui articulent diverses modalités d'enseignement (classe entière, travail de groupes) fondées sur l'analyse de quelques planches appartenant au patrimoine francophone initient les étudiants :

– à la transcription des codes verbaux et des bruits : bulles, étiquettes, récitatifs, onomatopées, symboles, graffitis ;

– au sens de la lecture : lecture d'une case, principes d'organisation de la planche de BD ;

– au langage de l'image : procédé de simplification du dessin des personnages, combinaison simplification et réalisme, plans et angles de vue, rythme du récit, découpage et enchainement des plans, mouvements en image fixe, transcription du temps, fonctionnement du rapport texte-image (Quella-Guyot, 2004).

L'analyse s'appuie sur des extraits d'œuvres des maitres de la bande dessinée francophone : Goscinny, Tardi, Bilal, Schuiten et Peeters, Ferrandez, Pratt, Boucq, Brétécher, Franquin, Loisel, Van Hamme…

Une initiation indispensable pour présenter la bande dessinée comme un produit culturel légitime et reconnu dans l'espace francophone, pour la définir « comme un art narratif et visuel, permettant par une succession de dessins, accompagnés en général d'un texte, de relater une action dont le déroulement temporel s'effectue par bonds d'une image à une autre sans que s'interrompe la continuité du récit » (Moliterni, Mellot, Turpin, 2002, p. 7).

P hase créative : de l'écriture du synopsis[1] à la mise en couleurs

Pendant la deuxième partie de la session (7 séances), les cercles de lecture sont remplacés par des séances d'atelier de création qui alternent encore avec des séances de lecture-discussion-analyse de planches pour approfondir l'étude des codes. Pour la phase *Création de planches* au programme dans ce module, l'enseignant propose un cadre d'activités, support d'une progression orientée par un objectif de production : produire la biographie en BD d'un personnage célèbre du pays d'origine, en faisant référence à son environnement social, géographique, politique, culturel...

La première étape documentaire est celle de la recherche d'informations sur Internet et en bibliothèque pour sélectionner des biographies ou des éléments permettant de reconstituer la vie du personnage choisi. Les étudiants objectivent ainsi les composantes structurées d'une biographie : informations, sélection des évènements, organisation, jeu des temps.

Puis vient la phase de production de l'objet BD, avec toutes les étapes successives de la conceptualisation qui, au-delà de la complexité des situations de classe, peuvent se visualiser ainsi dans un tableau synoptique chronométré. Toutes les tâches étant exécutées en binômes.

Tableau synoptique chronométré de tâches

Tâches	Activités langagières	Durée approximative
Lire des textes biographiques et informatifs	Réception de l'écrit Production écrite	1 heure
Sélectionner des informations, les noter	Réception de l'écrit Production écrite	
Synopsis de 20 lignes	Production écrite, Interaction orale	2 heures
Lire à voix haute le synopsis. Répondre aux questions d'explicitation du groupe	Production orale, interaction orale	1 heure
Enrichir, améliorer le synopsis	Production écrite	2 heures
Écrire un scénario tabulaire[2]	Production tabulaire	1 heure
Réaliser le découpage graphique[3] (Format A3)	Production écrite	1 heure
Écrire les dialogues, onomatopées et récitatifs sur planche originale	Production écrite	
Illustrer les vignettes par collage ou illustration	Temps personnel de l'étudiant(e)	
Procéder à la mise en couleurs[4]		
Présenter, commenter la production / Interagir avec le groupe-classe	Production orale, Interaction orale	20 minutes par BD réalisée au moment de l'évaluation

1. Récit complet d'environ une page.

2. Tableau composé de colonnes : numéro de la vignette, décor et personnages, action, dialogues, récitatif, plans, angles de vue.

3. Dessin sommaire de l'enchainement des cases ou vignettes, qui met en scène les dialogues et les personnages dans le décor.

4. Colorisation d'un dessin au trait.

59

*Travailler en projet avec
la bande dessinée dans
une approche actionnelle*

L'enchaînement de ces différentes activités apparait très stimulant. Il encourage la coopération et le travail collaboratif entre les acteurs du projet, favorise les échanges. En effet, à chaque étape, l'étudiant a, s'il le souhaite, la possibilité de présenter l'avancée de son travail au collectif et d'interagir avec ses pairs.

P *hase d'évaluation*

L'évaluation de ce projet privilégie une évaluation sommative en activité de production orale, sous forme d'un exposé de 15 minutes suivi d'une interaction de 15 minutes avec l'enseignant et les étudiants de la classe. Dans une démarche réflexive, l'étudiant explicite la genèse de son projet avec l'analyse des problèmes rencontrés et le descriptif logistique.
La grille d'évaluation ci-dessous, réalisée en collaboration avec les étudiants, suit les descripteurs de compétences du CECR.

Outil d'évaluation de l'épreuve orale

C1	ÉTENDUE / 5 PTS	CORRECTION / 4 PTS	AISANCE / 3 PTS	INTERACTION /4 PTS	COHÉRENCE /4 PTS
Catégories pour évaluer, définies en fonction du CECR.	A une bonne maitrise d'une grande gamme de discours parmi lesquels il peut choisir la formulation lui permettant de s'exprimer clairement et dans le registre convenable sur le sujet donné. L'usage du vocabulaire spécialisé de la BD est ici particulière-ment apprécié.	Maintient constamment un haut degré de correction grammaticale les erreurs sont rares, difficiles à repérer et généralement auto-corrigées quand elles surviennent.	Peut s'exprimer avec aisance et spontanéité presque sans effort.	Peut choisir une expression adéquate dans un répertoire courant de fonctions discursives, en préambule à des propos, pour obtenir la parole ou pour gagner du temps pour la garder pendant qu'il/elle réfléchit.	Peut produire un texte clair, fluide et bien structuré, démontrant un usage contrôlé de moyens linguistiques de structuration et d'articulation.

Ce mode d'évaluation permet non seulement d'apprécier le niveau des compétences communicatives langagières des apprenants mais aussi de favoriser chez les apprenants une réflexion globale sur le faire, grâce à la mise en œuvre de la fonction heuristique de l'oral.

P hase de communication du projet : l'événementiel

La dimension communicationnelle, intégrée dès la conception du projet, est centrale dans ce type de production socialisée. La perspective de réaliser une exposition relatant les processus de fabrication, de l'écriture du synopsis jusqu'à la mise en couleurs, dans des lieux culturels universitaires, tel le Club du DEFI ou la Bibliothèque universitaire, et des lieux artistiques de prestige, tels la Maison-Folie de Villeneuve-d'Ascq ou la salle d'exposition d'Euralille, lors du Festival des Langues organisé par l'Association culturelle *no man's langues*[5], valorise l'usage esthétique et ludique de l'écrit[6], sa dimension artistique, tout en favorisant les modes d'appropriation de l'écrit articulé aux codes spécifiques du 9e art.

C onclusion

Cette expérience de création de BD nous semble emblématique de la pédagogie de projet en contexte pluriculturel, caractéristique d'une classe de FLE en contexte de communication exolingue. La localisation du centre permet de toute évidence de tirer parti de la proximité des 5 librairies spécialisées BD de Lille, des nombreux festivals BD organisés dans la région et d'initier *in situ* les étudiants à la bande dessinée francophone érigée en produit culturel, ce qui ne se produit pas nécessairement dans leur pays d'origine où la BD, quand elle existe, est assimilée trop souvent à la littérature jeunesse. Recherche d'une culture de travail en équipe, communication interculturelle, échanges de savoirs culturels, linguistiques et pragmatiques, pratique collaborative, démarche autoréflexive, échange de stratégies de lecture et d'écriture : autant de compétences générales et communicatives au carrefour des interactions oral-écrit, où la classe devient un lieu de construction de compétences sans cesse interrogées dans la recherche du sens et de la cohérence entre le dire et le faire, et le dire sur le faire. La communication grand public de ce projet d'écriture BD, de par sa dimension sociale et esthétique, crée à son tour un espace didactique réflexif, où la production et l'évaluation sont questionnées en retour.

5. http://www.festivaldes-langues.org
6. Dont la fonction créative n'est pas, à notre avis, suffisamment développée dans le CECR.

61

*Travailler en projet avec
la bande dessinée dans
une approche actionnelle*

Bibliographie

Conseil de l'Europe (2001), *Cadre européen commun de référence pour les langues*, Paris, Didier.

Giasson, J. (1995), *La Compréhension en lecture*, De Boeck Université.

Hamez, M.-P. (dir.) (2006), «La bande dessinée», in *Les Langues Modernes*, n° 4, p. 8-66.

Hebert, M. (2005), «Cercles littéraires en classes hétérogènes: quelles conditions pour une interprétation partagée?» in *Actes du colloque international Littérature et pratiques d'enseignement apprentissage: difficultés et résistances*, IUM d'Aix-Marseille, 20-22 octobre 2005.

Lebrun, M., Coulet, C. (2004), «La classe comme communauté active de lecteurs et d'auteurs: favoriser un rapport critique à la lecture/écriture littéraires», in *Skhôlé hors série, Didactique de la lecture et de l'écriture littéraires* (pp. 177-188). Cahiers de la recherche et du développement de l'IUFM d'Aix-Marseille.

Lepez, B. (2008), «S'approprier le Cadre: le projet culturel en classe de Langue», in *Les Langues Modernes*, n° 2, p. 59-65.

Moliterni, C., Mellot, P., Turpin, L. (2002), *L'ABCdaire de la bande dessinée*, Paris, Flammarion.

Quella-Guyot, D., (2004), *Explorer la bande dessinée*, CRDP Poitou-Charentes.

Zarate, G. (1986), *Enseigner une culture étrangère*, Paris, Hachette.

Albums

Anderson, H. C. (2003), *King: la biographie non officielle de Martin Luther King*, T. 1 et T. 2, EP Éditions.

Blin, F. (2004), *Les Mondes fantastiques de René Laloux: avec des témoignages de Topor, Moebius, Caza*, Éd. Pythagore.

Charles, M., Charles, J.-F., Wozniak, O. (2006), *Libertad! Che Guevara*, Casterman.

Giffen, K., Breccia, E. (2004), *Lovecraft*, Soleil.

Gasterheld, H., Breccia, A. (2001), *Che*, Éd. Fréon.

Goux, C. (1998), *Dans le jardin de Claude Monet*, coll. Le Petit Léonard (Dijon).

Marchon, B., Beker, L. (1986), *L'Abbé Pierre et l'espoir d'Emmaüs*, Centurion.

Marchon, B., Beker, L. (2002), *Gandhi, le pèlerin de la paix*, Bayard Jeunesse.

Perspective actionnelle et approche basée sur scénario. Un compte rendu d'expérience aux Nations unies

Sébastien Durietz et Nicolas Jérôme

ORGANISATION DES NATIONS UNIES, NEW YORK, ÉTATS-UNIS

En avril 2006, soucieuse d'une mise à jour constante des avancées en didactique des langues, l'équipe du Département de français du Programme des Langues et de la Communication du siège new-yorkais de l'ONU a décidé de mettre en œuvre la perspective actionnelle basée sur tâches dans un contexte plurilingue telle que le préconise le CECR. Aux Nations unies, le français jouit du statut théorique de langue officielle de travail au même titre que l'anglais, et fait partie des six langues officielles qui contribuent au multilinguisme, comme le stipule la Charte de 1945[1].

Cette décision didactique a eu notamment comme conséquence pédagogique l'adoption à titre expérimental d'un manuel basé sur les tâches. Très rapidement, la pratique de ce dernier a suscité de nombreuses interrogations[2] et fait naître une nécessité collective de formation continue concernant essentiellement des précisions terminologiques et des techniques de classe, notamment autour des notions d'actionnel, de tâche, de scénario et de projet en milieu professionnel. C'est dans ce contexte qu'a été élaboré un cycle de trois formations. La première formation a consisté en une présentation du *Diplôme de Compétence en Langue* (désormais DCL), diplôme national français ayant pris en compte les recommandations du CECR et sanctionnant les compétences des candidats à travers des scénarios dont les objectifs sont transférables dans le domaine professionnel. Les deux formations suivantes furent consacrées à la conception de scénarios d'apprentissage et d'évaluation adaptés aux objectifs et aux besoins du public onusien[3].

Notre compte rendu d'expérience s'articulera autour de trois pôles.

1. Sur la question du statut juridique du français à l'ONU, voir Tavernier, 2002.

2. Le contenu, les objectifs du manuel ainsi que sa méthodologie ne paraissait pas en adéquation avec notre public.

3. Pour des raisons professionnelles et d'ordre juridique, il ne nous est pas permis d'illustrer nos propos par des exemples concrets puisque le matériel conçu par le Programme des Langues et de la Communication des Nations unies demeure propriété intellectuelle de l'institution.

63

*Perspective actionnelle
et approche basée sur
scénario.* Un compte
rendu d'expérience
aux Nations unies

Dans un premier temps, nous évoquerons l'approche méthodologique retenue ; puis nous nous attacherons à mettre en exergue les points forts et les contraintes de sa mise en application ; enfin, nous insisterons sur la nécessité d'un contrat didactique à élaborer entre enseignants et apprenants.

A pproche méthodologique préconisée

Le CECR préconise de suivre une perspective actionnelle puisque l'apprenant-utilisateur est considéré comme un acteur social qui évolue et agit dans un contexte social en accomplissant des tâches. C'est le contexte social, l'environnement qui, en établissant des contraintes, donne du sens aux tâches, aux actions de l'apprenant. Les activités langagières n'ont donc de sens que dans un contexte social. L'enseignant doit analyser les besoins des apprenants et identifier les contextes personnel, social et professionnel dans lesquels ils vont utiliser la langue cible afin de recréer au mieux, dans les activités de classe, les contraintes auxquelles ses apprenants sont (ou vont être) confrontés. Ainsi, le CECR ne nous donne pas d'indication sur une approche à adopter mais pointe une perspective dans laquelle inscrire l'approche pédagogique qui sera la plus adaptée aux apprenants.
Lors de la formation sur le DCL assurée par C. Bourguignon et P. Delahaye[4], il nous a été présenté une approche basée sur scénario.

PRINCIPES DE BASE

L'idée principale de cette approche est de faire entrer les apprenants dans une mission qu'ils auront à réaliser avec des contraintes précises liées à leurs domaines d'intérêts. Signalons que cette mission se réalisera à travers des activités de réception, d'interaction et de production. Pour réaliser cette mission, les apprenants auront accès à divers textes (écrits ou oraux) qui leur permettront d'avoir les informations nécessaires à la réalisation de la mission. La réception est donc directement au service de la production ou de l'interaction. Précisons par ailleurs que nous entendons mission au sens de tâche, c'est-à-dire une réalisation langagière qui nécessite une succession raisonnée d'activités langagières dans un contexte social donné.
Ainsi, toutes les activités seront orientées vers la mission. Néanmoins, nous distinguerons deux grands types d'activités : les activités nécessaires à la mission et les activités nécessaires à l'acquisition des moyens linguistiques que la réalisation de la mission appelle. De ce fait, une explicitation de la mission s'impose pour s'assurer que tous les apprenants aient une représentation similaire de ce qu'elle demande. Comme le scénario appelle une production précise mettant en œuvre

4. C. Bourguignon est maitre de conférences HDR en Didactique des langues à l'IUFM de l'Académie de Rouen. P. Delahaye est chef de projet du DCL, Conseiller en formation continue DAFCO Aix-Marseille.

un ou plusieurs acte(s) de parole déterminé(s) dans un contexte précis, la finalité de l'apprentissage apparait de facto donnée dans la consigne de départ et peut agir comme facteur de motivation. L'apprenant comprend ainsi les raisons pour lesquelles il lit un texte, il écoute un document, il apprend des structures, il manipule un certain type de lexique, etc.

LES DIFFÉRENTES PHASES

Le point de départ de cette approche est la consigne de base qui explicite le rôle que l'apprenant va jouer, le cadre de la mission et le produit à fournir. Dans le cadre de nos formations, nous avons presque exclusivement créé des scénarios professionnels :
– le rôle de l'apprenant déterminé par une profession, un service, un département et une organisation ;
– le cadre de la mission déterminé par le contexte de la mission : acteurs concernés, lieux géographiques impliqués, etc. ;
– le produit est le travail à fournir.
La consigne du scénario peut revêtir différentes formes : consigne brute ou sous une forme qui peut aider l'apprenant à rentrer dans le scénario (courriel ou courrier d'un supérieur, lettre de mission, etc.). Il est important que cette consigne soit écrite car elle va accompagner l'apprenant dans son apprentissage tout au long de sa mission comme document de référence. À cette consigne peut être joint ou non un dossier documentaire qui sera alors distribué plus tard en une seule fois ou de manière parcellaire au fil du scénario.
Après la lecture de la consigne suit une phase d'« explicitation » durant laquelle apparaitront les contraintes imposées par la mission : pragmatiques et sociolinguistiques dans un premier temps et linguistiques dans un second temps.
Une fois cette première phase achevée, les apprenants se lancent dans la découverte des documents du dossier. Le dossier documentaire contient des textes dont les difficultés sont présentées graduellement. La phase de découverte des éléments linguistiques se fait à travers la recherche d'informations. En effet, c'est en recherchant les informations nécessaires à l'accomplissement de la mission que les apprenants vont être confrontés à de nouveaux éléments grammaticaux.
L'enseignant est libre quant aux activités qu'il proposera pour faire acquérir les nouveaux éléments linguistiques du scénario. En fonction de ses convictions et de son public, il choisit donc une approche grammaticale déductive ou inductive, implicite ou explicite. Concernant les activités de systématisation de l'apprentissage, nous avons préféré proposer des activités qui restent dans le contexte de la mission. Au fil de celle-ci, les apprenants auront plusieurs micro-tâches écrites et orales semi-guidées à réaliser. Quant aux compétences lexicales et phonologiques, celles-ci sont travaillées tout au long du scénario, tout comme la dimension culturelle qui est approchée de manière transversale.

65

Perspective actionnelle et approche basée sur scénario. Un compte rendu d'expérience aux Nations unies

Quand les apprenants ont toutes les informations et les moyens linguistiques nécessaires, ils peuvent passer à la réalisation de la production demandée par la mission. Cette phase peut être discutée avec les apprenants de façon à bien expliciter les enjeux socio-linguistiques et pragmatiques imposés par la mission. Si nous prenons l'exemple de l'écriture d'un mémo ou d'un rapport, il peut être nécessaire de (re)définir quelle forme et quelle organisation prendra ce format de production.

Un des points importants de l'approche basée sur scénario est l'évaluation. En effet, elle permet aux apprenants de prendre conscience de leurs acquis et de leurs lacunes grâce à une grille de critères simples. Pour évaluer les productions de nos apprenants, nous nous sommes très largement inspirés des grilles élaborées pour le DCL qui permettent une évaluation formative très précise. Ces grilles proposent des critères pragmatiques et linguistiques[5] très clairs et présentent pour l'enseignant deux avantages majeurs : faciliter le processus d'évaluation et le rendre lisible par l'apprenant.

 E *xpérimentation sur le terrain*

POINTS POSITIFS

Tout d'abord, les apprenants semblent mieux cerner les objectifs de l'apprentissage puisqu'ils participent activement à leur validation par la verbalisation. Cette dernière intervient durant la phase d'explicitation de la mission. En effet, les apprenants sont sollicités et s'expriment sur les enjeux pragmatiques et socio-linguistiques puis sur les besoins linguistiques appelés par la production finale du scénario. Enfin, ils sélectionnent les objectifs linguistiques en fonction de leurs acquis. Nous constatons alors une plus grande conscientisation de l'acte d'apprendre.

Un autre point fort de cette méthodologie est la cohérence et la continuité des activités dues à la contextualisation apportée par un scénario envisageable dans la réalité. Cette contextualisation permet de donner du sens aux activités et aux apprentissages ; en effet, les apprenants lisent, écoutent, interagissent et produisent pour pouvoir réaliser la mission. Quant aux activités d'apprentissage, également contextualisées, du type « exercices de systématisation » et de « découverte de la langue », elles trouvent leur sens dans les besoins linguistiques conscientisés précédemment. Par ailleurs, la succession des activités suit le fil conducteur défini par les apprenants quand ils ont déterminé les différentes étapes nécessaires à la réalisation de la mission.

5. Nous reprenons ici la terminologie des concepteurs du DCL.

Enfin, l'approche basée sur scénario n'est pas sans effets sur la motivation des apprenants. Outre la logique apportée par la contextualisation et l'explicitation des objectifs, les apprenants sont impliqués par la dynamique du scénario et par leur participation permanente à leur apprentissage en tant que personne.

CONTRAINTES INHÉRENTES À L'APPROCHE

Côté enseignant

La perspective actionnelle amène l'enseignant à développer ses compétences de concepteur de matériel pédagogique. Il ne se limite plus à créer des activités qui vont se juxtaposer, il doit désormais concevoir un ensemble prenant place dans un contexte plus précis. C'est pour cela que l'agencement des activités doit être rigoureux. Ainsi l'enseignant utilise les mêmes compétences qu'en ingénierie de formation linguistique.

La conception d'un scénario d'apprentissage requiert beaucoup de temps et cela pour plusieurs raisons :
– la conformité des objectifs de la mission au programme de l'institution
– la réflexion préliminaire et l'écriture de l'énoncé de la mission avec tous les paramètres pertinents,
– la recherche des textes et/ou leur création,
– la conception des activités d'apprentissage,
– la conception de la grille d'évaluation de la production.

Les activités d'apprentissage devraient rester dans le contexte de la mission pour ne pas rompre la logique du scénario et pour renforcer l'acquisition du lexique du dossier documentaire. On remarque ici que la phase de systématisation est en rupture avec la dynamique que veut installer une approche basée sur scénario. Cependant, cette phase est nécessaire et reste motivée par le scénario puisque son objectif exige la maîtrise du fait de langue à travailler dans les activités de systématisation.

L'évaluation de la mission est positive, formative et donnera lieu à une phase de remédiation. Elle utilise une grille séparant les critères pragmatiques et les critères linguistiques[6] à lecture horizontale. Les critères sont simples, lisibles et les apprenants se repèrent facilement. Ils prennent conscience de leurs points forts et de ce sur quoi ils devraient focaliser pour s'améliorer.

Côté apprenants

Une des limites de cette approche est sa complexité par rapport à la perception de l'ampleur de la mission à effectuer. Certains apprenants peuvent se décourager, voire ne pas se sentir à la hauteur de la tâche et par conséquent n'adhèrent pas ou peu au principe. Nous constatons alors que ces apprenants se contentent bien souvent d'un certain

6. Nous reprenons ici la terminologie des concepteurs du DCL.

67

Perspective actionnelle et approche basée sur scénario. Un compte rendu d'expérience aux Nations unies

minimalisme dans leur production et vont jusqu'à refuser l'évaluation. De plus, une partie de notre public s'est de moins en moins impliquée dans la réalisation de la mission soit à cause de sa longueur, soit à cause de sa complexité. Cette attitude peut s'expliquer par notre trop grand souci d'exhaustivité puisque nous proposions des scénarios trop longs.

De la nécessité d'un contrat d'apprentissage

Cette approche implique davantage l'apprenant dans son parcours d'apprentissage mais le contraint à en modifier ses représentations. Aussi le contrat d'apprentissage est-il incontournable et doit faire l'objet d'une attention toute particulière.

La principale cause de « résistance » face à la perspective préconisée est fortement liée aux représentations qu'ont certains apprenants et enseignants de l'apprentissage d'une langue. Comme nous l'avons vu, l'approche basée sur scénario permet aux apprenants de s'impliquer davantage dans leur apprentissage puisqu'ils explicitent les objectifs, voire les sélectionnent. Cette façon de travailler n'est pas toujours en accord avec les représentations de l'apprentissage qu'ont la plupart des apprenants. Les cultures d'apprentissage de nos apprenants sont très diverses puisque notre public est composé d'adultes entre vingt-cinq et soixante ans aux nationalités variées et qui ont pour la plupart déjà appris au moins une langue étrangère. Cependant, aucun d'entre eux n'a vécu l'expérience de cette approche. Il convient donc de bien expliciter les raisons pour lesquelles notre équipe pédagogique a fait un tel choix. Nous avons pris le parti de faire réfléchir les apprenants sur ce qu'est une langue étrangère, son utilité et sur leurs motivations et besoins par rapport au français. En général les réponses étaient multiples : apprendre pour le plaisir, terminer un cycle commencé antérieurement (contexte scolaire et autres), raisons professionnelles.

Par ailleurs, il semble encore aujourd'hui que l'enseignement/apprentissage linguistique se résume essentiellement à un minimalisme communicatif autour duquel les compétences grammaticale et lexicale ont une place prépondérante. Or, l'approche basée sur scénario englobe ces compétences au sein d'une mission contextualisée dont l'un des objectifs est notamment de présenter la grammaire et le vocabulaire comme des outils au service de la communication par rapport à la réalisation de la tâche à effectuer. Lors de la phase d'explicitation collective de l'énoncé, l'enseignant est par conséquent amené à obtenir l'adhésion de son public quant au bien-fondé d'une telle approche. Concernant la grammaire, celle-ci sera ainsi présentée à travers les textes du dossier documentaire et fera l'objet d'un apprentissage systématique au fur et à mesure des activités en vue d'atteindre l'objectif final qu'est la production. L'apprenant et l'enseignant doivent saisir et être convaincus que ces compétences linguistiques sont à étudier dans la perspective de réalisation d'une tâche déterminée préalablement.

La culture éducative de départ peut être un obstacle sauf si l'enseignant parvient à atteindre cette adhésion primordiale que nous venons d'évoquer en concevant par exemple des activités aux objectifs suffisamment clairs, des activités explicitées, présentées dans un ordre logique, cohérent et clairement jugées nécessaires tout au long des différentes phases de la mission. Ainsi, les activités de réception des textes doivent précéder la ou les activité(s) de production et servir de base à l'apprentissage linguistique d'une notion nécessaire à la réalisation de la mission. En cas de nécessité, l'enseignant peut expliquer simplement aux apprenants le principe didactique selon lequel la réception doit précéder la production afin que cette dernière soit plus aisée, non seulement en terme de compréhension mais également au niveau de la prononciation et de la communication.

Au niveau A1 du CECR, le contrat d'apprentissage peut prendre la forme d'un questionnaire qui permettra de dégager un profil mettant en évidence les caractéristiques de l'apprenant tant aux niveaux de sa personnalité que de ses modes d'apprentissage d'une langue. Ce questionnaire pourra également être accompagné d'une série de micro-activités précédant l'apprentissage même et dont l'objectif sera de faire ressortir certaines stratégies-clefs d'apprentissage. Par exemple, à partir d'une série d'images fortement contextualisées, l'apprenant sera sollicité afin de relier des dialogues enregistrés avec différentes situations. Cela lui permettra ainsi de mettre en relation texte et contexte même si la compréhension du texte n'est pas complète. À ce stade-là, il nous semble important de verbaliser cette stratégie afin de la mobiliser ultérieurement. Pour cela, lorsque la situation d'enseignement/apprentissage le permet, il nous parait pertinent et rentable en terme de temps d'avoir recours à une langue commune sur laquelle s'appuyer afin que les stratégies d'apprentissage à mettre en œuvre soient bien saisies par les apprenants. En ce qui nous concerne, au siège de l'ONU à New York, l'anglais et le français sont les deux langues à partir desquelles se fonde la réflexion collective sur l'acte d'apprendre (anglais au niveau A1 et français aux niveaux A2-B1-B2 du CECR).

Tout d'abord, réfléchir sur la communication et l'apprentissage d'une langue a amené les apprenants à prendre conscience que la langue est au service de la communication, laquelle est au service des actions sociales des individus. En tant qu'acteur social, l'apprenant interagit plus efficacement lorsque ses objectifs et ses besoins sont mieux cernés. Dès lors, l'apprenant modifie la perception de son propre rôle et de celui de l'enseignant.

69

*Perspective actionnelle
et approche basée sur
scénario. Un compte
rendu d'expérience
aux Nations unies*

Par ailleurs, la verbalisation des stratégies d'apprentissage et des profils d'apprenants ont eu pour effet de mettre à jour la diversité des manières possibles d'apprendre tout en respectant son profil et ses convictions. Ainsi, en se demandant ce qu'est un «bon apprenant», nous sommes parvenus à faire prendre conscience aux apprenants que ce «bon apprenant» n'existe pas et qu'il faut essayer différentes activités pour connaitre celles qui sont les plus efficaces, même si cette efficacité est toute relative et personnelle.

La réflexion menée autour de l'apprentissage d'une langue étrangère a aussi permis de réfléchir à la finalité de l'apprentissage. Avec les approches communicatives, le locuteur natif était la référence et le modèle à imiter. Or, le CECR et les échelles de descripteurs de niveaux de compétence remettent en cause ce constat. Tenter d'expliciter la finalité de l'apprentissage permet à chacun de prendre conscience du niveau à atteindre, ce qui donne davantage de sens à l'apprentissage et influence très probablement la motivation et donc l'implication dans le processus.

C onclusion

Cette expérience s'avère globalement positive, principalement pour les apprenants. En revanche, nous émettons quelques réserves notamment au niveau de l'investissement quant à la conception et à la discontinuité temporelle dans laquelle s'inscrit la réalisation de la mission. En effet, le suivi n'est pas toujours aisé, séance après séance, car il nécessite une remise en condition permanente.

Plus largement, cette approche ne nous semble pas appropriée ou elle est du moins difficilement envisageable dans un contexte d'enseignement/apprentissage où les enseignants n'ont pas de statut leur permettant de consacrer beaucoup de temps à l'élaboration de scénarios, l'investissement étant très important.

D'autre part, dans cette approche, il reste encore à définir didactiquement et de manière satisfaisante certaines notions telles que *tâche* et *activité*, *scénario* et *projet*, *acteur social* et *apprenant usager*.

Notons également que, dans l'ensemble, la perspective actionnelle nous a apporté une dimension plus guidée par rapport aux approches communicatives et nous a ainsi permis de mieux appréhender et cadrer les besoins et les objectifs de ses apprenants. Néanmoins, ce guidage peut aussi apparaitre enfermant et pose le problème du transfert des compétences et des stratégies associées dans des contextes autres que ceux des scénarios proposés. Il est effectivement légitime de se poser la question de savoir si l'apprenant sera à même de mobiliser ses compétences et les stratégies afférentes.

Enfin, l'approche basée sur scénario n'est en aucun cas exclusive. Ainsi cette approche peut s'articuler dans la continuité des approches communicatives. En effet, alors qu'auparavant on utilisait les approches communicatives dans le but de communiquer, désormais on les utilise pour agir en réalisant des tâches ancrées dans un contexte social vraisemblable.

Bibliographie

BEACCO, J.-C. et al. (2004), *Niveau B2 pour le français / textes et références*, Paris, Didier.

BOURGUIGNON, C. (2001), « L'évaluation de la communication langagière : de la connaissance de l'objet à la compétence du sujet » in *Asp*, n° 34.

BOURGUIGNON, C. (2007a), « Évaluation et perspective actionnelle. CECR : du contrôle des connaissances à l'évaluation des compétences », in *Le français dans le monde*, n° 353.

BOURGUIGNON, C. (2007b), « Action-Based Learning Scenario Related to the Common European Framework of Reference », *UN*, New York.

CALI, C., CHEVAL, M., ZABARDI, A. (1985), *La Conférence internationale et ses variantes*, Paris, Hachette FLE.

CONEJO LÓPEZ-LAGO, E. « Qu'est-ce qu'une tâche ? » in *Rahmen des Projektes*, « Español Online » (www.spanish-online.org).

CONSEIL DE L'EUROPE (2001), *Cadre européen commun de référence pour les langues*, Paris, Didier.

MOURLHON-DALLIES, F. (2008), *Enseigner une langue à des fins professionnelles*, Paris, Didier.

ROSEN, É. (2006), *Le Point sur le Cadre Européen Commun de Référence pour les Langues*, Paris, CLE International.

TAVERNIER, P. (2002), « Langue, discrimination et diversité culturelle. L'exemple des Nations unies », in *Actualité et droit international* (http://www.ridi.org/adi).

YAICHE, F. (1996), *Les Simulations globales : Mode d'emploi*, Paris, Hachette.

Approche par les tâches, perspective actionnelle, TICE et dispositifs autonomisants

Maria-Luisa Villanueva

François Mangenot et Frédérique Penilla

Isabelle Ortiz et Marie Denorme

Tâches et cybergenres :
une perspective actionnelle

MARIA-LUISA VILLANUEVA
UNIVERSITÉ JAUME I, CASTELLÓN, ESPAGNE

À l'ère de l'hypertexte, la multimodalité et l'interactivité sont devenues incontournables en ce qui concerne l'analyse du rôle et des transformations des genres discursifs dans les processus d'intercompréhension des textes numériques. Kress définit la multimodalité (2003 : 46) en termes de juxtaposition, complémentarité ou ajout d'information entre des textes ou des segments textuels qui relèvent de codes sémiotiques différents ; par exemple, des textes qui comprennent écriture, parole orale, musique, vidéo, images fixes et mobiles, etc. Pour Kress, l'interactivité est étroitement liée à la multimodalité. Il peut s'agir de l'interactivité bidirectionnelle ou multidirectionnelle, mais aussi de l'interactivité intertextuelle qui permet à l'internaute d'effectuer une multiplicité de parcours de lecture entre les textes.

Nous nous proposons d'aborder dans cet article deux questions qui sont au cœur même de l'approche actionnelle :

a) *le rôle des genres discursifs*, qui déclenchent chez le lecteur des phénomènes de mobilisation de schémas pragmatiques partagés et qui aident à construire des hypothèses sur le sens du texte, sur l'intention de son auteur et sur l'éventuelle adéquation du texte numérique aux objectifs de la quête du lecteur internaute. À cet égard, nous présenterons un bref aperçu de la recherche actuelle à propos des genres et nous essaierons d'établir des critères pour dégager les lignes de force de leur évolution sur Internet.

b) *les enjeux d'une approche par les tâches qui tiendrait compte de nouvelles possibilités des hypermédias* mais qui devrait aussi envisager : une *formation à l'autonomie*, à la *gestion de l'information*, à la *pensée critique* et à la *culture du débat*, dans le cadre d'une didactique complexe des langues-cultures (Puren, 2006). De ce point de vue, nous présenterons quelques critères pour l'élaboration d'*InterQuêtes* («WebQuests»), en particulier pour l'enseignement-apprentissage du FLE à l'université dans un contexte de formation au plurilinguisme.

L'évolution des schémas génériques. Les cybergenres

La diversité des recherches dans le domaine recouvre de multiples dimensions qui pourraient être résumées en reprenant la définition de Rastier. Les genres sont à la fois : des normes génétiques (comment on produit un texte), mimétiques (assurant une fonction de représentation et de reproduction) et herméneutiques (comment interpréter un texte) (Rastier, 2001).

Notre objectif dans cet article n'est pas de faire un état des lieux des études génériques, mais il nous semble cependant intéressant de signaler que dans les réflexions sur la typologie des textes, l'approche générique représente une prise en compte des phénomènes qui sont à la charnière des modèles linguistiques et cognitifs, et des usages socio-pragmatiques. La circulation et la compréhension des textes dans une société impliquent des phénomènes de *reconnaissance*, de *confirmation* et de *négociation des formats génériques* qui sont liés aux communautés discursives et aux rapports de pouvoir qui s'y établissent. La reconnaissance d'un texte empirique comme appartenant à un genre, suppose la projection de schémas plus ou moins institutionnalisés, qui ont été intériorisés par les membres d'une formation sociale et d'une *communauté discursive*, et ceci à un moment historique précis. Et cette reconnaissance confirme et renforce la dimension centripète du genre. L'apparition d'un nouveau genre suppose une force centrifuge qui comporte toujours l'établissement de rapports délicats entre le vieux et le nouveau, et la présence d'échos ou de traces du déjà-connu dans le nouveau pour garantir la reconnaissance.

Dans le domaine anglo-saxon, où le genre a fait l'objet de nombreuses applications à l'étude du discours académique et de spécialité, il faut remarquer que le concept de genre a évolué d'une conception taxonomique à une conception dynamique et interactive selon laquelle les genres se trouvent en évolution graduelle grâce à l'interaction entre écrivains, lecteurs et contextes (voir notamment Devitt, 1993 et Berkenkotter et Huckin, 1995).

Ce dynamisme historique dans la conception des genres se situe, à notre avis, dans la lignée des idées des formalistes russes de l'École de Tartu qui partagent une conception évolutionniste des genres. Ce que Lotman (1996) a appelé la sémiosphère est un espace sémiotique dont les frontières jouent un rôle de filtrage des textes, à la manière d'une membrane qui régulerait la circulation des textes qui peuvent être reconnaissables dans une communauté socio-discursive et dans un certain contexte historique et culturel. Il s'agit d'un mouvement de tension, socialement négocié, entre deux pôles sémiotiques, celui de la convergence ou de l'homogénéité, et celui de la divergence, de la créativité, en somme, de l'hétérogénéité. Chez les formalistes russes, la notion de contexte socio-discursif est liée à la notion de mémoire du texte, selon laquelle les textes garderaient une mémoire de leur auditoire. Actuellement, on retrouve cette même idée chez Kwasnik et Crowston, Orlikowski et Yates, et Lemke. Les textes conservent une mémoire des autres textes avec lesquels ils constituent un écosystème, dans la mesure où ils partagent un répertoire générique (Orlikowski et Yates, 1994 : 545) et où ils appartiennent à une communauté de pratique (Kwasnik et Crowston, 2005 : 11). Et Lemke (2003) affirme que chaque texte éveille les fantasmes ou les échos d'autres textes.

Les concepts et les notions que nous venons de résumer permettent d'ébaucher une approche écologique et évolutionniste des genres numériques, parmi lesquels les frontières deviennent de plus en plus floues à cause de la technologie de l'hypertexte et de la multimodalité. Il existe des genres émergents, des genres nouveaux ainsi que des variations des genres anciens ou préexistants dont l'évolution est induite aussi bien par les nouvelles pratiques sociales (forum, blog, clavadarge, etc.) que par les nouvelles possibilités du médium. Pour comprendre l'évolution et l'interrelation des genres à l'ère du numérique, il faut tenir compte de quatre aspects fondamentaux : a) le dynamisme et le changement ; b) l'approche fonctionnelle ; c) la convergence de différentes technologies et de la multimodalité ; d) l'effacement des limites qui séparent la figure du lecteur et celle du scripteur.

a) *Le dynamisme et le changement.* Crowston et Williams (1998) ont signalé qu'un nouveau genre numérique peut émerger quand un genre déjà existant est modifié et que les changements sont acceptés par la communauté. En approfondissant ce concept de dynamisme, Shepherd et Watters (1998) ont proposé une célèbre division des genres en : *genres existants (genres-répliques et genres-variantes)* et *nouveaux genres (émergents et spontanés).* Néanmoins, nous croyons que plutôt que de discuter sur une classification des cybergenres, ce qui intéresse c'est d'étudier leur évolution, leurs rapports et les phénomènes qui les relient, tels que l'*intertextualité*, l'*hybridation* et les *changements dus au medium*, et au grand *dynamisme du Web*[1].

b) *L'approche fonctionnelle.* Les recherches actuelles sur les cybergenres s'accordent à souligner l'importance qu'il y a à les analyser non seulement en termes de forme et de contenu, mais aussi en termes de fonctionnalité. Cette fonctionnalité est reliée à deux aspects : l'objectif que l'auteur avait à l'esprit et la conception du cybergenre comme un médium pour participer à un acte de communication qui n'aurait pas été possible avec un genre traditionnel (Kwasnik et Crowston, 2005).

c) *La convergence de différentes technologies et de la multimodalité.* La possibilité de combiner plusieurs technologies différentes dans une même réalisation générique contribue au changement générique et à la redéfinition du genre.

[1]. Ce sont ces phénomènes qui définissent les cybergenres, tandis qu'un texte numérique ne serait que la réplique d'un genre existant. Pensons, par exemple, à un article scientifique en format PDF.

d) *L'effacement des limites qui séparent la figure du lecteur de celle du scripteur.* L'écriture hypertextuelle ouvre la porte à une toute nouvelle dimension d'écriture et de lecture où nous ne pouvons plus opposer aussi radicalement l'auteur et le lecteur. Du côté anglophone, dans l'ouvrage fondamental qu'il consacre au concept d'hypertexte, George Landow (1992 : 5-6), s'inspirant des propos de Roland Barthes sur le « lisible et le scriptible », va jusqu'à proposer que cette nouvelle textualité électronique permette d'opérer la fusion des instances de production et de réception en un nouvel amalgame désigné sous l'appellation *wreader*, synthèse du *writer* et du *reader*. La technologie informatique réunirait ainsi les conditions nécessaires à la réalisation du projet littéraire consistant selon Barthes à « faire du lecteur, un producteur du texte » (1970 : 10). Il semble intéressant de remarquer que la description qu'il proposait du texte idéal annonçait déjà certaines caractéristiques de l'hypertexte comme un rhizome :

> Dans ce texte idéal, les réseaux sont multiples et jouent entre eux, sans qu'aucun puisse coiffer les autres ; ce texte est une galaxie de signifiants, non une structure de signifiés ; il n'a pas de commencement ; il est réversible ; on y accède par plusieurs entrées dont aucune ne peut à coup sûr être déclarée principale ; les codes qu'il mobilise se profilent à perte de vue [...], ayant pour mesure l'infini du langage (Barthes, 1970 : 12).

En fait, le travail cognitif qu'implique le fait de lire un hypertexte suppose une anticipation de ce qui viendra après le lien hypertextuel, ainsi que la création d'un produit de lecture sémantiquement cohérent, résultat de l'assemblage dans un tout les différents *morceaux d'information (chunks)*. Ce tout, sur lequel le lecteur-scripteur effectue des opérations d'ouverture et de clôture sémantiques, est le résultat de ses hyperchoix à travers la navigation par les hyperliens, à travers la lecture des documents cible et à travers l'établissement des liens entre les textes source et les textes cible. Cette notion du *wreader* utilisée par Allen (2003) et par Thomas (2005), parmi beaucoup d'autres, a été reprise par certains chercheurs français (Bachand, 2000) et a fait même l'objet de propositions de traduction : *laucteur* (Bernier, 1998).

Lire un hypertexte, c'est l'écrire dans une certaine mesure. Écrire un hypertexte exige plus que jamais la réalisation de mouvements de décentration, de mise à la place des lecteurs virtuels. Du point de vue des lecteurs, Lemke (2003, 2006) soutient que les genres sont devenus matière première pour la construction de réalités transgénériques souples (*traversals*), résultat de la construction de sens effectuée par les internautes selon les objectifs de leur quête et selon leurs hyperchoix, qui sont à la base des embrayages effectués du mode balayage au mode navigation et au mode lecture.

L a médiation pédagogique à l'âge de l'hypertexte

À l'âge de l'hypertexte et des cybergenres, les nouveaux enjeux de la médiation, dans le contexte d'une *pédagogie de l'action*, relèvent de ce qu'on pourrait appeler une *pédagogie de la complexité*, dont les buts seraient l'intégration des principes de collaboration, d'interaction et de médiation interculturelle dans un projet de formation à l'autonomie d'apprentissage des langues et de formation au plurilinguisme.

On ne peut pas éluder de nos jours, en particulier en milieu universitaire, la multiplication, l'évolution et le caractère multilingue des ressources et des échanges qui sont en présence lorsqu'il s'agit d'aborder une recherche d'information orientée vers l'action, comme par exemple :
– la résolution d'un problème linguistique, académique ou d'information générale ;
– la recherche d'informations pour réaliser une tâche où il faut utiliser plusieurs langues – au niveau de la compréhension et/ou de l'expression ;
– la mise en commun d'informations provenant de sources et de supports différents pour élaborer de manière collaborative un nouveau texte qui comporte la transformation de l'information de départ, et une nouvelle mise en forme en langue maternelle ou étrangère.

Par ailleurs, l'intégration des TIC « fait éclater les trois unités classiques de temps (emploi du temps), de lieu (salle de cours) et de thème (tous les étudiants étudient la même chose au même temps) » (Barbot, 2006 : 137).

La médiation pédagogique permet la prise en compte de la diversité sous toutes ses formes. L'usage du Web et des TIC multiplie l'offre des ressources, permet la multimodalité des méthodes de travail, encourage la diversité de plans et de stratégies, et favorise la transparence et la modularité des critères d'évaluation. Finalement, l'utilisation des recours hypermédias oblige à repenser le rôle de l'interaction dans l'apprentissage, de par les énormes possibilités et la richesse des échanges. D'un point de vue socio-constructiviste, la construction d'apprentissages signifiants est inséparable des aspects interactifs et socioculturels et, évidemment, la toile ouvre de nouveaux espaces aux contacts interculturels et offre de nouvelles possibilités à la communication horizontale entre les apprenants ainsi qu'à l'interaction avec les enseignants-conseillers.

Les relations entre savoirs, formateurs et apprenants sont devenues complexes, puisqu'il se produit un effet de *mise en abime* comme conséquence de la transformation multidimensionnelle des trois sommets du classique triangle pédagogique (Villanueva, 2007). D'une part, la multiplication des interlocuteurs et des modes de communication entre eux a contribué à l'apparition de la notion de *communautés d'apprentissage*, d'autre part, la multiplication et la diversité de recours qu'offre le Web amène à se poser de nouvelles questions du point de vue de la recherche-action :

a) Quelles sont les variations des schémas génériques, en tant que modèles cognitifs et culturels garantissant la compréhension des textes ?

b) Comment les flux d'information sous-jacents à l'architecture des pages Web apparaissent-ils dans l'interface de l'usager et comment celle-ci est-elle perçue par les étudiants ? Existe-t-il un rapport entre design des pages Web et formes de navigation ?

c) Quels types d'interaction s'établissent entre modes de lecture et hypertextes, et comment fonctionnent les commutateurs d'embrayage entre les modes balayage/navigation/lecture ?

d) Comment les styles cognitifs et les styles d'apprentissage influent-ils sur les modes de lecture des textes numériques ?

L'étude de ces questions permettrait de mettre en place des propositions pédagogiques ayant un double objectif: celui de l'apprentissage des langues et celui de la formation aux nouveaux enjeux de l'hypermédia (Villanueva, Luzón, Ruiz, 2008).

InterQuête et développement de nouvelles littératies

InterQuête, Quête guidée, Une quête sur Internet ou encore *Mission-Web*, tous ces synonymes sont utilisés pour traduire en français le terme «WebQuest», une démarche pédagogique pour l'intégration des technologies dans un processus d'apprentissage centré sur l'élève, dans le contexte de la pédagogie actionnelle. La «WebQuest» guide les étudiants vers des ressources sur Internet afin de créer en coopération des productions authentiques et originales et/ou de réaliser une tâche de recherche et/ou d'apprentissage. Les principes qui guident les InterQuêtes sont ceux du socio-constructivisme: les étudiants apprennent grâce à la transformation des informations et des savoirs initiaux, et à la construction interactive de nouvelles représentations de concepts complexes. L'apprenant devient un acteur social qui doit accomplir des tâches, langagières ou pas, et pour ce faire la langue a un rôle instrumental et de communication, dans le travail de recherche et dans les rapports de coopération.

L'InterQuête appartient à l'approche par les tâches qu'on a appelée parfois «de troisième génération». Des années 1990 aux années 2000, l'évolution a été marquée par un passage de la conception communicative des tâches à une conception qui prend de plus en plus en compte l'agir coopératif et la réflexivité. La dimension cognitive et la dimension métacognitive visent la compréhension de la propre pensée ainsi que de celle d'autrui, et permettent à l'apprenant d'exercer un contrôle partiel sur son activité cognitive et sur son agir en général. Dans ce contexte pédagogique, l'approche par les tâches devrait intégrer, entre autres, les conditions suivantes :

– *La contextualisation de la tâche dans le cadre des objectifs d'enseignement-apprentissage négociés.* La tâche et l'emploi du français doivent être perçus comme pertinents par les étudiants. C'est cette approche qui apporte de la légitimité et de l'authenticité à la tâche, et qui permet la motivation des étudiants.

– *La mise en rapport de la fonctionnalité de la tâche avec une approche générique.* Il est important que la démarche pédagogique favorise une prise en compte des genres et/ou des échos génériques dans les textes, ce qui contribue à enrichir les représentations cognitives et culturelles et à développer la capacité à sélectionner les documents, en extraire l'information utile, la transformer et la diffuser en choisissant les schémas les plus adéquats à la tâche, aux destinataires et au médium envisagé.

– *La mise en relief de l'importance de la collaboration et de l'interaction pour la réalisation de la tâche.* L'échange d'informations, la planification et la répartition du travail, l'évaluation du processus et du résultat, les séances de mise en commun, etc. doivent permettre le développement du métalangage, l'épanouissement d'habiletés sociales et argumentatives, et la formation dans une culture du débat.

– *La formation à de nouvelles compétences propres à la culture des cybermédia et des nouvelles littératies, nouvelles formes de lecture-écriture et leurs implications sociales et cognitives* (Cuq, 2003 : 157-158). Il s'agit de développer non seulement certaines habiletés techniques de navigation et des stratégies de gestion de la complexité, mais aussi de développer une pensée critique au service de la sélection et de l'évaluation des informations du Web.

– L'intégration, dans le propre développement des InterQuêtes, d'une formation au plurilinguisme et à l'autonomie, dans la perspective d'un apprentissage durable.

C'est dans ce contexte pédagogique de l'approche actionnelle que le développement de certaines habiletés, intégrées dans la conception des tâches, acquiert son plein sens :

a) *Habiletés techniques de gestion et d'élaboration de l'information.* Par exemple :

– Savoir identifier l'information pertinente, la recontextualiser selon de nouveaux objectifs et de nouveaux destinataires, et savoir la transmettre moyennant l'utilisation de différents moyens de communication synchrones et asynchrones.

– Savoir interpréter l'information reçue et l'emmagasiner de manière convenable selon les objectifs de la tâche, afin de pouvoir la récupérer postérieurement.

b) *Habiletés linguistiques et sémiotiques*, comme par exemple :

– Savoir identifier les différentes intentions communicatives et l'audience visée par un site web.

– Développer une sensibilité à la variation linguistique et culturelle. Devenir conscient de la variation culturelle en ce qui concerne l'utilisation d'images, de métaphores, la présentation de contenus, le design de la page Web, etc.

– Apprendre à établir des relations entre les différents codes sémiotiques : relations de complémentarité, d'ajout d'information, d'illustration ou exemplification, etc.

– Donner la forme générique adéquate à un texte, selon l'intention communicative, le contenu, les destinataires et la finalité de la tâche visée, ce qui suppose une capacité de transformation, de transfert et de réélaboration des connaissances, à partir des informations obtenues dans des documents source relevant de différents genres et de différents supports.

c) *Habiletés cognitives*

– Catégoriser des informations : étiquetage, regroupement, classification.

– Établir des niveaux de généralité entre concepts : apprendre à hiérarchiser d'un point de vue logique et sémantique. Établir des relations entre les informations : schémas, cartes conceptuelles, etc.

– Identifier des points possibles d'ouverture d'un texte à d'autres informations, selon différents destinataires, ou comment rendre poreux ou perméable un texte traditionnel pour envisager une transformation hypertextuelle.

d) *Habiletés émotionnelles et affectives*

– Prendre conscience de ses propres émotions.

– Prendre conscience de l'importance de l'empathie et de la perception des émotions d'autrui.

– Développer des compétences sociales et interpersonnelles.

– Développer la capacité d'autocontrôle et de gestion du stress : essayer de trouver un point d'équilibre entre l'impulsivité et la réflexion afin de pouvoir faire une utilisation efficace de l'immédiateté qu'offrent les TIC.

e) *Habiletés métacognitives*

– Apprendre à évaluer les modes de navigation et de lecture selon les caractéristiques des pages Web et selon les différents objectifs des tâches à remplir.

– Apprendre à établir des critères différenciés pour évaluer l'apprentissage et l'acquisition de la langue.

– Apprendre à évaluer l'acquisition d'habiletés relevant des nouvelles littératies : souplesse et efficacité des stratégies de lecture ; capacité d'identifier les échos génériques dans les cybergenres ; capacité de transformer le format générique des textes source ; capacité d'avoir recours aux clés sémiotiques de la multimodalité pour comprendre et pour transmettre un message.

– Évaluer le processus et le résultat de la tâche et développer le méta-langage approprié.

Cette énumération d'habiletés et de compétences n'est pas animée par un souci d'exhaustivité. Notre intention a été d'examiner de plus près les enjeux d'une pédagogie de la complexité dans le domaine de l'apprentissage des langues, à l'ère où la globalisation de l'information devrait aller de pair avec un développement de la pensée critique et de la culture du débat.

Bibliographie

ALLEN, M. (2003), « This is not a Hypertext, but... a Set of Lexias on Textuality », in *Ctheory*, http://ctheory.net/text_file.asp?pick=389.

BACHAND, D. (2000), « Hybridation et métissage sémiotique. L'adaptation multimédiatique », in *Applied Semiotics/Sémiotique appliquée* n° 9, 511. http://www.chass.utoronto.ca/french/as-sa/ASSA-No9/DB1.html

BARBOT, M.-J. (2006), « Penser le changement de paradigme éducatif lié aux TIC », *Éducation permanente* n° 169, 133-152.

BARTHES, R., (1970), *S/Z*, Paris, Seuil.

BERKENKOTTER, C., HUCKIN, T.N. (1995), *Genre Knowledge in Disciplinary Communication : Cognition/Culture/Power*. Hillsdale, N.J. : Erlbaum.

BERNIER, G. (1998), *Des Cadavres exquis aux paradis virtuels : jeux et enjeux de la littérature sur support informatique*, http://membre.megaquebec.net/gulliver/avp.html

CROWSTON, K., WILLIAMS, M. (1998), « Reproduced and Emergent Genres of Communication on the World-Wide Web », in *Proceedings of the Thirtieth Annual Hawaii International Conference on System Sciences (HICSS '97)*. Maui, Hawaii, vol. VI, 30-39 http://crowston.syr.edu/papers/genres-journal.html

DEVITT, A.J. (1993), « Generalizing about Genre : New Conceptions of an Old Concept », in *College Composition and Communication*, 44/4, 573-586.

KRESS, G. (2003), *Literacy in the New Media Age*, London, Routledge.

KWASNIK, B. H., CROWSTON, K. (2005), « Genre of Digital Documents », in *Technology & People*, 18 (2), 76-88, http://crowston.syr.edu/papers/genre-itp-intro2005.pdf

LANDOW, G. (1992), *Hypertext. The Convergence of Contemporary Critical Theory and Technology*, Baltimore, Johns Hopkins University Press.

LEMKE, J. L. (2003), *Multimedia Genres and Traversals*, http://www-personal.umich.edu/~jaylemke/papers/IPrA%20Toronto%20Genres%20Paper.htm, consulté le 03/01/08.

LEMKE, J. L. (2006), *Hypertext Semantics*, http://www-personal.umich.edu/~jaylemke/papers/hypermodality/travels5.htm (consulté le 03/01/08).

LOTMAN, I. M (1996), *La Semiosfera*, Madrid, Cátedra.

ORLIKOWSKI, W. J., YATES, J. (1994), *Genre Repertoire : Norms and Forms for Work and Interaction*, MIT Sloan School Working Paper 3671-94, http://ccs.mit.edu/papers/CCSWP166.html

PUREN, C. (2006), « Le Cadre européen commun de référence et la réflexion méthodologique en didactique des langues-cultures : un chantier à reprendre », in *Les Langues modernes*, 2006, http://www.aplv-languesmodernes.org/spip.php?article35 disponible aussi sur http://cla.univ-fcomte.fr/gerflint/Baltique3/Puren.pdf

RASTIER, F. (2001), *Éléments de théorie des genres*, disponible sur: http://www.revue-texto.net/Inedits/Rastier/Rastier_Elements.html. Consulté le 03/01/08.

SHEPHERD, M., et WATTERS, C.R. (1998), « The evolution of cybergenres », in *Proceedings of the Thirty-First Annual Hawaii International Conference on System Sciences (HICSS 98)*. Hawaii, vol. II, 97-109.

THOMAS, A. (2005), « Positioning the Reader : The Affordances of Digital Fiction », in *Reading the Past, Writing the Future*. Brisbane, Queensland Council for Adult Literacy Inc., 24-33.

VILLANUEVA, M.L (2007), « ICT Paradoxes from the Point of View of Autonomy Training and Plurilingualism », in *Mélanges*, CRAPEL, 28, 9-27. http://revues.univ-nancy2.fr/melangesCrapel/article_melange.php3?id_article=281

VILLANUEVA, M.L., LUZÓN, M.J., RUIZ, M.N (2008, à paraitre), « Understanding Cybergenres as Semiotic Artefacts : Meaning and Cognition beyond Standardized Genres », *Computers and Composition on line*, Spring 2008, Elsevier Publishing.

Internet, tâches et vie réelle

FRANÇOIS MANGENOT ET FRÉDÉRIQUE PENILLA
UNIVERSITÉ STENDHAL – GRENOBLE 3

Les bénéfices d'une approche pilotée par les tâches afin de tirer le meilleur parti des potentialités offertes par Internet font aujourd'hui consensus parmi les didacticiens des langues étrangères (Mangenot, 1998). Mais une question demeure entière : l'utilisation du réseau rapproche-t-elle ou au contraire éloigne-t-elle de la vie réelle ?

Examinant la combinaison ressources/processus/résultat qui nous semble propre à chaque tâche (voir plus loin), nous voudrions nous interroger sur le rapport à la vie réelle de chacun de ces paramètres, comme sur la cohérence de leur ensemble, sachant que ce rapport dépend nécessairement du type d'apprenant qui réalise la tâche. Concernant les actions entreprises par le biais d'Internet, nous considérerons qu'elles ne sont pas moins réelles que les actions dans le monde physique : nous préférons alors parler de *cyberréalité* plutôt que de *monde virtuel*[1]. Notre étude s'attachera donc à analyser, selon cet angle d'attaque, des tâches médiatisées par Internet élaborées par de futurs enseignants de FLE pour des apprenants distants. Après un survol théorique de l'approche pilotée par la tâche prônée par les didacticiens anglo-saxons et une interrogation sur les effets d'Internet quant à cette approche, cet article analysera plusieurs tâches – et leur réalisation – pour tenter d'en examiner les intersections avec la vie réelle.

L'approche pilotée par la tâche et Internet

1. L'adjectif « *virtuel* » présente l'inconvénient d'être ambigu : il s'oppose en effet d'une part à « réel », d'autre part à « local » ou « physique » (au sens de présence physique). « Cyberréalité », à l'inverse, lève cette ambiguïté, ne renvoyant qu'au mode de communication.

Nul ne saurait nier aujourd'hui l'impact considérable qu'a eu l'approche communicative sur l'enseignement des langues étrangères. En France, cependant, elle a longtemps continué, avant l'introduction du CECR et en dehors de certaines approches FLE comme la simulation globale, de s'accommoder d'un enseignement des langues aux ambitions essentiellement académiques.

L'HÉRITAGE DE L'APPROCHE COMMUNICATIVE

L'approche communicative a provoqué en revanche dans les pays anglo-saxons, où l'enseignement est naturellement moins livresque qu'en France, des développements audacieux dès le début des années 1980. De ce dynamisme intellectuel et des innovations pédagogiques qui l'accompagnèrent sont nés les principes de ce qu'il est convenu de nommer l'approche par les processus *(process-oriented)* par contraste avec les résultats *(product-oriented)*. Une des émanations les plus significatives de cette *process approach* est l'enseignement des langues piloté par les tâches *(task-based language learning and teaching*[2]*)* où, comme dans la vie, la réalisation de la tâche et l'atteinte du résultat sont primordiales et le sens premier.

Ces différentes innovations et expérimentations, auxquelles le CECR fait aujourd'hui écho, partagent une vision pragmatique (« actionnelle ») de la langue et de son apprentissage, qui s'intéresse à ce que l'apprenant fait et surtout au résultat qu'il atteint en faisant. Les tâches requièrent en effet des participants d'agir principalement en tant qu'utilisateurs de la langue et ainsi d'employer les mêmes processus communicatifs que ceux du monde réel. Ellis (2003) distingue cette authenticité interactionnelle de l'authenticité situationnelle (tâches correspondant à une activité du monde réel), jugeant les deux souhaitables. Une des principales questions qui se posent alors est celle de la *plausibilité* des tâches, celle-ci étant entendue comme la perception qu'ont les apprenants de la proximité des fins et des moyens avec la réalité (ou avec une fiction permettant l'identification). Cette plausibilité dépend, selon nous, de plusieurs facteurs : tout d'abord, bien sûr, de la pertinence et la vraisemblance de la **mise en situation** (ou du jeu de rôle dans le cas de la fiction) proposée ; mais ensuite également du lien entretenu par les **ressources utilisées**, le **but de la tâche** et les **processus communicatifs** avec la vie réelle des apprenants.

INTERNET, UN MONDE CYBERRÉEL ?

Il nous semble intéressant dès lors d'interroger ce rapport au réel des tâches lorsque celles-ci ont recours à Internet, à l'instar d'un monde envahi par la technologie et de rapports sociaux transformés par son utilisation. La dichotomie entre la classe et le dehors semble à ce titre avoir largement perdu de sa pertinence depuis qu'Internet a modifié les notions d'espace et de temps qui contribuaient à définir l'existence de l'institution éducative. Les apprenants eux aussi ont changé. Ils sont plus que jamais des êtres sociaux qui évoluent dans un univers de plus en plus dématérialisé, dans la sphère privée comme dans le monde du travail, aux potentialités d'échanges sans cesse démultipliées (mail, chat, sms, jeux en réseau, peer to peer, etc.).

2. Ellis (2003), dans un ouvrage portant ce titre, propose une synthèse de tous ces courants.

L'émergence de la notion de scénario sur Internet[3] semble relever de cette omniprésence du virtuel, non seulement spatial et temporel mais aussi situationnel. Là où hier nous cherchions, parfois laborieusement, à simuler la vraie vie dans nos classes, nous sommes aujourd'hui constamment en contact direct avec ce monde du dehors de l'instruction. Dans ce monde désormais sans frontières, l'individu peut être à la fois un pseudo sur un forum, l'auteur identifié d'un blog, un personnage de jeu en réseau ou le client d'une plate-forme commerciale. Chacun d'entre nous est donc naturellement amené à épouser plusieurs rôles, à évoluer dans et selon la diversité des situations qu'il rencontre.

Cette donne modifie sensiblement la notion de plausibilité d'une tâche par rapport à celle qui, conservant son unité de lieu, de temps et de situation, n'a pas recours à la technologie. Au regard des pratiques sociales en vigueur sur la Toile, une tâche en ligne ne peut se contenter, au risque d'apparaitre socialement incongrue, d'être uniquement «didactique». Une entrée sur Facebook[4], par exemple, peut être un acte social plausible en même temps qu'une tâche langagière stimulante. Les cyber-enquêtes, dont les ressorts sont parfois très éloignés de la réalité, restent malgré tout des projets plausibles dans la cyber-réalité, voire une perspective motivante sur un espace qui tend de plus en plus à investir le monde fantastique et le domaine de l'imaginaire. De même, le rôle dévolu aux acteurs de ces scénarios (les apprenants) leur donne la possibilité d'être également des auteurs, à l'image des phénomènes observés sur Internet.

Acteurs de genres nouveaux, les jeunes apprenants sont davantage aujourd'hui des opérateurs multi-tâches qui ont grandi avec Internet dans un monde en partie virtuel et en ont appris les codes et les processus comme une «langue maternelle» (on parle de *digital natives*). Ces différentes évolutions se reflètent-elles dans la conception des tâches langagières qui leur sont proposées? Le recours aux technologies ne conduit-il pas trop souvent à faire du vieux avec du neuf, et au bout du compte à habiller nos vieilles méthodes des atours de la technologie?

A nalyse de quelques tâches langagières

Dans cette partie, nous nous attacherons à analyser quelques tâches proposées à distance par des étudiants en master 2 de FLE à des apprenants étrangers[5]. Cette analyse critériée a pour but de faire ressortir le rapport avec la vie réelle (y compris la cyberréalité précédemment définie) des trois éléments centraux qui composent une tâche et de leur interrelation : les ressources, le processus de réalisation, le résultat. Les tâches et les réalisations auxquelles elles ont donné lieu étant

3. Pour Louveau et Mangenot (2006, p. 42-43), le terme «scénario» désigne une tâche ou un ensemble de tâches comprenant une dimension de jeu de rôle ou de simulation.

4. Site Internet de réseau social http://www.facebook.com

5. Ces tâches sont tirées du projet « Le français en (première) ligne » : voir http://w3.u-grenoble3.fr/fle-1-ligne. Les tâches analysées dans cet article (avec leurs consignes complètes), ainsi que des extraits d'interactions suscitées par les tâches, figurent sur le site à la rubrique «Tâches et interactions» (2004-2005 pour «La fête de Sophie» et 2006-2007 pour les tâches proposées aux Japonais).

consultables sur Internet, la description que nous en ferons sera très brève ; nous nous attarderons par contre sur la manière dont les tâches ont été réalisées par les apprenants, en nous appuyant sur les interactions verbales en ligne dont nous disposons dans leur intégralité. Il sera ainsi possible de distinguer les tâches proposées de l'appropriation qu'en ont faite les apprenants et de l'action possible du monde réel sur les décalages observés.

LE SCÉNARIO « LA FÊTE DE SOPHIE »

Le scénario comporte une mise en situation fondée sur un personnage fictif, Sophie Dupont, métisse d'origine polynésienne vivant en France et ne connaissant pas l'endroit où elle est née. Dès lors, les étudiants (australiens) doivent communiquer avec ce personnage dans le but de lui faire connaitre la Polynésie et de lui préparer une fête d'anniversaire polynésienne. Ce scénario, aux marges de la réalité et de la fiction, avec d'un côté son contenu culturel lié à la Polynésie française et de l'autre le jeu de rôle sur lequel il se fonde, a recours à une variété d'outils de communication et de ressources. Il a connu un réel succès de participation (148 messages échangés par huit étudiants et une tutrice) bien que celle-ci n'ait pas été vraiment conforme, comme nous le verrons plus loin, à ce qu'en attendaient les conceptrices en termes qualitatifs : ce décalage révèle ainsi un détournement qu'il pourra être intéressant d'étudier.

Le scénario est divisé en trois tâches principales, qui comportent des sous-tâches et des documents supports divers. **La première tâche** consiste, pour les Australiens, à se présenter, sous l'angle d'une part de leurs origines (sous-tâche 1), d'autre part sous l'angle plus subjectif de leur vie réelle et rêvée (sous-tâche 2). **La seconde tâche** a pour objectif de récupérer, puis de synthétiser, un certain nombre d'informations sur la Polynésie. **La troisième tâche** consiste à préparer, par groupes de quatre, la fête de Sophie ; les sous-tâches correspondent d'une part aux divers préparatifs, sous la forme d'une discussion des idées de chacun et d'une prise de décision collective, d'autre part à la rédaction d'une carte d'invitation.

Ressources

Les ressources fournies proviennent pour la plupart d'Internet : vidéo de promotion de la Polynésie, cartes géographiques, recettes de cocktails, sites présentant divers aspects, surtout culturels, de la Polynésie. Une ressource fabriquée consiste en deux documents sonores de 2 et 3 minutes, interviews de deux personnes sur leur connaissance de la Polynésie auxquelles l'interviewer (une des deux conceptrices) finit par donner de nombreux renseignements géographiques, culturels et historiques sur ce territoire. On constate que cet assez riche ensemble multimédia évite la plupart des clichés paradisiaques que peut susciter cet archipel lointain et fournit une documentation suffisante pour qui ne connaitrait pas la Polynésie. Le jeu de rôle est ainsi situé dans un cadre réaliste.

Processus, outils

Une plateforme de formation en ligne, Dokeos, avait été mise à la disposition de la tutrice et des apprenants ; celle-ci a également fait appel à trois autres outils de communication : le courriel, qui lui a permis d'annoncer le début des tâches et de relancer les apprenants, le blog et le wiki[6]. Les échanges se sont étalés sur une dizaine de semaines et n'ont jamais été synchrones, essentiellement à cause du décalage horaire.

Le blog a été utilisé pour les présentations personnelles des étudiants au début du scénario. Le wiki était pour sa part destiné à rédiger de manière collective (par équipes de quatre) une synthèse sur la Polynésie ; il s'agissait de la tâche la plus scolaire, mais on notera qu'une certaine homothétie existait entre ce à quoi l'outil sert dans la vie réelle (on pense à l'encyclopédie collective *Wikipédia*) et ce qui était demandé, qui pouvait s'apparenter à un article enrichi collectivement. Enfin, tout le reste de la communication (la plus grande partie) s'est déroulée dans un forum structuré par la tutrice : les fils de discussion correspondaient aux sous-tâches, par exemple le choix des boissons de la fête, chacune des équipes travaillant dans un fil différent.

Résultats

La tâche 1 a globalement abouti à des auto-présentations plus originales et plus fournies qu'il n'est habituel dans ce genre de situation. La tâche 2 n'a été réalisée que par la moitié des étudiants, qui, à une exception près, ont davantage fait des résumés des interviews qu'une réelle synthèse de l'ensemble des ressources fournies : on a donc un peu l'impression d'une tâche réalisée à l'économie. La tâche 3 devait aboutir à deux types de résultats : d'une part, la production d'une carte d'invitation, d'autre part un certain nombre de prises de décision quant aux ingrédients de la fête (musique, déguisements, décoration, nourriture, boissons). Dans le second cas, les apprenants se sont contentés de juxtaposer leurs idées, sans jamais vraiment négocier quand celles-ci étaient en contradiction, par exemple en ce qui concerne l'offre de boissons alcoolisées. Par ailleurs, les fêtes auxquelles les deux groupes aboutissent n'ont pas grand-chose de polynésien. Au final, on observe donc comme un hybride de réalité et de fiction, de jeu de rôle et d'expression personnelle, de travail collectif et de somme de petites productions individuelles.

Analyse

Les tâches prescrites tentaient bien de reproduire des processus qui ont cours dans la vie réelle : synthèse d'information, négociation et prise de décision. À notre sens, elle n'y est vraiment parvenue qu'en ce qui concerne la tâche 1 où le blog, utilisé à des fins de présentation et de mise en réseau social, remplit son rôle à la fois à l'intérieur de la tâche

6. Voir la définition de ce terme dans l'encyclopédie Wikipédia : http://fr.wikipedia.org/wiki/wiki/

mais aussi à l'extérieur. Autrement dit, quand la visée n'est autre que de faire réaliser une tâche prescrite (comme c'est le cas des tâches 2 et 3), sans que celle-ci corresponde à un besoin ou à une perspective de réalisation (les apprenants ne vont jamais déguster les mets dont il est question, ni n'enverront les cartes d'invitation), la tâche est sans doute perçue comme vaine, d'où des résultats peu convaincants. Notons que l'authenticité de certaines des ressources proposées ne suffit pas à crédibiliser la tâche, pas plus que le recours à l'Internet ne rend la tâche plus proche de la vie réelle (qui passerait par un blog, un wiki et un forum pour organiser une fête d'anniversaire ?). Le scénario donne finalement l'impression d'une instrumentalisation du réel pour faire réaliser un exercice d'ordre scolaire (tâche 2) et un jeu de rôle qui ne se donne pas les moyens d'en être vraiment un (tâche 3).

Les apprenants ont donc détourné le sens de la tâche 3, marquant ainsi son manque de plausibilité, et l'ont transformée en une tâche socialement pertinente pour eux, divertissante, voire motivante (rappelons que la tâche s'adressait à des étudiants adultes qui ont l'occasion d'organiser des fêtes dans leur vie de tous les jours). Ce n'est apparemment pas le réel de la civilisation polynésienne qui a motivé les Australiens, mais bien plutôt le « réel virtuel » permis par une sorte de jeu de rôle en ligne. Néanmoins, la tâche détournée ne remplit pas les objectifs culturels ni ne met en jeu les cognitions qui lui avaient été initialement assignées. L'absence de négociation et de prise de décision, qui débouche sur un jeu de rôle tronqué, a probablement deux causes : d'une part, l'inadéquation de l'outil forum, de par son caractère asynchrone et probablement peu familier (mais les étudiants auraient pu, s'ils s'étaient vraiment pris au jeu, recourir à une messagerie synchrone), d'autre part l'absence d'enjeu réel (que gagne celui qui convainc les autres de préparer un Daiquiri plutôt qu'une Pina Colada ?).

LA TÂCHE « LE PAYS DU SOLEIL LEVANT ET MOI »

Les deux tâches présentées dans la suite de cet article ont été proposées, dans le cadre du même projet, par des étudiants français de master à des apprenants japonais de niveau intermédiaire (A2/B1). Dans ce contexte, deux tutrices françaises ont eu l'idée de demander à quatre de leurs proches, d'âges différents (de 10 à 45 ans), d'exprimer ce que le Japon représentait pour eux (« J'aimerais savoir à quoi te fait penser le Japon »). Après une activité – assez sommaire – de compréhension des monologues, aidée par la définition de quelques mots, les Japonais étaient invités à répondre, par le biais d'enregistrements sonores réalisés individuellement, à au moins trois des Français interviewés.

Ressources
Les témoignages enregistrés se présentent comme des micro-trottoirs de 1 à 2 minutes, comme on en entend souvent à la radio et à la télévision. Bien qu'on puisse les considérer comme plus ou moins authen-

tiques, ils réussissent à présenter un panorama contrasté des idées reçues sur le Japon en France. Ils ont aussi l'avantage de mettre en relation les étudiants japonais avec des Français identifiés par une voix et un prénom et dont le sexe et l'âge leur sont révélés.

Processus

Les Japonais s'y sont souvent repris à plusieurs fois pour leurs enregistrements (des fichiers au format mp3). Ceux-ci ont été attachés à des messages écrits postés sur un forum (par exemple, dans un cas minimaliste, « Bonjour X, voilà mon oral, signature »). Ces messages constituent autant de traces de l'activité dans laquelle les apprenants étaient engagés. La teneur des messages témoignait entre autres de la volonté de la tutrice de maintenir un lien avec les apprenants et de les encourager à poursuivre la tâche, comme du souci des étudiants de la tenir informée de son avancement.

Résultats

Les Japonais ont tous envoyé au moins un enregistrement ; dans certains cas, ils se sont adressés successivement à trois ou quatre des Français dans le même fichier son. Ces derniers ont ensuite réagi aux productions des Japonais par de nouveaux enregistrements qui ont été placés sur le forum par les tutrices ; ces enregistrements s'adressaient parfois à un étudiant japonais précis, parfois à l'ensemble du groupe.

Analyse

Une telle tâche aurait pu être réalisée, dans d'autres temps, sans le concours de l'Internet, en présentiel avec enregistrements audio, mais sans qu'il y ait de réels destinataires (la consigne précisait : « Nous leur ferons écouter vos productions », ce qui créait un horizon de réception). Internet permet ici d'abolir les distances et de faire communiquer locuteurs français (situés hors du cadre scolaire) et apprenants japonais, ce qui constitue bien une tentative de s'approcher d'une situation réelle. Entendre des étrangers s'exprimer sur leur vision du Japon a sans doute constitué pour les apprenants une incitation forte à réagir. Néanmoins les artifices qui font passer les échanges par l'entremise systématique de la tutrice concourent à alourdir le processus en même temps qu'ils impriment une marque didactique aux interactions (impression que les messages sont lus, voire récités, double négation trop fréquente, etc.). En revanche les interactions apprenants-tuteurs sont, elles, empruntes d'authenticité. La communication autour de la tâche nous semble s'inscrire dans l'expression de la réalité car elle correspond à un besoin tangible, se déroule dans des conditions « cyberréelles » et poursuit un but pragmatique.

LA TÂCHE « PARIS OU GRENOBLE ? »

Sachant que les Japonais travaillaient souvent par groupes de deux ou trois, les Français leur ont demandé à plusieurs reprises de simuler de petites discussions argumentatives. L'une de celles-ci consistait à choisir Grenoble ou Paris pour un séjour avec bourse en France, en justifiant son choix. La consigne conseillait de former des groupes composés d'étudiants ayant une préférence différente. Deux sites Internet authentiques étaient proposés, pour y puiser des arguments en faveur d'une ville ou l'autre : Paris Infos et Grenoble Universités ; dans chaque cas, trois rubriques précises étaient conseillées.

Processus, résultats

La consigne a bien été respectée et les étudiants ont comparé les deux villes d'un point de vue personnel. Leurs premiers enregistrements ont une durée d'1 mn pour deux dyades et de 2 mn pour une triade. Cette dernière a conçu une situation légèrement différente de la tâche prescrite : un étudiant venant d'obtenir une bourse demande à deux autres, qui sont bien sûr d'avis différents, de le conseiller quant au choix de Paris ou Grenoble.

Analyse

On remarque tout d'abord le caractère très ancré dans le réel de cette tâche, dans la mesure où les Japonais auront à effectuer un tel choix entre plusieurs villes, un séjour en France étant prévu dans la suite de leurs études : cela suffit sans doute à assurer la plausibilité de cette tâche, outre l'authenticité des sites Internet. Le fait de s'enregistrer à deux ou trois donne par ailleurs au processus de réalisation de la tâche un caractère moins artificiel que lorsqu'il s'agit de monologues (les échanges oraux asynchrones sont rares sur Internet et n'existent dans la vie réelle que dans le cas des répondeurs). Enfin, la modification de la situation par la triade témoigne d'une bonne appropriation de la tâche.

 **D** *iscussion*

L'analyse nous semble montrer que la prise en compte de la réalité ne va pas de soi dans la conception des tâches. L'on voit bien, au travers de ces exemples, que le concepteur, devant la nécessité de proposer une activité qui s'inscrit dans le « faire faire » plutôt que le « faire apprendre », peut éprouver des difficultés à donner une coloration réaliste à l'articulation des ressources, des processus et des buts, et donc à inscrire son dispositif dans le réel des apprenants.

Ce phénomène nous semble davantage perceptible dans le cas de la cyberréalité. Les processus étudiés, même s'ils encouragent l'interactivité par l'utilisation des moyens de communication d'aujourd'hui, restent en effet assez linéaires, et en ce sens, sont peu représentatifs de l'hypernavigation du réel virtuel. La tâche 2 de l'anniversaire de Sophie, par exemple, s'essayait bien, dans la forme, à ce mode opératoire propre à la navigation en ligne (ressources variées en ordre dispersé). La consigne rappelait cependant, de manière sans doute trop prégnante et sans prise en compte spécifique des besoins des étudiants australiens, l'objectif scolaire qui l'accompagnait. Les étudiants pouvaient avoir l'impression d'une manœuvre didactique superflue. Et puisque le but était d'arriver à planifier une fête, ils y sont parvenus sans passer par les étapes qu'avaient prévues les conceptrices. Les étudiants japonais ont, eux, certainement plus volontiers joué le jeu didactique voulu par les conceptrices parce que l'enjeu interpersonnel avait été mis en évidence dans la consigne (« Nous leur ferons écouter vos productions ») et que celle-ci faisait, comme dans la vie, la part belle à la libre expression.

Ce que nous montre ainsi la réalisation par des apprenants des tâches évoquées plus haut, c'est que lorsque la tâche ne prend pas en charge le réel et ses modalités (inadéquation de la situation, du décor ou des acteurs à l'environnement, notamment social et cybernétique), ce sont les apprenants eux-mêmes qui en impriment la marque, selon leurs besoins. La plausibilité nous parait donc un facteur déterminant de l'adhésion à la tâche et à ses buts. Les détournements que nous avons pu observer sont néanmoins riches d'enseignement. Ils pointent les incohérences de genres, d'usages ou d'ergonomie qui sont autant d'écueils auxquels les tâches du monde réel, réactives et pragmatiques par nature, sont moins susceptibles de se heurter.

C onclusion

L'approche actionnelle, qui vise des pratiques pédagogiques en prise avec la réalité, fait de l'enseignant concepteur un illusionniste dont les ficelles (didactiques forcément) doivent se fondre dans le décor, réel ou virtuel, qui lui sert de toile de fond. Elle fait aussi de lui le juge-arbitre entre plausibilité et faisabilité : trop d'artifice et la tâche perd pied avec la réalité, trop de réalité et elle met les apprenants en danger. L'immersion réaliste que nous promet Internet est peut-être au prix de ce juste arbitrage et de cette illusion bien gardée.

Bibliographie

ELLIS, R. (2003), *Task-Based Language Learning and Teaching*, Oxford, Oxford University Press.

LOUVEAU, E., MANGENOT, F. (2006), *Internet et la classe de langue*, Paris, CLE International.

MANGENOT, F. (1998), « Classification des apports d'Internet à l'apprentissage des langues », Revue *Alsic* vol.1, n°2, p.133-146. http://alsic.org

L'intégration du CECR dans un dispositif autonomisant :
l'exemple de « Un semestre en France »

ISABELLE ORTIZ ET MARIE DENORME
CENTRE DE LANGUES DE LA FREIE UNIVERSITÄT
DE BERLIN, ALLEMAGNE

L'objectif de cet article est de montrer de quelle manière le CECR peut être intégré dans le cadre d'un dispositif autonomisant et en quoi la perspective actionnelle et l'approche par les tâches sont cohérentes dans un tel dispositif. L'article se base sur un projet de recherche-action mené en 2006 au Centre de langues de la Freie Universität Berlin et qui a consisté en la réalisation d'un curriculum multidimensionnel et scénarisé[1] pour des étudiants de disciplines non linguistiques. Dans un premier temps, il s'agira de replacer le projet dans son contexte et d'en expliciter les enjeux afin de comprendre quelles dimensions devaient être intégrées dans la construction dudit curriculum. La deuxième partie de l'article présentera le curriculum et la manière dont l'approche actionnelle peut être actualisée dans le cadre d'un dispositif autonomisant. L'ensemble de la démarche sera illustré par l'exemple d'une tâche concrète, issue de notre scénario.≤

Contexte et enjeux du projet : l'intégration du centre d'autoformation en langues

Depuis 2004, la Freie Universität (FU) s'est lancée dans la mise en œuvre du processus de Bologne et œuvre activement pour la création d'un espace européen de l'éducation à l'horizon 2010. Dans ce contexte de réforme, le Centre de langues – *Sprachenzentrum* – s'est engagé dans la redéfinition des objectifs et contenus des modules de

1. Curriculum consultable à l'université de Lille 3 ou au *Selbstlernzentrum* de la Freie Universität Berlin, dans le mémoire de M. Denorme, 2006 (voir bibliographie).

pratique de la langue (ou *Sprachpraxismodule*). Parallèlement, le centre d'autoformation en langues – *Sprachenselbstlernzentrum*[2] (SLZ) – a été créé dès 2004 dans le but de répondre aux nouveaux besoins des étudiants. Il s'agissait d'une part de soutenir les étudiants qui sont inscrits dans les modules de pratique de la langue et dont deux tiers du temps d'apprentissage se fait désormais en non-présentiel ; d'autre part, d'offrir un dispositif d'autoformation aux étudiants de la FU qui souhaitent apprendre une langue en autonomie complète. C'est dans ce contexte de réforme et d'intégration de l'autoformation que s'est inscrit notre projet de recherche-action. Sur le plan psycho-pédagogique, il s'agissait d'intégrer les changements de représentations et de comportements liés au passage (idéal-typique) d'une situation d'apprentissage hétérodirigé à une situation d'apprentissage autodirigée. Sur le plan technico-pédagogique, l'action visait à sensibiliser les acteurs (enseignants et apprenants) aux possibilités d'intégrer des pratiques autonomisantes dans un cours de langue et ainsi, à faire apparaitre de nouveaux usages institutionnels. Le projet a plus précisément porté sur le module de français nommé *Grundmodul 4* (GM4)[3]. La première question à laquelle il a fallu répondre concernait donc le sens du terme « autoformation » dans le cas de modules de langue articulés autour du cours en présentiel.

Partant de l'hypothèse que l'étudiant ne s'inscrit pas au cours dans une démarche intentionnelle d'autoformation et, par ailleurs, que l'autonomie d'apprentissage n'est pas un prérequis, l'intégration de l'autoformation au sein des cours de français consistait à rendre possible un apprentissage autodirigé, autrement dit, à permettre « l'acquisition graduelle et individualisée de la capacité à prendre en charge son apprentissage » (Holec, 1981 : 20). Dans cette optique, l'autonomie de l'apprenant n'est plus reléguée en dehors du cours mais les deux moments de l'apprentissage que sont le présentiel et le non-présentiel sont conçus comme deux phases d'un même processus : apprentissage de la langue en même temps qu'apprentissage de l'autonomie. En ce sens, les tâches proposées doivent « permettre à l'apprenant d'*apprendre à apprendre*, c'est-à-dire d'acquérir les *savoirs* et les *savoir-faire* indispensables pour définir *quoi* apprendre, *comment* apprendre et *comment s'évaluer* » (Holec, 1988 : 8).

2. http://www.sprachenzentrum.fu-berlin.de/slz/index.html.
3. Le *Grundmodul 4 Französisch* s'intègre dans le cadre du module de préparation à la vie professionnelle (module ABV : *Allgemeine Berufsvorbereitung*), proposé aux étudiants de *Bachelor*. Au niveau 4 sont visées les compétences du niveau B1 du CECR.

LA VALEUR AJOUTÉE D'UN CURRICULUM : UNE APPROCHE INGÉNIERIQUE

L'exigence d'une cohérence didactique et d'une approche ingénierique semblait plus que jamais nécessaire pour avoir des chances de voir le changement s'intégrer effectivement, ce que le curriculum permettait. Par ailleurs, bien que le produit final ne s'applique qu'au GM4, la structure du curriculum et sa référence au CECR rendent transparents les choix didactiques à l'origine de sa construction et permettent ainsi sa transposition à d'autres modules de langue.

93

L'intégration du CECR
*dans un dispositif
autonomisant :
l'exemple de
« Un semestre en France »*

Pour finir, le choix d'articuler le curriculum autour d'une démarche autonomisante permet son appropriation par l'apprenant et la réconciliation du curriculum institutionnel avec le curriculum personnel de l'individu-apprenant, pour qui s'esquisse alors un *scénario curriculaire*.

Les principes posés, il s'agissait de les opérationnaliser. Pour cela, il fallait explorer sur le terrain l'ensemble des variables que le curriculum devait intégrer.

C onstruction du curriculum scénarisé

LES VARIABLES CONTEXTUELLES À PRENDRE EN COMPTE

Le guide des études indique que le GM4 vise « l'acquisition de savoirs et de savoir-faire relatifs au bon exercice de son activité professionnelle sur le marché du travail européen et international », au niveau B1. D'une part, le guide spécifie donc que c'est le domaine professionnel qui est privilégié. D'autre part, les objectifs d'apprentissage sont référés au niveau B1 du CECR. Cependant, si les compétences décrites dans les niveaux communs de référence permettent de baliser les objectifs communicatifs du curriculum, ces compétences restent générales, valables dans des contextes variés. Pour définir plus précisément les objectifs langagiers, nous nous sommes ainsi appuyées à la fois sur la liste des compétences figurant dans la grille d'auto-évaluation du *Portfolio européen des langues pour l'enseignement supérieur*[4] (PEL) et sur une analyse de besoins réalisée auprès de 51 étudiants. D'un côté en effet, le PEL avait l'avantage de contenir des descripteurs spécifiquement développés pour le contexte de l'enseignement supérieur. D'un autre côté, l'analyse de besoins permettait de préciser les domaines et situations de communication dans lesquelles les apprenants auraient besoin d'agir dans la langue-culture cible et de définir ainsi les objectifs communicatifs en fonction des besoins spécifiques du public. Les données recueillies ont ainsi révélé que leurs besoins se situaient à la croisée des domaines professionnel, éducationnel, personnel et public. Plus concrètement, dans la grille d'auto-évaluation pour le niveau B1 du PEL, des objectifs ont tout d'abord été sélectionnés afin de répondre plus spécifiquement aux besoins des apprenants. Puis les objectifs ainsi sélectionnés ont été rassemblés, organisés en unités cohérentes en fonction des sphères d'utilisation de la langue induites de l'analyse de besoins. Peu à peu, un scénario-cadre se profilait, qui permettait d'agencer les objectifs de manière logique et de donner ainsi une cohérence globale au curriculum.

4. Portfolio développé par le Conseil européen pour les langues (CEL) en collaboration avec la Freie Universität Berlin.

LE CHOIX D'UN CURRICULUM SCÉNARISÉ
OU UNE COHÉRENCE GLOBALE BASÉE SUR L'APPROCHE ACTIONNELLE
DE L'USAGE ET DE L'APPRENTISSAGE DES LANGUES

Le choix a été fait de retracer l'itinéraire d'un étudiant partant un semestre dans une université française dans le cadre du programme d'échanges universitaires Erasmus. D'après l'enquête en effet, plus de la moitié des étudiants interrogés souhaitait effectivement partir dans le cadre de ce programme (58,5 %). Ce choix ne devait cependant pas discriminer les étudiants n'ayant pas l'intention de partir puisque l'itinéraire englobait les différents contextes d'utilisation de la langue induits de l'analyse des besoins : en endossant le rôle d'un étudiant Erasmus, l'apprenant allait à la rencontre du domaine universitaire (il étudierait sa discipline en français, dans une université française), du domaine professionnel (il aurait la possibilité d'effectuer un stage ou de chercher un emploi durant la durée de son séjour en France) et des domaines personnel et public (en dehors de l'université, il serait un usager ordinaire).

Le scénario-cadre, que nous avons intitulé « Un semestre en France », se composait de tâches et de micro-tâches successives qu'il permettait d'agencer dans une logique « réaliste » et qui, autrement, seraient sans doute réalisées de façon atomisée. La scénarisation du curriculum permettait donc de donner du sens à la tâche.

La cohérence globale du curriculum reposait sur la perspective actionnelle de l'usage et de l'apprentissage des langues « en ce qu'elle considère avant tout l'usager et l'apprenant d'une langue comme des acteurs sociaux ayant à accomplir des tâches (qui ne sont pas seulement langagières) dans des circonstances et un environnement donnés, à l'intérieur d'un domaine d'action particulier » (CECR : 15). Placé devant la tâche à accomplir, l'apprenant est amené à résoudre une situation-problème en utilisant la langue de manière non seulement correcte mais pertinente. Il développe de cette façon des stratégies cognitives et métacognitives. De plus, le curriculum ainsi scénarisé souligne le lien entre les situations de communication (le contexte/domaine de l'agir) et les objectifs fixés, de même que le rapport entre les objectifs fixés et les moyens pour les réaliser ; en entrant dans le scénario, l'apprenant entre donc également dans une culture langagière et une culture d'apprentissage qui, s'il se les approprie, devrait lui permettre progressivement la prise en charge de son propre apprentissage. Finalement, en suivant une approche par l'action et l'expérience, l'intentionnalité du curriculum déborde le domaine de l'apprentissage des langues pour renforcer, à son échelle, « l'indépendance de la pensée, du jugement et de l'action combinée à la responsabilité et aux savoir-faire sociaux »[5]. Au-delà de l'autonomie d'apprentissage, c'est donc également l'autonomie sociale qui est visée.

5. Déclaration faite lors du premier Sommet des chefs d'État du Conseil de l'Europe (8-9 octobre 1993).

95

L'intégration du CECR
*dans un dispositif
autonomisant:
l'exemple de
« Un semestre en France »*

UN CURRICULUM MULTIDIMENSIONNEL

Le curriculum est de type *multidimensionnel*. Il se présente sous forme de tableau comprenant les dix catégories suivantes : étapes du scénario, aptitudes langagières, objectifs communicatifs, sous-objectifs, objectifs méthodologiques, savoirs, savoir-apprendre, objectifs (inter)culturels, activités (description, modalités de réalisation, supports et matériels utilisés) et thèmes.

Sa taxonomie intègre différentes dimensions de l'usage et de l'apprentissage des langues, sélectionnées dans le CECR selon leur pertinence par rapport au contexte et aux finalités du projet et interdépendantes les unes des autres dans la construction du curriculum. Est ainsi fait référence à : des domaines d'action, des *situations de communication* desquelles découlent les tâches à réaliser, des *thèmes* relatifs aux domaines et situations de communication, des *compétences générales individuelles (savoir-faire, savoir-apprendre, objectifs (inter)culturels, objectifs méthodologiques)*, des *aptitudes langagières*, la *compétence communicative langagière* (dont le curriculum traite plus explicitement la *composante linguistique*) et des *activités* qui, comme définies dans le CECR (2000 : 15), « impliquent l'exercice de la compétence à communiquer langagièrement, dans un domaine déterminé, pour traiter (recevoir et/ou produire) un ou des textes en vue de réaliser une tâche ».

L'originalité de ce curriculum tient essentiellement au fait qu'il associe tout autant les objectifs d'apprentissage du CECR retenus pour atteindre le niveau cible que le développement de la compétence d'apprentissage avec des activités favorisant l'*apprendre à apprendre*, le tout intégré dans un scénario global qui s'inscrit résolument dans une perspective actionnelle.

Pour illustrer cette démarche, nous proposons d'entrer plus avant dans le scénario d'apprentissage, au moment où l'étudiant prépare son départ en France et est amené à résoudre la tâche intitulée « rédiger une lettre de motivation pour son dossier de candidature Erasmus ».

L'exemple de la tâche « rédiger une lettre de motivation pour son dossier de candidature Erasmus »

Il s'agit pour l'étudiant de rédiger une lettre de motivation qui accompagnera son dossier de candidature, dans laquelle il décrit son parcours universitaire, sa biographie langagière, ses projets universitaires et professionnels et motive son choix de l'université d'accueil. Ceci constitue la mission de l'apprenant et correspond à l'objectif ainsi formulé dans le curriculum : « écrire une lettre argumentée, y décrire un rêve, un espoir». Pour réaliser cette mission, l'apprenant va réaliser plusieurs micro-tâches qui constitueront le travail préparatoire permettant de rédiger la lettre. La description suivante rend compte de la mise en œuvre du scénario d'apprentissage.

TRANSPARENCE DES OBJECTIFS ET CO-CONSTRUCTION DU PARCOURS

En amont, une réflexion est menée en grand groupe afin d'explorer les façons dont les apprenants s'y prendront pour remplir la mission proposée. Cette planification de l'action permet d'impliquer les apprenants et de les rendre co-auteurs de leur apprentissage, mais aussi de rendre les objectifs d'apprentissage clairs et transparents.

Un «groupe expert» est ensuite invité à définir des critères pour le choix de l'université d'accueil et à réaliser une grille commune d'analyse des sites web des universités partenaires de la FU. La réalisation de cette grille poursuit un double objectif: d'une part, mobiliser des stratégies métacognitives en invitant l'apprenant à mettre en place des procédures pour la mise en œuvre de la tâche et, d'autre part, mobiliser des stratégies cognitives pour la sélection et la compréhension des informations pertinentes pour sa recherche. Parallèlement, un deuxième «groupe expert» est chargé de définir les éléments qui constituent une lettre de motivation et les moyens linguistiques nécessaires afin de la rédiger. En se basant sur des exemples de lettres similaires rédigées en français, cette activité associe en outre un objectif culturel: «découvrir les spécificités liées aux formes de politesse dans une lettre».

En grand groupe, la grille d'évaluation qui servira à évaluer la production écrite est finalement réalisée.

ACCOMPAGNER LE TRAVAIL ET DÉVELOPPER LA COMPÉTENCE D'APPRENTISSAGE

La présentation orale des «groupes experts» effectuée, les recherches pour choisir l'université d'accueil débutent. Celles-ci sont réalisées en binômes ou seul au centre de ressources. Cette tâche permet à l'apprenant d'atteindre un double objectif: à la fois découvrir le fonctionnement de l'université en France, la vie étudiante, le vocabulaire spécifique des études, et «parcourir un texte assez long de son domaine de spécialité pour y localiser l'information recherchée et réunir des informations provenant de différentes parties d'un texte ou de textes afin d'accomplir une tâche spécifique» (PEL, 2002).

Lors de cette activité, l'enseignant endosse le rôle de tuteur: il accompagne les apprenants dans leurs recherches et attire leur attention sur les stratégies qu'ils peuvent mettre en œuvre. À mi-parcours, un bilan est réalisé en grand groupe afin d'évaluer le

97

L'intégration du CECR
*dans un dispositif
autonomisant :
l'exemple de
« Un semestre en France »*

déroulement des recherches, au cours duquel il s'agit surtout de faire prendre conscience aux apprenants des stratégies de compréhension écrite qu'ils utilisent déjà spontanément (parfois sans s'en rendre compte) et de les sensibiliser à de nouvelles stratégies à l'aide des fiches méthodologiques développées par le centre de ressources (dans ce cas, les fiches concernant les stratégies de lecture telles que *« Lesekompetezen verbessern »* ou encore *« Mit authentischen Texten arbeiten »*)[6].

Lorsque l'université d'accueil est choisie, les apprenants présentent oralement en grand groupe le résultat des recherches. C'est le moment où certaines questions apparaissent spontanément et font l'objet de discussions qui rentrent dans le cadre de l'objectif « parler de sujets liés au domaine de spécialisation avec les camarades d'études dans des situations informelles ». Les apprenants découvrent des spécificités culturelles, les comparent avec leur propre système, émettent des hypothèses, donnent des conseils, font part de leur propre expérience.

DIFFÉRENTES FORMES D'ÉVALUATION

Après avoir rédigé la lettre de motivation, l'évaluation de la production prend alors plusieurs formes : la grille produite par les apprenants en amont est utilisée soit en auto-évaluation, soit en inter-évaluation. Les apprenants évaluent leur propre production au regard des critères établis. Ils peuvent ainsi tester la validité des critères définis et proposer une modification de la grille.

Les commentaires et les modifications des apprenants sont éventuellement complétés par ceux de l'enseignante. La grille d'évaluation est alors modifiée pour intégrer d'abord des indicateurs de performance destinés à affiner l'évaluation au regard des aspects linguistiques attendus pour un niveau B1. Des critères complémentaires permettant de vérifier la validité de la production au regard de la pragmatique et de la socio-linguistique sont également ajoutés.

U n *changement systémique*

L'exemple présenté montre que l'introduction cohérente du CECR dans un dispositif autonomisant a des incidences sur l'ensemble du système pédagogique. Du côté de l'apprenant, les modalités d'apprentissage proposées peuvent être déstabilisantes. La formulation en termes d'objectifs, de niveaux, la transparence du déroulement et des finalités de l'apprentissage font partie d'une nouvelle culture d'apprentissage à acquérir et qui est souvent en décalage avec l'expérience des apprenants. L'apprenant devient acteur à part entière de son apprentissage. Il est amené à développer une compétence en tant

6. Le centre d'autoformation a créé des fiches méthodologiques sur des thèmes comme « améliorer la compréhension écrite ». Ces fiches sont valables pour toutes les langues.

qu'acteur social dans la langue cible qui le place au même niveau que l'enseignant.

De son côté, l'enseignant est amené à modifier sa pratique professionnelle afin de créer des conditions favorables à l'autonomisation de l'apprenant. Il endosse les rôles de tuteur, conseiller en langues et devient en quelque sorte un facilitateur d'apprentissage. De nouvelles compétences professionnelles sont par ailleurs développées, par exemple dans le domaine des TICE.

B ilan – L'actualisation du CECR et l'approche actionnelle dans le cadre d'un dispositif autonomisant

Dans cet article, nous avons cherché à présenter comment, dans le cadre d'un cours, la contextualisation du CECR et la perspective actionnelle ont donné lieu à la réalisation d'un curriculum multidimensionnel et scénarisé, favorisant l'autonomie de l'apprenant. Dans le projet, le CECR est conçu comme un instrument de travail dans une démarche de type constructiviste. Il a tout d'abord été un outil à penser, dans le sens où les concepts et catégories qui y sont proposés nous ont aidées à analyser le terrain sur lequel était menée la recherche-action. En même temps, dans le produit final, tous les descripteurs que le CECR propose n'ont pas été exploités mais sélectionnés selon leur pertinence par rapport au contexte et ont été à leur tour contextualisés (classifiés, affinés selon les besoins du terrain et les finalités du projet). En outre, notre projet a permis d'aller plus loin que le CECR en ce qui concerne notamment le concept d'autonomie.

En adoptant la perspective actionnelle, actualisée sous la forme du scénario, nous voulions faire de l'apprenant un acteur social à part entière et le placer au cœur de l'apprentissage. Nous avons cherché à mettre l'apprenant face à des tâches aussi proches que possible du réel, qui permettaient un décloisonnement du temps et du lieu de l'apprentissage et pour lesquelles l'apprenant devait mobiliser d'autres types de compétences que linguistique ou communicative. Par ailleurs, l'apprenant devant réaliser la tâche se trouvait confronté à une situation-problème qui, pour être résolue, devait l'amener à définir des objectifs d'apprentissage, à choisir les moyens qui lui permettaient de les atteindre, à organiser et réaliser son apprentissage et à l'évaluer pour le poursuivre de manière satisfaisante. L'approche actionnelle s'inscrivait ainsi de manière cohérente dans le cadre d'un dispositif autonomisant.

Nous conclurons cependant sur un questionnement qui est apparu au cours de la mise en place du curriculum et qui demanderait à être

99

L'intégration du CECR
*dans un dispositif
autonomisant :
l'exemple de
« Un semestre en France »*

développé. Il semble en effet qu'un hiatus ait persisté entre les visées de l'approche actionnelle et le contexte hétéroglotte d'apprentissage du français. Parfois, ce décalage a pu avoir comme effet de dénaturer la tâche à réaliser et de précisément empêcher la mobilisation des compétences d'apprentissage et des compétences d'ordre pragmatique, social et culturel dont les apprenants ont besoin pour réaliser la tâche de manière satisfaisante dans la vie réelle. Ainsi, tout se passe comme s'il y avait un risque de continuer un faire-semblant pouvant potentiellement mettre en péril les finalités de notre projet. Dès lors, il nous faudrait trouver des moyens de contourner ce hiatus, en proposant par exemple des tâches dont les résultats seraient exposés au risque de la sanction sociale. En contexte hétéroglotte, l'utilisation d'outils du Web 2.0, qui font de l'internaute un acteur au sein de réseaux sociaux, nous semble être une piste à exploiter pour rendre notre visée plus effective.

Bibliographie

ALTER, N. (2000), *L'Innovation ordinaire*, Paris, Presses Universitaires de France.

BARBOT, M.-J. (2000), *Les Auto-apprentissages*, Paris, CLE international.

CARRE, P., MOISAN, A., POISSON, D. (1997), *L'Autoformation, psychopédagogie, ingénierie et sociologie*, Paris, Presses Universitaires de France.

BOURGUIGNON, C. (2007), « Apprendre et enseigner les langues dans la perspective actionnelle : le scénario d'apprentissage-action », APLV de Grenoble, http://www.aplv-languesmodernes.org

CONSEIL DE L'EUROPE (2001), *Cadre européen commun de référence pour les langues*, Paris, Didier.

CONSEIL EUROPÉEN POUR LES LANGUES (2002), *Portfolio européen pour les langues*, modèle 35, 2002.

DENORME, M. (2006), *Compte rendu d'expérience : l'élaboration d'un curriculum dans le cadre d'un dispositif autonomisant*, Mémoire de Master 2 Didactique des langues Français Langue Étrangère, sous la direction de M.-J. BARBOT, Lille 3, reprographié.

HOLEC, H. (1981), « Autonomie dans l'apprentissage et apprentissage de l'autonomie », in *Études de linguistique appliquée*, n °41, Paris, Didier.

HOLEC, H. (1988), *Autonomie et apprentissage autodirigé*, Conseil de l'Europe, Strasbourg, Hatier.

HOLEC, H. (1999), « De l'apprentissage autodirigé considéré comme innovation », dans *Mélanges CRAPEL* n° 24, http://revues.univ-nancy2.fr/melangesCrapel, 91-104.

HOLEC, H. (1990), « Qu'est-ce qu'apprendre à apprendre » in *Mélanges pédagogiques*, Crapel http://revues.univ-nancy2.fr/melangesCrapel, 75-87.

NUNAN, D. (1989), *Designing Tasks for the Communicative Classroom*, Cambridge, Cambridge University Press.

PIAGET, J. (1975), *L'Équilibration des structures cognitives. Problème central du développement*, Paris, PUF.

TREMBLAY, N. A. (2003), *L'Autoformation : pour apprendre autrement*, Montréal, Presses universitaires de Montréal.

Approche par les tâches, perspective actionnelle et dimension interculturelle

NATHALIE AUGER ET VINCENT LOUIS

FRED DERVIN

CECR *et dimension interculturelle de l'enseignement/ apprentissage du* FLE : *quelles tâches possibles ?*

NATHALIE AUGER
UNIVERSITÉ MONTPELLIER III

VINCENT LOUIS
ISTI-BRUXELLES ET UNIVERSITÉ DE LIÈGE

Le développement récent de la perspective socio-constructiviste éveille l'intérêt des didacticiens du FLE pour l'approche par tâches-problèmes (Dumortier et Louis, 2006). Par ailleurs, le choix d'un enseignement articulé autour de tâches s'inscrit dans la logique du CECR, même si celui-ci ne définit pas précisément la notion de tâche. Partant du constat que le potentiel pédagogique de l'approche par tâche-problème n'a guère encore été mis en œuvre dans le domaine de l'apprentissage culturel, nous entendons poser le problème et sa résolution comme un cadre pédagogique adapté à l'acquisition de la compétence interculturelle relevant des compétences communicatives, compétence qui vise à éviter les problèmes interculturels dans la communication.

Nous allons d'abord nous interroger sur la notion de malentendu culturel et l'analyser, en terme de problème, à la lumière de la psychopédagogie. Dans un second temps, nous nous proposerons de revenir sur la définition de l'interculturalité dans le CECR, et surtout sur les savoirs et savoir-faire culturels. Le projet du CECR est ambitieux : aider au développement d'une « personnalité saine et équilibrée » (p. 9). Cependant, les tâches à accomplir ne sont guère précisées : le CECR peine manifestement à décrire les moyens méthodologiques à mettre en œuvre. Nous chercherons donc, dans un troisième temps, à avancer quelques pistes de tâches destinées à éviter les malentendus de nature culturelle en nous fondant aussi bien sur les descripteurs du CECR, que sur notre analyse du malentendu en terme de problème.

L ecture psychopédagogique de la notion de problème interculturel

Tout problème implique deux notions: celle d'une question à résoudre prêtant à discussion, à laquelle s'ajoute celle de difficulté à surmonter. Le paradigme cognitiviste introduit trois concepts clés dans la définition du problème, ceux d'écart, de stratégie et d'expert. L'écart, d'abord, est cette distance « entre une situation présente jugée insatisfaisante et un but à atteindre »; réduire cet écart exige, ensuite, de l'apprenant « une démarche cognitive active d'élaboration et de vérification d'hypothèses sur la nature même de cet écart et sur les moyens possibles de le réduire » (Poirier-Proulx, 1999: 27-28), autrement dit, le déploiement d'une stratégie permettant de résoudre le problème, l'écart identifié; enfin, toute formation vise à faire de l'apprenant un expert, c'est-à-dire un sujet qui dispose déjà d'un répertoire de procédures de résolution automatisées, voire de réponses immédiatement disponibles. En paraphrasant Poirier-Proulx (1999: 29), on pourrait dire que si un problème constitue la représentation qu'a un sujet de l'écart entre la situation de départ, jugée insatisfaisante, et une situation désirée, perçue comme plus satisfaisante, mais pour laquelle il ne possède pas de procédure permettant de le réduire, alors la tâche correspond à ce que devra faire ce sujet dans le cadre de cette situation problématique.

LE MALENTENDU INTERCULTUREL
VU EN TANT QUE PROBLÈME

La découverte interculturelle se prête particulièrement bien à une analyse en termes de situation problématique: toute interaction entre personnes de langues et de cultures différentes peut être l'occasion de malentendus, voire de ruptures dues à l'intervention de valeurs, d'implicites conversationnels ou de paramètres socio-linguistiques différents selon les cultures d'appartenance des individus. Les linguistes interactionnistes s'accordent sur le caractère potentiellement problématique d'un échange entre allophones (Kerbrat-Orecchioni, 1994 et Salins, 1992), et, à leur suite, la plupart des didacticiens de l'interculturel (Zarate, 1995 et Auger, 2005).

Les perturbations de la communication qui peuvent se manifester lors d'une interaction entre sujets de cultures différentes rendent particulièrement saillante la notion d'écart. Ceci autorise à analyser les dysfonctionnements de la rencontre interculturelle en termes de problème au sens où la psychopédagogie permet de le définir (avec les notions d'écart et de difficulté). Cette nouvelle approche de la découverte interculturelle corrige le caractère quelque peu théorique et idéaliste qu'avait la description du processus envisagé comme une démarche d'empathie réciproque qui pouvait sembler spontanée. Restait alors dans l'ombre le caractère problématique de la découverte interculturelle et le risque de dysfonctionnements dans la communication qu'elle suppose.

LA RÉSOLUTION DE PROBLÈME :
UNE DÉMARCHE EN TROIS TEMPS

À l'instar de tout autre problème, le problème de nature interculturelle se développe selon un triple processus : sa position, sa construction et sa résolution.

L'apprenant en FLE confronté à une perturbation de la communication doit d'abord être capable de poser le problème, c'est-à-dire de le constater. On peut imaginer qu'un certain nombre de réactions peuvent déjà être observées ici telles que le déni du problème ou encore l'absence de prise de conscience du problème qui sont autant de façons de l'éluder.

– Le constat de départ, quoique nécessaire, ne suffit évidemment pas : l'apprenant doit aussi affronter une série de tâches.

– Prendre conscience de l'écart entre les cultures mises en présence (cela peut, par exemple, être des normes ou des usages sociaux différents). C'est cet écart qui constitue précisément le problème (ce qui perturbe l'intercompréhension) : la différence constatée fait question.

– Prendre conscience de la nature de l'écart qui est à l'origine de la difficulté rencontrée (l'individu doit ainsi discerner ce qui est imputable à la méconnaissance linguistique ou à des facteurs de type culturel ou encore aux deux).

– Analyser cet écart en termes de représentations initiales qu'il s'agira pour lui de remettre en question. C'est en ce sens qu'on peut dire que problématiser le malentendu d'origine culturelle revient à questionner les représentations initiales. Celles-ci peuvent être erronées (ce sont des obstacles, c'est-à-dire des connaissances initiales opératoires dans le contexte de la culture maternelle, mais qui cessent de l'être en cas d'échange de type interculturel ; les préjugés sont à coup sûr des obstacles puisqu'ils empêchent le sujet d'entretenir une communication satisfaisante) ou insuffisantes (le sujet privé de connaissances préalables sur la culture de son interlocuteur).

– Remettre en cause le caractère à première vue naturel des grilles de lecture que lui impose sa culture d'origine et, par là, prendre conscience de la relativité de sa culture.

Quoique nécessaires, les deux premières étapes (le constat et l'analyse du problème) ne suffisent pas. Il appartient au sujet d'essayer de résoudre le problème auquel il est confronté. Sans doute aura-t-il ainsi à :

– formuler des hypothèses interprétatives lui permettant de se glisser momentanément dans la culture de son partenaire allophone afin de comprendre les représentations et les usages qui lui dictent son attitude ;

105

*CECR et dimension
interculturelle
de l'enseignement/
apprentissage du* FLE :
quelles tâches possibles ?

– mettre ces hypothèses à l'épreuve de la réalité et de la vérification soit auprès de ressources (ouvrages scientifiques), soit auprès de natifs ;
– élaborer des stratégies comportementales lui permettant d'aplanir ou de contourner les difficultés rencontrées et de jouer ainsi le rôle de médiateur culturel que lui réserve le CECR.

L *a dimension interculturelle dans le* CECR

Cette deuxième partie est une analyse de discours du CECR concernant la dimension interculturelle : ses énonciateurs, la présence de la notion d'interculturalité et son traitement ainsi que celui, crucial pour notre sujet, du malentendu. Ainsi, nous pourrons mesurer la place qu'occupe l'interculturel et faire des propositions, dans la dernière partie, concernant la mise en œuvre de tâches-problèmes pour développer cette compétence chez les apprenants.

Force est de constater que la question du malentendu n'est guère considérée en tant que telle au fil des méthodologies en didactique des langues-cultures. Le CECR a le mérite d'en tenir compte. Avant les approches communicatives, le malentendu lié à la langue-culture d'origine n'était pas travaillé. Les approches communicatives ont mis en avant les différentes composantes qui participent de la compétence de communication, à l'instar de Moirand (1990) et Boyer (1995). Les dimensions socio-pragmatiques qui rendent compte des rituels sociaux, mais aussi la composante ethno-socio-culturelle qui met en jeu les représentations, les valeurs communautaires, les implicites codés éminemment en œuvre dans les médias par exemple, sont objets de malentendus. Comment enseigner toutes ces composantes ? Le locuteur natif qui voit son système linguistique et social comme une série d'évidences a de grandes difficultés à analyser les particularités de son propre système au regard d'autres langues. Que propose alors le CECR ?

DE L'INTERCULTUREL POUR ÊTRE PLURICULTUREL

Le CECR se fonde sur le développement du plurilinguisme et, de fait, la dimension interculturelle occupe une place de choix dans cette approche des langues. D'ailleurs, de nombreux auteurs spécialistes de l'interculturalité ont participé à l'élaboration du CECR comme Zarate, Porcher ou Byram. La notion revêt donc une certaine importance dans le CECR même si son coordinateur, Daniel Coste lui-même, regrette dans sa communication à Riga (mars 2005), lors des Journées de la francophonie, que cette compétence interculturelle ne soit pas davantage mise en exergue dans l'ouvrage et que les lecteurs focalisent avant tout sur l'aspect technique des échelles évaluatives.

La notion d'interculturalité est assez peu présente avec un total de 24 occurrences sur les 196 pages du CECR contre 36 en faveur de «pluriculturel». «Pluriculturel» est presque dans tous les cas associé à «plurilingue», ce qui montre que le CECR aide au développement de l'apprentissage des langues et de la citoyenneté européenne. Pour atteindre ce but, la «conscience interculturelle» est capitale. «Conscience» est présente dans l'entourage syntaxique de presque un tiers des cas d'occurrence d'«interculturel» et manifeste le fait que cette étape de prise de conscience est majeure pour le développement de la pluriculturalité. Un autre tiers des occurrences traite des «expériences, malentendus, relations» interculturels qui permettent de développer une «personnalité interculturelle» (p. 85). Enfin, un dernier tiers des occurrences d'«interculturel» renvoie à la capacité de communiquer en situation interculturelle: «compétence, savoir-faire, aptitudes, capacités, habiletés». La mise en œuvre de tâches spécifiquement interculturelles peut donc aboutir au développement d'habiletés.

LA PLACE DU MALENTENDU: MALENTENDU LINGUISTIQUE ET MALENTENDU INTERCULTUREL

Sur 18 occurrences de «malentendu» dans le CECR, deux tiers d'entre elles concernent le malentendu strictement linguistique, c'est-à-dire le malentendu qui amène une divergence du calcul interprétatif. Ces malentendus n'entrainent généralement que peu de catégorisation de l'autre et, à la suite, de représentations erronées, voire négatives de l'autre. Il est en effet plus simple théoriquement, dans la mise en place des échelles d'évaluation, de pointer le malentendu linguistique qu'interculturel (par exemple, la distinction entre «où est la rue/la roue?» peut être facilement levée par le contexte alors que l'introduction de certains thèmes conversationnels seront jugés appropriés ou non selon les situations culturelles (parler d'argent, de l'âge d'une femme etc.). Le CECR donne quelques exemples emblématiques de ce type de malentendu interculturel comme les figures de politesse (p. 93), les registres de langue (p. 94), les connaissances référentielles (p. 104). En somme, les composantes qui forment la multi-dimensionnalité et modalité de la communication comme le proposent, dès les années 1990, Boyer et Moirand. Tout au plus le CECR donne-t-il (p. 95) une «échelle de correction socio-linguistique», mais rien n'est dit sur le télescopage de normes. Les échelles expriment le but à atteindre et non le moyen. En réponse à la question: «Comment doit-on traiter les compétences non spécifiquement langagières dans un cours de langue?» (p. 113), plusieurs pistes sont esquissées comme l'exposition à des documents culturels, à la pratique des jeux de rôles. Cependant, si on parle de moyens envisageables, rien n'est dit sur la démarche à proprement parler. C'est ici qu'un dispositif fondé sur des tâches-problèmes peut être efficace pour développer «la conscience éveillée aux possibilités

107

*CECR et dimension
interculturelle
de l'enseignement/
apprentissage du* FLE :
quelles tâches possibles ?

du malentendu culturel dans la relation avec l'autre » (p. 17) et permettre à l'apprenant de devenir par la suite un intermédiaire culturel qui peut dissiper les malentendus (p. 84). Pour proposer des tâches, il faudra observer avec l'apprenant où se loge le malentendu qui peut provoquer des stéréotypes, comprendre que les émotions, le vécu et ses expériences négatives enclenchent ces malentendus qui aboutissent à des attitudes de rejet de hiérarchisation des peuples et des cultures.

D es tâches-problèmes pour développer l'interculturel

Cette dernière partie montrera comment la didactique peut traiter la question de l'interculturel sous la forme de tâches-problèmes en conformité avec le CECR, avec l'espoir que l'apprenant puisse devenir « un médiateur linguistique et culturel capable de jouer pleinement son rôle de citoyen européen ». Cet objectif implique d'être capable d'apporter une solution à un dysfonctionnement de nature interculturelle, de lever un malentendu ou, mieux encore, de le prévenir, habilités qui relèvent de la construction et de la résolution de problème.

PRENDRE CONSCIENCE DE LA NOTION
DE PROBLÈME INTERCULTUREL

Le CECR insiste avec raison sur cette prise de conscience en tant que première étape. Sinon, aucun des protagonistes n'a conscience et ne reconnaît ni ne verbalise ce malentendu. Chacun reste donc sur son quant-à-soi, catégorisant *l'autre*.

Tout d'abord, il conviendrait d'informer les apprenants de la question du malentendu dans les rituels conversationnels, mais aussi au niveau du lexique, de la syntaxe, etc. Ceci dit, il s'agit davantage d'une prise de conscience que d'un travail en profondeur, car comment prendre en compte toutes les variations de ces groupes si hétérogènes ? Ce qui compte avant tout sera le développement d'un savoir-apprendre et d'un savoir-être (comme le suggère le CECR). Les apprenants perçoivent ainsi les universaux singuliers qui existent : toute langue a son système avec différents niveaux linguistiques, mais ni le traitement ni l'organisation ne s'effectuent de la même manière. Il en va de même pour les thèmes conversationnels, les représentations et les pratiques socio-culturelles.

Cette prise de conscience permet de placer les systèmes sur un pied d'égalité tout en mettant à jour les points de convergence et de divergence qui peuvent engendrer des malentendus. Une fois un certain nombre de corpus observés (interactions verbales, mots du lexique, système syntaxique, etc.), on entraine les apprenants à une attitude véritablement socio-linguistique dans le sens où ils sont dans une démarche d'observation participante active. Oui, je participe à la conversation mais si j'ai la sensation d'une asynchronisation, je me demande ce qui ne va pas. Y a-t-il un malentendu ? Je peux demander à mon interlocuteur ou garder cela en mémoire pour observer si ce phénomène est récurrent. Quand une composante communicationnelle manque (par exemple au niveau des référentiels ou du socio-culturel), on peut utiliser une autre composante (par exemple linguistique) pour résoudre le malentendu, c'est-à-dire demander une explication, effectuer une reprise du tour de son interlocuteur... Ainsi, non seulement le malentendu sera levé mais il assurera la construction de la relation inter-personnelle.

LES STRATÉGIES DANS LA RÉSOLUTION DE PROBLÈMES INTERCULTURELS

Les cognitivistes insistent sur le rôle des attitudes dans la résolution de problèmes : tolérer l'ambiguïté, faire preuve d'ouverture d'esprit, accepter de prendre des risques... (Poirier-Proulx, 1999 : 57). L'ouverture d'esprit, attitude souvent qualifiée de savoir-être, joue un rôle déterminant dans la démarche de la découverte interculturelle en totale conformité avec le CECR.

Il parait intéressant de présenter ici les stratégies cognitives auxquelles doit avoir recours le sujet confronté à une situation problématique. Contrairement à l'expert qui dispose d'une base de savoirs et sait quelles stratégies il doit mobiliser pour résoudre un problème, le novice n'en possède pas.

On comprend toute l'importance d'organiser l'apprentissage de la compétence culturelle autour de la confrontation répétée, mais néanmoins variée, de l'apprenant à des situations de communication interculturelle problématiques et de dépasser le CECR qui se focalise essentiellement sur le malentendu linguistique. Ces situations doivent lui permettre d'acquérir les connaissances et les stratégies spécifiques qui feront de lui un expert capable de surmonter la plupart des problèmes de nature culturelle qu'il rencontrera dans la communication en FLE. Il parait dès lors important d'accorder quelque attention aux principales stratégies à appliquer au contexte particulier de la résolution de problèmes interculturels.

L'ANALYSE DES FINS ET DES MOYENS

« Ce type de stratégie est utilisé lorsque [...] l'objectif ne peut être atteint en une seule étape. Il faut alors prendre un certain nombre de détours et diviser le problème en sous-problèmes. » (Poirier-Proulx, 1999 : 49) Des situations interculturelles problématiques pourraient être traitées selon cette méthode, qui suppose qu'on traite successivement

109

CECR *et dimension*
interculturelle
de l'enseignement/
apprentissage du FLE :
quelles tâches possibles ?

chacun des sous-problèmes. On peut ainsi imaginer des activités qui proposeraient de commencer l'analyse d'une prise de parole dans la langue-cible par les paramètres paraverbaux (intonations, accents, etc.). L'interprétation de ces paramètres conduirait, ensuite, au traitement des autres paramètres de la situation (participants, lieux, gestes, normes socio-linguistiques, etc.), puis à l'analyse des paroles, celle-ci débouchant sur la compréhension des thèmes abordés. En effet, tous ces paramètres de la communication peuvent être source de problèmes interculturels spécifiques nécessitant un traitement particulier. Il faudra bien entendu veiller à ce que toutes les solutions dégagées soient mises en relation les unes avec les autres pour la résolution du problème global.

L'ESSAI-ERREUR

«La stratégie essai-erreur consiste à explorer des chemins possibles pour tenter d'atteindre le but. Quand un chemin s'avère infructueux, il faut revenir à un état antérieur pour explorer un autre chemin, et ainsi de suite.» (Poirier-Proulx, 1999 : 50) Cette démarche parait intéressante à mettre en œuvre dans le contexte de l'analyse collective, en classe, de situations interculturelles problématiques. La formulation d'hypothèses interprétatives (même contradictoires) de tel ou tel aspect du problème rencontré devrait s'accompagner d'une sorte de mise à l'épreuve par la confrontation avec des natifs en situation de communication authentique, comme par le recours à des documents de référence ou à des experts. La classe peut alors opérer un tri entre les hypothèses rejetées et celles qui reçoivent un début de confirmation.

L'UTILISATION DE L'ANALOGIE

Il est ainsi vraisemblable que l'analogie soit l'une des stratégies cognitives les plus appropriées pour interpréter l'une ou l'autre variable moins connue d'une situation communicative que l'individu maîtrise davantage. On peut penser que bien connaitre le scénario rituel qui préside à la salutation entre pairs dans la culture-cible aidera le sujet à interpréter correctement la salutation avec d'autres pairs. En somme, on cherche à placer l'apprenant dans une situation de communication afin qu'il utilise ses connaissances pour venir à bout d'une difficulté. L'apprenant travaille alors l'ensemble des composantes qui forment la multi-dimensionnalité de la communication.

Conclusion : saisir la chance du malentendu

Qu'on les analyse en termes d'erreur, de manque ou d'inadéquation, les connaissances dont dispose un sujet à propos de l'ethno-socio-culturel ou des normes socio-culturelles présidant à l'interaction, peuvent être à l'origine de bien des malentendus. C'est, pour parler précisément, l'écart constaté entre les représentations et les normes de chacun des interlocuteurs qui semble potentiellement problématique. Un dispositif d'apprentissage par tâches-problèmes suppose donc, une fois posé le problème, l'analyse et la remise en cause des connaissances culturelles initiales dont les apprenants ont d'abord pris conscience. La résolution du problème passe par sa construction préalable, à savoir par l'identification et l'analyse des connaissances-obstacles. Il s'agit donc, pour répondre aux ambitions du CECR en matière d'interculturalité, de saisir la chance du malentendu et de mettre en œuvre de véritables tâches-problèmes dynamisantes pour l'apprenant.

Bibliographie

AUGER, N. (2005), «Des malentendus constructifs en didactique des langues-cultures», in BACHA, LAROUX, SÉOUD (dir.), Le Malentendu, P.I. de la Faculté des Lettres de Sousse (Tunisie), 285-292.

BOYER, H. (1995), «De la compétence ethno-socio-culturelle», in Le français dans le monde, n° 272, 41-44.

DUMORTIER, J.-L., LOUIS, V. (2006), Les Tâches-problèmes en didactique des langues vivantes, n° spécial du Langage & L'homme, Leuven, Peeters.

KERBRAT-ORECCHIONI, C. (1994), Les Interactions verbales, t. III, Paris, A. Colin.

LOUIS, V. (2007), Interactions verbales et communication interculturelle en FLE. De la civilisation française à la compétence (inter)culturelle, Cortil-Wodon, EME.

MOIRAND, S., 1990, Enseigner à communiquer en langue étrangère, Paris, Hachette.

POIRIER-PROULX, L. (1999), La Résolution de problèmes en enseignement, Paris-Bruxelles, De Boeck.

SALINS, G.-D. de (1992), Une introduction à l'ethnographie de la communication, Paris, Didier.

ZARATE, G. (1995), Représentations de l'étranger et didactique des langues, Paris, Didier.

Apprendre à co-construire par la rencontre : approche actionnelle de l'interculturel à l'université

FRED DERVIN

UNIVERSITÉ DE TURKU, FINLANDE

La pédagogie de l'interculturel en langues étrangères a pris son envol à la fin des années 1980 et a mené à diverses approches. Parmi celles relevées par les chercheurs (Abdallah-Pretceille, 2003 : chapitre IV ; Dervin, 2007), l'étude qui suit se place dans le paradigme de l'herméneutique critique (Abdallah-Pretceille, 1996 ; Dahl et al., 2006). Cette approche rejette le culturalisme et considère les identités et les cultures comme des construits instables et intersubjectifs. Elle se fonde sur une perspective actionnelle des rencontres avec des «autres», *i.e.* des membres d'une autre communauté nationale. Nous nous proposerons d'analyser dans ce qui suit des situations de rencontres entre des étudiants universitaires finnophones de première année en études françaises et des étudiants francophones en échange en Finlande.

Ces rencontres, intégrées dans un cours de *déconditionnement interculturel*, se déroulent sous la forme d'une tâche qui consiste en la préparation d'un exposé sur la thématique «être français/être finlandais» et de sa présentation devant la classe. Nos étudiants étant amenés à étudier dans un pays francophone en licence et étant formés à développer des compétences interculturelles (dites «protéophiliques» ou d'appréciation des diverses diversités de soi et des autres), il est essentiel qu'ils s'habituent à collaborer avec des francophones et à être confrontés directement à l'*altérité*.

À partir de transcriptions d'enregistrements vidéo de ces co-constructions, nous examinerons les stratégies mises en œuvre par les étudiants finlandais pour a) négocier la présentation, b) se positionner dans l'exécution de la tâche, et c) exposer leurs avis sur la problématique durant la phase de préparation.

L a tâche : quelques définitions

QU'EST-CE QU'UNE TÂCHE ?

Afin de traiter d'une pédagogie actionnelle de l'interculturel, il est essentiel de revenir rapidement sur la notion de *tâche*[1]. L'enseignement-apprentissage fondé sur ce que l'on nomme le *task-based* en anglais a pris un essor considérable depuis les années 1990 (Skehan, 1998, Ellis, 2000, voir Puren, 2002 qui parle lui d'une «perspective co-actionnelle co-culturelle»). Le CECR même y fait largement référence (2001 : 15). Dans la littérature, différentes définitions de la tâche ont été proposées (Johnson, 2003). Par exemple Pica *et al.* (1993) expliquent qu'une tâche est orientée vers un objectif, qu'elle présuppose une participation directe d'apprenants et qu'elle peut consister en des activités de résolution de problèmes, de prise de décision et d'échange d'opinion *(ibid.)*. Pour Ellis (2000 : 195), une tâche est un *plan de travail (workplan)* qui met en œuvre de l'information ainsi que des instructions sur les résultats (et apprentissages) attendus à partir desquelles les apprenants travaillent.

QU'EST-CE QU'UNE « BONNE » TÂCHE ?

De nombreux chercheurs ont tenté de définir des critères qui déterminent si une tâche favorise la coopération/collaboration et surtout la négociation du sens (aspects discursifs) mais aussi, car nous nous plaçons dans le cadre de l'enseignement-apprentissage des langues, de la forme (aspects linguistiques). Nous retiendrons ce que Ellis (2003) définit comme étant des aspects positifs d'une tâche menant à ces négociations : la tâche suscite des échanges d'informations requises et des échanges doublés d'informations, elle mène à un résultat fermé, elle ne fait pas partie des activités habituelles des apprenants, elle propose une problématique humaine/éthique, elle nécessite un mode discursif/narratif et elle ne dépend pas d'un seul et même contexte.

QUELS SONT LES IMPACTS D'UNE BONNE TÂCHE ?

Les impacts d'une bonne tâche sont nombreux et ont été largement décrits par la linguistique appliquée. En termes d'apprentissage d'une langue, Skehan (1998) explique qu'une bonne tâche devrait permettre aux apprenants d'améliorer leurs compétences de communication en direct *(fluency)*, leur précision pragmatique et une certaine complexité dans la production langagière (en termes de structures linguistiques par exemple).
Quant à Willis (1996 : 35-36), elle justifie le recours aux tâches dans l'enseignement-apprentissage en affirmant, entre autres, qu'elles permettent aux apprenants de construire leur confiance en eux dans

[1]. Pour une théorie de la tâche, nous renvoyons aux contributions de Coste, Springer et Puren dans ce volume et à Johnson (2003).

l'interaction en langues étrangères mais aussi dans l'accomplissement d'une tâche, qu'elle leur donne la possibilité de s'adonner à une interaction spontanée, de négocier les tours de parole, d'essayer diverses stratégies de communication, etc.

A ctionnel et interculturel : vers des compétences protéophiliques

Pour notre conception de l'interculturel, l'un des apports majeurs de l'actionnel et du *task-based* est l'apprentissage de la construction et de l'acceptation de l'intersubjectivité (Ellis, 2000 : 204-205). L'approche de l'interculturel retenue peut se résumer à partir de deux notions : le *déconditionnement interculturel* et *les compétences protéophiliques*. Le déconditionnement interculturel[2] est un aspect transversal du curriculum qui tente d'amener les étudiants à « observer, décrire et analyser, voire s'auto-analyser, opérer une distanciation et une décentration, intervenir, agir » (Abdallah-Pretceille, 2003 : 75), en ayant recours entre autres à des méthodes d'analyse des discours, de l'énonciation et de l'anthropologie (cf. Dervin, 2006 : 114 pour une discussion approfondie sur le déconditionnement). La démarche se fonde à la fois sur une formation théorique (Dervin et Johansson, 2007), des démarches interrogatives et d'analyse de situations de rencontres et de mise en fiction de soi et des autres (Dervin et Suomela-Salmi, 2007 et à paraître). La démarche rejette le comparativisme et le culturalisme comme outils méthodologiques.

Le modèle de compétences qui guide les étudiants dans leurs apprentissages est celui des *compétences protéophiliques* et représente une synthèse des critiques que nous avons apportées aux modèles de compétences interculturelles disponibles en didactique (communication entre individus et non entre cultures, rôle primordial de l'interlocuteur et du contexte[3] dans la démonstration de compétences, instabilité des co-constructions identitaires dans l'interaction... cf. Dervin, 2007 : 115-117 ; Dirba, 2007).

Les méthodes d'enseignement-apprentissage et d'analyse utilisées sont à la fois *in vitro* – l'étudiant examine, analyse et tire des conclusions à partir de textes (romans autobiographiques, épisodes de podcast[4]...) – et *in vivo* : en situations de rencontres dans la classe, via Internet, via la visioconférence, en situation d'échanges... (Dervin, 2007). L'*in vivo*, objet d'étude privilégié de l'actionnel dans l'interculturel, sera examiné ici.

2. Pour une description complète du curriculum et des compétences générales des apprentis-experts de français à Turku, cf. Dervin & Johansson, 2007.

3. Voir d'ailleurs les suggestions d'Ellis (2000 : 207) sur le besoin d'inclure le contexte dans l'analyse des tâches.

4. Un podcast est un document oral (émissions, autobiographies, journaux intime, etc.), qui est mis à disposition sur Internet par n'importe quel internaute, et auquel on peut s'abonner par le biais de plateformes telles que ITunes.

D escription du corpus

Le corpus a été recueilli dans le cadre d'un projet national finlandais qui s'intéresse à l'évaluation des compétences langagières et interculturelles (ECC-Lang, 2005-2007, voir www.ecc-lang.fi). Une vingtaine de préparations d'exposés et de présentations afférentes entre nos étudiants et des francophones sur la question «être français, être finlandais, qu'est-ce que cela signifie?» ont été filmées et transcrites au printemps 2007[5]. Nous ne retiendrons ici que six présentations enregistrées à l'université de Turku, qui avaient été insérées dans le cadre d'un cours intitulé «Regards croisés franco-finlandais» (voir Dervin et Johansson, 2007 : 146-148). L'hypothèse adjacente était que les étudiants allaient pouvoir mettre en pratique les savoir-faire (analyses discursives et énonciatives des co-constructions identitaires) et le savoir-agir (prendre des décisions à partir de ces analyses pour agir) des compétences protéophiliques. Les préparations étaient effectuées en dehors de la classe.

Description du corpus

Groupes	Thème	Durée
Groupe 1 (G1)	Stéréotypes sur les Français et les Finlandais	23:08
Groupe 2 (G2)	Le cinéma finlandais versus cinéma français : les images des individus véhiculées par ces cinémas	14:30
Groupe 3[6] (G3)	Critiques de son propre pays	15:45
Groupe 4 (G4	La politesse	20:58
Groupe 5 (G5)	Être français, être finlandais	14:03
Groupe 6 (G6)	La nourriture finlandaise et française	23:23

Afin d'analyser les transcriptions du corpus, nous avons découpé chaque préparation en microcontextes. Cette méthode, inspirée des travaux de Hermans (2001), permet de relever le répertoire des différentes positions des participants à une interaction.

P ositionnements

Le déroulement de la tâche est lié directement aux positions adoptées par les participants. Ces positions sont de deux types : métatextuelles (les participants parlent de l'exposé) et de contenu. Les Finlandais remplissent le plus grand nombre de positions métatextuelles :
– ils prennent l'initiative de guider et d'encadrer la planification de l'exposé,

5. Voir les instructions de la tâche sur www.ecc-lang.fi
6. Le groupe 3 est le seul groupe qui comprenait un étudiant, les autres groupes étaient composés uniquement d'étudiantes.

115

*Apprendre à
co-construire
par la rencontre :
approche actionnelle
de l'interculturel
à l'université*

– ils présentent les documents qu'ils ont trouvés pour faire l'exposé (sauf G5),

– ils partagent (récitent dans certains cas) ce qu'ils vont dire pendant l'exposé.

Et de positions de contenu :

– ils posent quelques questions de contenu aux francophones (sur la France ou leurs perceptions de certains aspects finlandais, par exemple G2 Fin2[7] : « Qu'est-ce que vous pensez des Finlandais après avoir vu ce film de Kaurismäki ? »),

– ils discutent un peu des thématiques (à l'initiative du francophone qui leur pose des questions).

Quant aux francophones, leurs positions sont relativement réduites et passives. En ce qui concerne leurs positions métatextuelles :

- ils posent quelques questions sur le déroulement de l'exposé (au début, par exemple G4, F1 : « quel est mon rôle ? »)

Pour ce qui est du contenu :

– ils répondent aux questions des étudiantes,

– ils posent un grand nombre de questions sur la Finlande (ex : G3, F1 : « Est-ce qu'il faut parler finnois pour s'intégrer ? ») et un peu sur le déroulement de l'exposé (au début),

– ils commentent les documents qui leur sont montrés et les idées présentées par les étudiants.

Enfin, on notera que les francophones sont peu interpellés pour effectuer des corrections langagières. Ainsi, en tout, quelques *language related episodes* (Swain & Lapkin, 1998 : 326), durant lesquels les étudiants parlent de la langue qu'ils produisent, se corrigent, ou s'interrogent sur celle-ci avec le francophone, ont été identifiés dans G6 uniquement.

D éroulement de la tâche : symptômes de la non-rencontre ?

Parmi les six groupes retenus, l'accomplissement de la tâche se fait de façon hétéroclite. Quelques étapes et microcontextes sont similaires néanmoins : au début, les étudiants finlandais exposent leurs problématiques (G5, Fin1 : « Nous allons donner la manière nous allons faire cet exposé nous allons donner notre avis sur comment sont les Finlandais, comment sont les Français »*) et vérifient que le francophone sait de quoi il va s'agir (G1, Fin 1 : « Alors c'est ici les instructions, est-ce que vous savez sur ces choses rien ou… ? »*). Également, le même microcontexte de gestion des tours de parole pour l'exposé a été identifié dans G1 et G5 au début, G4 et G6 au milieu et G3 à la fin. Malgré les tentatives d'une étudiante de G2, la gestion des tours n'est pas

7. Les transcriptions des préparations suivent un modèle orthographique. Pour chaque groupe, les participants ont les initiales suivantes : pour les Finlandais, Fin1, Fin2,… et les francophones F1, F2… (ordre d'apparition).

vraiment réalisée dans ce groupe. On note aussi un microcontexte récurrent qui introduit des questions-réponses sur la France et la Finlande ou l'opinion des participants. Enfin, il est surprenant que seuls trois groupes sur six proposent un microcontexte de présentation (G1 et G6 se demandent leurs noms, G4 échange sur le cours) et de socialisation (G6, Fin 1 demande au francophone pourquoi il parle suédois). Les autres passent directement à la tâche.

Les groupes 3 et 5 sont les seuls groupes à avoir le même profil dans le déroulement de la tâche. Les étudiants de ces deux groupes ont déjà préparé le contenu de chaque intervention avant la phase de préparation, et la négociation des tours de parole se fait entre eux. Ils proposent simplement au francophone de prendre en charge la conclusion. Ainsi, G5 prend très peu en compte le francophone. Par exemple, au début de la préparation, Fin1 tente d'amorcer un dialogue très bref et artificiel avec lui :

> Fin 1 : Euh est-ce que vous avez quelques idées que vous voulez parler ?*
>
> F1 : Euh les Finlandais et les Français donc ? Ben euh les Finlandais sont plutôt euh des personnes gentilles mais on a du mal à enfin elles sont pas c'est difficile de leur parler euh enfin elles sont un peu fermées.
>
> Fin1 : Euh d'accord euh est-ce que nous avons pensé ce qui va parler premièrement et...*

De son côté, G3 dialogue un peu avec le francophone, mais de façon relativement mécanique (après chaque présentation des thèmes retenus, chaque étudiant demande au francophone : «C'est comme ça aussi en France?»). Au bout de 11 minutes 30, G3 commence à s'interroger sur le partage des tours alors qu'ils viennent déjà chacun de donner leurs idées et arguments sur leur problématique dans un ordre qui semble avoir été programmé.

Pour les autres groupes, c'est différent. Dans G1, et dès le début, les étudiantes échangent sur les tours de parole pour l'exposé avec le francophone (celui-ci ne fait que répéter le contenu des propositions de Fin 1). La préparation de G1 se compose à la fois de métatexte et de questions-réponses sur la Finlande et la France (F1 «Ça vous dérange pas que quinze heures de nuit dans une journée?») de la part des étudiantes mais surtout du francophone. En tout, ils réussissent à s'entendre sur un plan et les tours de parole pour l'exposé avant la fin de la préparation (tout comme plus tardivement chez G4 et G6).

Le groupe 2 est tout à fait intéressant car une étudiante finlandaise ne cesse de rappeler à l'ordre les deux Français qui se livrent à la comparaison et discutent des thématiques – sans faire de planification ou de négociation des tours. Elle dit ainsi : «Ok, qu'est-ce que nous allons dire de…» (3:30), «Est-ce que nous voulons dire que le film finlandais ou français veut faire ou qu'est-ce que nous allons parler?»* (5:14), «Qu'est-ce que nous voulons dire devant la classe?» (10:16)… À la fin de la préparation, les étudiantes et les deux francophones réussissent

117

*Apprendre à
co-construire
par la rencontre :
approche actionnelle
de l'interculturel
à l'université*

toutefois à co-construire des conclusions intéressantes sur la thématique.

En bref, on observe donc un déséquilibre entre les invités francophones (qui sont souvent guidés) et les étudiants finlandais, mais aussi de grosses différences dans le déroulement de la tâche – même si les instructions étaient les mêmes.

Q uel(s) interculturel(s) ?

Quatre types différents d'approches de la thématique des regards interculturels ont été identifiés dans le corpus. En général, tous les francophones et deux groupes d'étudiants (G4 et G5) ont recours à des stéréotypes, représentations et commentaires ethnocentriques. Par exemple, à la fin de la préparation, G4 tire une conclusion commune avec le francophone selon laquelle les Finlandais sont moins polis que les Français.

G5 est le groupe où les stéréotypes sont le plus exploités. Néanmoins, deux étudiantes retiendront ici notre attention. Fin1 ne cesse de « miniaturiser » (Sen, 2006 : XVI) les Français et les Finlandais, mais, lorsqu'elle explique ce qu'elle va présenter, elle affirme : « Je vais parler aussi que nous sommes tous individus et c'est difficile à généraliser les gens »* (Fin1). Quant à Fin3 (G5), elle est la seule de tout le corpus à refuser tout bonnement de dire quoi que ce soit, en se justifiant de la sorte : « je ne sais pas j'ai essayé de penser quelque chose mais c'est c'est tout stéréotypique je ne sais pas vraiment ce que je pense des Français je ne connais pas beaucoup des Français et je ne peux pas dire les stéréotypes »*.

Les autres groupes sont plus neutres : G3 et G6 se fondent sur des statistiques sur le taux de chômage et d'alcoolisme et sur des éléments culturels « descriptibles » (les plats finlandais) pour l'exposé. Les commentaires ne semblent alors que très peu stéréotypés car les généralités sont « soutenues » par une autorité. Toutefois, ce sont toujours ces éléments qui poussent le francophone à avoir recours à des généralités. Par exemple, dans la conversation suivante, l'étudiant français construit un modèle des repas quotidiens en Finlande, à partir d'un élément doxique (« J'ai entendu dire… ») :

> Fin2 : Est-ce que vous trouvez que l'heure des repas en Finlande c'est…
> F : L'heure des repas ?
> Fin2 : Oui
> F : Ça c'est intéressant
> Fin1 : Quoi ?
> F : L'heure des repas
> Fin1 : Ah
> F : Vous avez dans une journée combien de repas ?
> Fin1 et 2 : Ça dépend

> F : Parce que moi *j'ai entendu dire* qu'il y en avait 4
> Fin1 : 4 ?
> F : Oui il y en avait un le matin petit-déjeuner un pour le déjeuner un autre autour de 4 ou 5 heures et puis un autre autour de 9h ;
> Fin2 : Mais pendant le soir c'est peut être comme le petit-déjeuner*
> F : D'accord c'est pas un repas parce que en France on fait un gros repas à midi un petit repas à 4h c'est généralement sucré et puis un gros repas le soir autour de 20h.

De son côté, une étudiante de G1 (Fin1) semble remettre en question la multiplication des stéréotypes du francophone en lui posant deux questions déstabilisantes. Une de ces questions vient à la suite d'un échange entre Fin2 et F1 :

> F1 : Tu trouves des choses sur les Français ?
> Fin2 : J'écris la cuisine française et les Français sont fiers de leur pays et de la langue française et la politesse et les Français en général sont un peu en retard
> Fin1 : Mais est-ce que stéréotypiquement on pense qu'il y a des différences entre les Français du nord et du sud comme c'est un grand pays quand même ?

À la suite de cela, le Français fait un long monologue dans lequel il explique les différences entre les gens du nord et du sud de la France (alors qu'avant il avait parlé de la catégorie large des *Français*). On a ici un acte de co-déconstruction activé par la Finlandaise et discuté par le francophone[8].

Pour finir ce passage en revue des gestions de l'interculturel, prenons le Groupe 2. Les deux Françaises qui participent à la préparation parlent beaucoup et généralisent sur certains aspects des sociétés finlandaise et française. Les deux Finlandaises interviennent peu, par exemple seulement pour remettre le groupe sur les rails en rappelant la problématique (Fin1 : « est-ce que c'est l'image que nous Finlandais ont des Français ou… »). À la fin de la préparation (avant que l'on vienne les chercher pour faire la présentation), elles co-construisent le résultat suivant :

> F2 : Peut être que les réalisateurs ils définissent l'identité d'un pays ?
> F1 : [...] Tout n'est pas vrai et (que) peut être le réalisateur a cherché à exagérer peut-être certains côtés euh aussi après que c'est du cinéma c'est pas la réalité [...]
> Fin2 : Et puis c'est plusieurs types de cinémas mais est-ce que on peut dire qu'ils ont différentes idées sur la nationalité ou l'identité des Finlandais ou des Français et puis si on voit seulement un certain type de cinéma on a une vue très limitée
> F1 : Donc il faut prendre du recul.

8. La déconstruction mène toutefois à une nouvelle recatégorisation.

Les francophones et les Finlandaises réussissent ainsi à tirer une conclusion de type protéophilique. En ce sens, l'un des objectifs a bien été atteint.

119

*Apprendre à
co-construire
par la rencontre :
approche actionnelle
de l'interculturel
à l'université*

I mplications pour la rencontre

Pour conclure, on est en droit de se demander si la tâche était «bonne». Selon les critères établis par Ellis (2000 : 200), l'élaboration de la tâche n'a pas toujours été efficace. Par exemple, l'élément primordial d'*échange doublé d'informations (ibid.)* n'a pas été respecté parce que ce sont surtout les étudiants finlandais qui ont transmis l'information qu'ils avaient trouvée. En outre, même s'il y a eu quelques moments d'échanges, l'impression générale est qu'ils n'étaient pas riches. Enfin, l'aspect social de la rencontre a été largement inexploré. Plusieurs explications sont possibles. Tout d'abord, les enjeux de la préparation étaient différents pour les participants : pour les Finlandais, la tâche faisait partie de leurs cours, pour les francophones, ce n'était qu'une simple visite. Alors que les étudiants finlandais étaient bien préparés (documents, arguments, idées...), les francophones ne semblaient pas toujours au courant de ce qui allait se passer (même si les mêmes instructions leur avaient été données).

Des implications pratiques pourraient aider à recadrer l'expérience et à mener davantage à de la collaboration («The Mutual Engagement of Participants in a Coordinated Effort to Solve the Problem Together», Roschelle & Teasley, 1995 : 70) qu'à de la coopération (ce qui s'est fait entre les Finlandais). La phase de préparation pourrait être précédée d'interaction par e-mail ou par (vidéo)chat entre tous les participants, pour : faire connaissance (et pas simplement être l'étranger de passage), discuter du soi et de l'autre, diviser les tâches (qui trouve quoi ?), s'entendre sur une problématique commune (nos étudiants l'ont toujours «imposée» aux francophones), etc. Après l'exposé, une discussion au sein du groupe sur le déroulement serait également utile. En outre, tout un travail en amont sur la manière de rencontrer l'autre (se présenter, apprendre à l'inclure dans le discours co-construit et à l'écouter...) serait nécessaire.

Qu'en est-il du protéophilique ? L'analyse a montré que les résultats sont très mitigés[9]. À aucun moment un étudiant n'a remis en question ou déconstruit de façon explicite les discours culturalistes omniprésents dans les préparations (bien que cela se fasse constamment dans la classe). Bien sûr, cela est difficile pour l'étudiant car il risque alors de perdre la face et de faire perdre au francophone la sienne, en passant pour un «moraliste» (le savoir-agir/réagir pose de gros problèmes aux étudiants à ce stade de l'apprentissage). Pourtant, la tâche a des avantages dans une réflexion postérieure. Si les préparations sont filmées, on peut proposer aux étudiants de les visionner pour eux-mêmes, d'examiner et de déconstruire le déroulement de la tâche, leur propre discours et celui des autres sur la thématique (savoir-faire I et II). Relier formellement les critères et les impacts d'une bonne «tâche» (Willis,

9. Nous avions déjà tiré cette conclusion dans Dervin (2007). Le discours sur l'interculturel ne peut être qu'instable car il est contextuel, co-construit et «victime» de violences symboliques (par exemple en situation hiérarchique).

1996 : 35-36, Skehan, 1998) au modèle de *compétences protéophiliques* semble être l'une des bonnes voies vers la rencontre car plus les objectifs formels (la « tâche ») et d'apprentissage (les savoir-faire à développer) sont clairs et reliés, plus les participants (les apprenants de langues comme les « natifs ») ont de chance d'apprécier les diversités de chacun (Sen, 2006) et d'aller au-delà de visions culturalistes.

Bibliographie

ABDALLAH-PRETCEILLE, M. (1996), *Vers une pédagogie interculturelle*, Paris, Anthropos.

ABDALLAH-PRETCEILLE, M (2003), *Former et éduquer en contexte hétérogène*, Paris, Anthropos.

CONSEIL DE L'EUROPE, *Cadre Commun Européen de Référence pour les langues*, Paris, Didier et Strasbourg. http://www.coe.int/T/DG4/Portfolio/documents/cadrecommun.pdf

DAHL, Ø., JENSEN, I, NYNÄS, P. (éd.) (2006), *Bridges of Understanding. Perspectives on Intercultural Communication*, Oslo, Unipub.

DERVIN, F. (2006), « Reflections on the Deconditionning of Language Specialists in Finnish Higher Education », in DERVIN, F., SUOMELA-SALMI, E. (éd.), *Intercultural Communication and Education. Finnish Perspectives (Communication et éducation interculturelles. Perspectives finlandaises)*, Bern, Peter Lang, 105-127.

DERVIN, F. (2007), « Évaluer l'interculturel : problématiques et pistes de travail », in DERVIN, F., SUOMELA-SALMI, E. (éd.), *Évaluer les compétences langagières et (inter)culturelles dans l'enseignement supérieur*, Turku, Université de Turku, 99-122.

DERVIN, F. ET JOHANSSON, M. (2007), « Curriculum en études françaises et constructions identitaires : de la production académique sur les mondes contemporains », in ADEN, J. (éd), *Construction identitaire et altérité en didactique des langues*, Paris, Le Manuscrit, 135-151.

DERVIN, F., SUOMELA-SALMI, E. (2007), « Solidité et liquidité des stéréotypes d'étudiants universitaires finlandais », in Boyer, H. (éd.), *Stéréotypage, stéréotypes : fonctionnements ordinaires et mises en scène*, Tome 3 : « Éducation, école, didactique », Paris, l'Harmattan, 65-79.

DERVIN, F., SUOMELA-SALMI, E. (à paraitre), « Déconditionner pour reconditionner : discours contradictoires et co-construits d'apprentis experts en langues sur l'interculturalité », in AUGER, N., DERVIN, F., SUOMELA-SALMI, E. (dir.), *Pour une didactique des imaginaires dans l'enseignement-apprentissage des langues étrangères*, Paris, L'Harmattan.

DIRBA, M. (2007), « Towards Proteophilic Competence? Intercultural Learning and Language Education in Latvia », in *Intercultural Education*, 18 (3), London, Routledge, 193-205.

ELLIS, R. (2000), « Task-Based Research and Language Pedagogy », in *Language Teaching Research*, 4, London, Sage publications, 193-220.

ELLIS, R (2003), *Task-Based Language Learning and Teaching*, Oxford, Oxford University Press.

HERMANS, H. J. M., (2001), « The Construction of a Personal Position Repertoire : Method and practice », in *Culture and Psychology*, 7, London, Sage, 323-366.

Apprendre à
co-construire
par la rencontre :
approche actionnelle
de l'interculturel
à l'université

JOHNSON, K. (2003), *Designing Language Teaching Tasks*, Basingstoke, Palgrave Macmillan.

PICA, T., KANAGY, R., FALODUN, J. (1993), « Choosing and Using Communication Tasks for Second Language Research and Instruction », in Crookes, G., Gass, S. (dir.), *Tasks and Language Learning*, Clevedon, Multilingual Matters, 9-34.

PUREN, CH. (2002), « Perspectives actionnelles et perspectives culturelles en didactique des langues : vers une perspective co-actionnelle-co-culturelle », in *Les Langues modernes* n° 3, 55-76.

ROSCHELLE, J., TEASLEY, S. D. (1995), « Construction of Shared knowledge in collaborative problem solving », in O'MALLEY, C. (éd.), *Computer Supported Collaborative Learning*, Berlin, Springer Verlag, 69-97.

SEN, A. (2006), *Identity and Violence*, London, Penguin.

SKEHAN, P. (1998), « Task-Based Instruction », in *Annual Review of Applied Linguistics*, 18, Cambridge, Cambridge University Press, 268-286.

SWAIN, M., LAPKIN, S. (1998), « Interaction and Second Language Learning : Two Adolescent French Immersion Learners Working Together », in *The Modern Language Journal*, n° 82 (3), 320-337.

WILLIS, J. (1996), *A Framework for Task-Based Learning*, London, Longman.

Approche par les tâches, perspective actionnelle et évaluation

Patrick Riba

Caroline Veltcheff

Conception et validité de tâches évaluatives dans une perspective actionnelle

PATRICK RIBA

INSTITUT FRANÇAIS D'AMÉRIQUE LATINE, MEXICO

Le développement des échanges commerciaux, scientifiques et universitaires, l'augmentation des flux migratoires temporaires ou définitifs, l'impact de nouvelles technologies de la communication chaque jour plus accessibles et les velléités politiques pour créer des espaces géopolitiques ouverts créent chez les usagers de nouveaux besoins langagiers que la didactique des langues doit prendre en compte. Enseignants et apprenants ont ainsi peu à peu délaissé la seule étude traditionnelle des formes linguistiques pour se consacrer en premier lieu à des «kits de communication» pour étrangers de passage, puis maintenant à la construction de véritables compétences citoyennes et plurilingues.

Dans cette perspective, le concept de tâche est indissociable de l'approche actionnelle que prône le CECR. Basée sur la notion de performance, une tâche est une situation problème nécessitant la mobilisation de ressources (savoirs, savoir-faire, savoir-être) en vue de sa réalisation effective. Le CECR (p. 16) nous dit : «est définie comme tâche toute visée actionnelle que l'acteur se représente comme devant parvenir à un résultat donné en fonction d'un problème à résoudre, d'une obligation à remplir, d'un but qu'on s'est fixé. Il peut s'agir tout aussi bien, suivant cette définition, de faire une partie de cartes, de commander un repas dans un restaurant, de traduire un texte en langue étrangère ou de préparer en groupe un journal de classe». Selon cette définition, une tâche appelle donc à la mise en acte de la compétence, et elle recèle en cela un grand potentiel didactique aussi bien pour l'apprentissage que pour l'évaluation. Mais la définition reste insuffisante, et nous tenterons de cerner dans cet article un certain nombre de paramètres didactiques qui pourront guider le concepteur de tâches d'évaluation ; nous évoquerons ensuite les grands axes désormais rete-

nus en Europe pour l'évaluation des performances, ainsi que les conséquences didactiques de ces choix.

125

*Conception et validité
de tâches évaluatives
dans une perspective
actionnelle*

 la recherche des plus petits dénominateurs communs pour l'élaboration de tâches actionnelles

Répondre à un questionnaire à choix multiples ou faire un exercice de conjugaison peuvent-ils être considérés comme des tâches? Il existe à ce sujet une littérature abondante, qui malgré la prééminence des tra- vaux de l'école anglo-saxonne reste encore globalement instable.

Goullier (2005 : 22) apporte pour sa part un élément de réponse inté- ressant à cette question quand il précise que «toute tâche doit être contextualisée, et inclure dans sa formulation une situation et un résul- tat identifiable qui favorisera l'engagement personnel de l'apprenant dans l'apprentissage».

Si nous nous plaçons dans la perspective d'un enseignant chargé de proposer des outils d'évaluation sommative axés sur cette perspective, l'imprécision de la notion de contextualisation rend nécessaire la défi- nition préalable d'une validité de construit de ces outils[1]. Les théories cognitivistes apportent un éclairage intéressant sur cette notion d'en- gagement personnel. Plusieurs études l'ont démontré (Laveault, Leblanc, Leroux, 1999 ; Laveault, 1999), l'engagement personnel dépend d'une série de facteurs parmi lesquels nous retiendrions les points suivants :

– les tâches doivent être perçues comme authentiques ;

– elles doivent faire intervenir des compétences complexes, lan- gagières et non langagières ;

elles doivent correspondre au sentiment d'efficacité person- nelle de l'apprenant (on ne s'engage dans une activité que si l'on perçoit que celle-ci a des chances d'être réussie – Laveault 1999 : 62), c'est-à-dire lui permettre de conjuguer degré de contrôle en cours de tâche, degré d'exactitude de l'autoévalua- tion effectuée de la sorte et degré de persistance à la tâche ;

– nul n'aimant faire du surplace, les apprenants apprécient les tâches qui répondent à ce que l'on pourrait appeler l'effet Nintendo, selon lequel le joueur accroît volontairement et pro- gressivement son niveau de difficulté.

Le recours à la théorie du contrôle adaptatif de la pensée, ACT (*Adap- tative Control of Thought*) développée par Anderson (Anderson, 1983) précise la notion évoquée de perception de l'authentique et offre des éléments de mesure de la probabilité d'activation des procédures, en fonction des conditions de production adaptées au contexte (Grégoire,

1. Validité entendue comme la capacité d'un instrument de mesure de produire une me- sure liée à différentes variables en accord avec les liens théo- riques devant exister entre les concepts (construits) mesurés.

1999: 28-30); Anderson part du postulat que si un sujet se révèle capable d'activer une règle de production dans un contexte donné, il y a de fortes chances pour qu'il active cette règle dans des contextes semblables. La notion d'authenticité pédagogique ou situationnelle – pour reprendre le terme de Milanovic (2002: 15) – , traditionnellement envisagée en dichotomie avec l'authenticité du monde réel s'en trouve ainsi enrichie, et il ne suffit pas qu'une tâche contienne des éléments qui la rendent plausible pour qu'elle soit actionnelle: tenter de reproduire ou de modéliser en classe le monde réel faute de pratique *in situ* n'apporte rien si la tâche n'engage pas l'apprenant au-delà d'un simple exercice de forme.

Ellis quant à lui (Ellis, 2003: 1-35) identifie plusieurs dimensions pour définir une tâche:

> – la portée[2] qui permet de distinguer la fonction sémantique de l'exercice de la fonction pragmatique de la tâche; et, citant Widdowson (1998), il rappelle à ce propos que le rapport souvent évoqué entre exercice – *forme* et tâche – *sens* est par trop réducteur, la forme ne pouvant *in fine* être opposée au sens.
> – la perspective à partir de laquelle la tâche est considérée, qui distingue le canevas imaginé par l'enseignant du processus effectivement mis en place par les apprenants;
> – l'authenticité, dont nous venons de voir qu'au-delà des simples distinctions habituellement retenues entre authenticité et authenticité situationnelle, elle dépend plutôt des éléments qui en conditionnent l'activation;
> – les activités langagières concernées;
> – les processus cognitifs;
> – les résultats attendus.

Dans une perspective d'évaluation sommative où l'on tente d'inférer une (ou des) compétence(s) / habiletés donnée(s) sur la base de performances, les tâches apparaissent bien comme une mise en laboratoire du monde réel dans lequel l'apprenant doit agir. Il reste à faire de ces inférences une appréciation valide et fiable.

Bachman (Bachman, 1990) puis Bachman et Palmer (Bachman et Palmer, 1996) en appellent à une méthode très descriptive de validation du construct d'une épreuve basée sur des tâches qui reprend les grandes lignes de la typologie de Ellis. Pour être valide, une tâche doit correspondre à des objectifs préalablement définis et connus, elle doit être programmée au bon moment, elle doit être d'une authenticité tout au moins situationnelle, et doit inclure dans sa formulation les éléments de son observation. La formulation de la consigne doit préciser avec suffisamment de clarté les conditions de réalisation de cette dernière afin de favoriser le passage du schéma canonique, du canevas imaginé par l'enseignant, au processus action mis en place par l'apprenant, et afin d'optimiser les conditions d'activation, elle doit donner des indications sur le lieu et le moment d'énonciation, l'intention de communica-

2. *The scope of a task.*

127

Conception et validité
de tâches évaluatives
dans une perspective
actionnelle

tion (l'agir), le destinataire et la performance attendue (écrire, rédiger, faire, etc. + type socio-discursif).

Une tâche doit aussi permettre une réponse affirmative aux deux questions suivantes :

> – est-elle réalisable, authentique ou plausible ? (et nous avons vu que la distinction entre ces valeurs n'est pas anodine) ;
> – correspond-elle au niveau et aux objectifs annoncés ? (congruence/accessibilité).

Les éléments que nous venons d'évoquer permettent dans une certaine mesure de cerner l'input.

De la performance à la compétence : problèmes d'inférence

Concernant l'analyse de l'output, l'évaluation des performances se fait généralement au moyen de grilles critériées établies en fonction de choix didactiques dument explicités par le recours à des pondérations entre les différentes dimensions du langage (pragmatique, linguistique, sociolinguistique, etc.). Il s'agit là de choix cruciaux qui vont articuler la relation forme/fond et déterminer la validité de la notion de compétence.

« La procédure d'un test ou d'une évaluation peut être considérée comme valide dans la mesure où l'on peut démontrer que ce qui est effectivement testé (le construit) est ce qui, dans le contexte donné, doit être évalué, et que l'information recueillie donne une image exacte de la compétence des candidats en question » (CECR : 135). En d'autres termes, la validité du concept hypothétique fait référence aux arguments sur lesquels se base l'interprétation des données collectées lors de la mesure pour inférer une compétence. Elle dépend donc de la conception établie non seulement des finalités de l'évaluation (public cible, objectifs…), mais aussi plus en profondeur de la conception établie de la situation d'enseignement/apprentissage et de l'objet langue lui-même. C'est « une validité interne qui indique le degré d'adéquation entre la structure d'un instrument de mesure et les modèles théoriques (l'habileté ou les composantes sous-jacentes) qu'il prétend mesurer » (Lussier, Turner, 1995 : 180).

Sans refaire ici l'historique de la notion de performance et sa genèse (on lira pour cela avec intérêt Rosen, 2004), nous préciserons que Morrow fut l'un des premiers à souligner dès 1979 la nécessité d'évaluer la performance dans des situations quotidiennes quand il affirma que les tests de langage devaient refléter les usages suivants du langage (Morrow, 1979 : 20) :

1. le langage est utilisé en interaction ;
2. l'interaction est généralement non prédictible ;
3. le langage est utilisé dans un contexte ;
4. il doit y avoir un besoin pour évaluer une performance ;
5. le langage est authentique et non simplifié ;
6. le succès du langage est basé sur des comportements.

Mais c'est généralement à Bachman (1990 : 87) que l'on doit la vision la plus homogène du concept d'habileté langagière de communication et sa spécification en quatre dimensions observables (elles-mêmes décomposables en sous-catégories de traits latents) :

– compétence grammaticale
– compétence textuelle
– compétence illocutoire
– compétence sociolinguistique

Précisons à la suite de Coste, Moore et Zarate (1998 : 12) qu'à l'heure du CECR « l'option majeure [est] de considérer qu'il n'y a pas là superposition ou juxtaposition de compétences toujours distinctes, mais bien existence d'une compétence plurielle, complexe, voire composite et hétérogène, qui inclut des compétences singulières, voire partielles, mais qui est une en tant que répertoire disponible pour l'acteur social concerné ».

L'approche actionnelle qui prône une mise en situation implique donc la prise en compte de la multidimensionnalité du langage où les activités langagières s'alternent à un rythme parfois difficilement identifiable (réception/production), se complètent et se font écho. Elle est porteuse d'une indiscutable validité fonctionnelle mais peut, à l'heure où l'on admet communément l'hétérogénéité du niveau d'un apprenant dans les différentes activités langagières, poser des problèmes au moment d'inférer une ou des compétences, et cela d'autant plus si l'institution impose le recours à une note finale sensée valider le niveau de langue des apprenants. C'est à ce titre que Bachman, encore lui, défend (1990 : 263) une méthode édumétrique intitulée *multitrait-multimethod design* que complètent aujourd'hui de nombreuses théories de réponses à l'item comme le modèle de Rash pour valider quantitativement les attendus d'une tâche dans un nombre donné de performances, et par la même la validité de ladite tâche. Ces méthodes trop peu utilisées en France, qui reste sans doute traumatisée par l'échec de la recherche de la note vraie des docimologues, ouvrent de larges perspectives et ne doivent pas être vécues comme une « scientifisation » abusive de l'acte éducatif. Elles permettent simplement, mais c'est déjà beaucoup, de tester des dispositifs évaluatifs qui auront un fort impact social, afin de s'assurer autant que faire se peut de la validité des tâches proposées. Brièvement évoquées dans le CECR (p. 151-152), elles sont particulièrement bien décrites par Kaftandjieva (2004) et par Verhelst (2004) qui illustrent par exemple comment le recours à la statistique expérimen-

129

*Conception et validité
de tâches évaluatives
dans une perspective
actionnelle*

tale permet de déterminer sur la base de l'expérience l'établissement de seuils de réussite ou encore de traits latents observables inattendus. À ce titre, on a souvent eu tendance à penser que les grilles d'évaluation critériée objectivaient l'évaluation parce qu'elles explicitent les choix didactiques retenus. Elles ne font que la rendre consensuelle et participent par là même à une meilleure et louable fiabilité[3] de la notation. Il reste que, même pour atteindre un degré de corrélation acceptable, ces grilles ne se suffisent pas à elles-mêmes et demandent une solide formation et des outils communs d'étalonnage. C'est l'effort entrepris par l'ensemble des certificateurs européens qui exemplifient les niveaux du CECR avec des performances basées sur des tâches simples, étalonnées lors de séminaires de *benchmarking*[4] sur la base des travaux de ce même Conseil de l'Europe pour la description des niveaux du CECR[5].

Nous assistons donc aujourd'hui à une évolution sensible dans le monde de l'évaluation. Les certificateurs latins, que l'on veuille bien me pardonner cette typologie certes trop réductrice, se soucient davantage d'éthique et de fiabilité, mettant en place de lourdes procédures d'analyse afin de démontrer la validité de leurs tests et la cohérence de leurs équipes d'évaluateurs (cf. les travaux du Centre international d'études pédagogiques, CIEP, sur le Test de connaissance du français ou sur le Diplôme d'étude en langue française[6], ou encore ceux de la *Università per Stranieri* à Perugia sur le CELI[7]), alors que les anglo-saxons prennent le risque de sortir des tests fermés et imaginent désormais des tâches plus complexes dans leurs évaluations certificatives (cf. tests de *Cambridge University*[8] ou encore le TOEFL[9] nord-américain).

Le diplôme de compétence en langue, DCL, mis en œuvre par le ministère français de l'Éducation, est sans doute l'une des meilleures illustrations de cette tendance, même s'il reste peut-être encore fragile sur le plan de la fiabilité : basé sur un plan de scénarisation précis, il invite des apprenants à participer à une sorte de simulation globale interactive enchaînant les activités langagières à partir de laquelle ils seront évalués. Par ailleurs, des études de corrélation inter-jury menées sur l'évaluation de la production écrite dans le DELF A1 donnent aussi des résultats encourageants puisqu'elles ont permis de mesurer que sur une base de plus de 250 centres d'examens répartis dans 22 pays le taux de corrélation inter-jury atteignait un minimum de .75 pour un même ensemble de 3 performances proposées à partir d'une tâche actionnelle.

Nous devons cependant rappeler qu'une compétence ou une série d'habiletés complexes ne peuvent en soi être inférées que par le recours à des situations complexes, où l'on suppose que la compétence telle qu'elle est évaluée sublime, au sens chimique du terme, la situation d'évaluation elle-même. Or, la compétence reconnue au travers d'une tâche n'est qu'une réalité particulière, limitée à un contexte

3. Entendue comme «la mesure selon laquelle on retrouvera le même classement des candidats dans deux passations réelles ou simulées des mêmes épreuves» (CECR, p. 135).

4. Le lecteur trouvera ces exemplifications sur le site du Conseil de l'Europe : http://www.coe.int/t/dg4/linguistic/Illustrations_FR.asp

5. http://www.coe.int/t/dg4/linguistic/DNR_FR.asp ou encore pour le français Beacco, Porquier (2007) et Beacco, Lepage, Porquier, Riba (2008).

6. www.ciep.fr/tcf et www.ciep.fr/delfdalf

7. www.cvcl.it

8. http://www.cambridgeesol.org/

9. *Test of English as a Foreign Language,* http://www.fr.toefl.eu/

donné, et le rapport entre tâches et évaluation va bien au-delà des caractéristiques techniques que nous venons d'énoncer.

De la congruence évaluative à la logique politique

Le concept de tâche appliqué à l'évaluation sommative met en évidence la relation entre apprentissage et reconnaissance de la compétence, et c'est l'un des enjeux majeurs des évaluations internationales pour le suivi des acquis, PISA[10], ou encore de l'enquête proposée aux états membres par l'Union européenne pour mesurer l'effet des indicateurs de Barcelone[11]. Faute de poser clairement en termes d'attendus programmatiques et curriculaires cette notion de compétence, la comparabilité entre les systèmes éducatifs et leur supposée efficacité sera porteuse de biais qui risquent de faire pencher nos systèmes dans un cycle de « teaching for testing » aux effets peu enviables.

La validité d'une évaluation ne dépend pas seulement de la qualité des concepts hypothétiques retenus mais bien de leur adéquation aux finalités du processus d'enseignement/apprentissage. Rien ne permet d'affirmer que l'approche actionnelle soit pertinente dans toutes les situations didactiques ; les grands groupes, des besoins en formation spécifiques ou encore l'absence de toute corrélation entre apprentissage de la langue et son implication sociale (comme c'est encore souvent le cas dans l'apprentissage des langues vivantes à l'école dans de nombreux pays où les apprenants sont rarement en situation authentique de communication) sont autant de facteurs qui peuvent légitimer une approche didactique basée sur la maitrise des formes ou la construction de compétences abusivement dites passives (comme le francés instrumental développé de longue date en Amérique latine).

Là plus qu'ailleurs, l'enseignant évaluateur devra donc faire preuve de beaucoup de modestie dans l'estimation qu'il fera des capacités de ses apprenants. Puisse le doute toujours leur bénéficier.

10. Programme international pour le suivi des acquis, Organisation de coopération et de développement, économique, OCDE,
http://www.oecd.org/document/18/0,2340,fr_2649_20118 5_34010578_1_1_1_1,00.html
11. http://europa.eu/scadplus/leg/fr/cha/c11083.htm

131

*Conception et validité
de tâches évaluatives
dans une perspective
actionnelle*

Bibliographie

ANDERSON, J.R. (1983), *The Architecture of cognition*, Hillsdale, NJ, Lawrence Erlbaum.

BACHMAN, L.F. (1990), *Fundamental Considerations in Language Testing*, Oxford, Oxford University Press.

BACHMAN, L.F., PALMER, A. (1996), *Language Testing in Practice*, Oxford, Oxford University Press.

BEACCO, J.C., BOUQUET, S., PORQUIER, R. (2004a), *Niveau B2 pour le français, un référentiel*, Paris, Didier.

BEACCO, J.C., BOUQUET, S., PORQUIER, R. (2004b), *Niveau B2, textes et références*, Paris, Didier.

BEACCO, J.C., PORQUIER, R. (2007), *Niveau A1 pour le français, un référentiel*, Paris, Didier.

BEACCO, J.C., LEPAGE, S., PORQUIER, R., RIBA, P. (2008), *Niveau A2 pour le français, un référentiel*, Paris, Didier.

CONSEIL DE L'EUROPE (2001), *Cadre européen commun de référence pour les langues*, Paris, Didier.

COSTE, D., MOORE, D., ZARATE, G. (1998), *Compétence plurilingue et pluriculturelle*, in *Le français dans le monde*, n° spécial *Recherches & applications*, Paris, CLE international, 8-67.

DEPOVER, C., NOEL, B. (dir.) (1999), *L'Évaluation des compétences et des processus cognitifs*, Bruxelles, De Boeck université.

ELLIS, R. (2003), *Task-based Language Learning and Teaching*, Oxford, Oxford University Press.

GOULLIER, F. (2005), *Les Outils du Conseil de l'Europe en classe de langue, CECR européen commun et Portfolios*, Paris, Didier.

GREGOIRE, J. (1999), *Que peut apporter la psychologie cognitive à l'évaluation formative et à l'évaluation diagnostique ?* in DEPOVER, C., NOEL, B. (dir.), 17-33.

KAFTANDJIEVA, F. (2004), *Standard Setting, in Reference Supplement to the Preliminary Pilot version of the Manual for Relating Language examinations to the Common European Framework of Reference for Languages : learning, teaching, assessment*, Division des politiques linguistiques, Conseil de l'Europe, Strasbourg.

LAVEAULT, D. (1999), *Autoévaluation et régulation des apprentissages*, in DEPOVER, C., NOEL, B. (dir.), 57-79.

LAVEAULT, D., LEBLANC, R., LEROUX, J. (1999), *Autorégulation de l'apprentissage scolaire : interaction entre processus metacognitifs et déterminants de la motivation* in DEPOVER, C., NOEL, B. (dir.), 81-98.

LUSSIER, D., TURNER, F. (1995), *Le Point sur l'évaluation en didactique des langues*, Anjou, Centre éducatif et culturel éd.

MILANOVIC, M. (2002), *Language Examining and Test Development*, Strasbourg, Conseil de l'Europe.

MORROW K. (1979), *Communicative Language Testing: revolution or evolution* in BRUMFIT, JOHNSON (1979), *The Communicative Approach to Language Testing*, Oxford, Oxford University Press.

ROSEN, É. (2004), «Étude de synthèse relative à la répartition des compétences et des exposants linguistiques», in *Niveau B2 pour le français – textes et références*, Paris, Didier, 17-119.

VERHELST, N.D. (2004), *Classical Test Theory, in Reference Supplement to the Preliminary Pilot version of the Manual for Relating Language examinations to the Common European Framework of Reference for Languages: learning, teaching, assessment*, Division des politiques linguistiques, Conseil de l'Europe, Strasbourg,

VERHELST, N.D. (2004), *Item Response Theory, in Reference Supplement to the Preliminary Pilot version of the Manual for Relating Language exami-nations to the Common European Framework of Reference for Languages: learning, teaching, assessment*, Division des politiques linguistiques, Conseil de l'Europe, Strasbourg

WIDDOWSON, H. (1998), *Skills, abilities, and contexts of reality, in Annual Review of Applied Linguistics*.

Évaluer par les tâches :
une évaluation formative accessible aux enseignants et aux apprenants

CAROLINE VELTCHEF
CIEP

La thématique de l'évaluation, quasi-obsessionnelle dorénavant dans le champ de l'éducation, risque, à force d'être trop abordée, de décourager par avance les enseignants. Si elle est de surcroît associée à l'expression apparemment barbare de «perspective actionnelle», l'abattement du praticien peut croitre. Le métier d'enseignant signifie une pratique d'évaluation constante, qu'il s'agit d'assumer sereinement, et le métier d'apprenant signifie bien une pratique d'auto-évaluation consciente. Le CECR constitue pour l'enseignement/apprentissage du français langue étrangère une chance de clarification pour les enseignants en proposant une échelle de six niveaux et des descripteurs pour les différentes composantes langagières. Se saisir de cet outil signifie cependant prendre garde à l'approche de la langue et à la philosophie qui la sous-tend. Loin d'une attitude parnassienne de l'art pour l'art ou de la langue pour la langue, la perspective actionnelle implique une approche fondée sur la réalisation de tâches, il s'agit d'agir avec et dans la langue. Ceci signifie que les évaluations accompagnent les réalisations de tâches, permettent de les appréhender dans leur complexité. Plus un apprenant est capable de réaliser correctement un grand nombre de tâches, plus son niveau dans la langue est élevé.

Cet article s'appuiera successivement sur trois questions. Comment concilier évaluation et perspective actionnelle ? Comment choisir des instruments d'évaluation dans cette perspective ? Comment engager les enseignants et les apprenants dans une attitude réflexive d'évaluation ?

L'exploration des représentations des enseignants et celle des apprenants sur l'évaluation et l'approche actionnelle constituera notre premier point. Ensuite, une sorte de discours de la méthode permettra d'indiquer une démarche de mise en place d'outils d'évaluation, selon un contrat pédagogique clair passé avec les apprenants. Enfin, l'on soulignera à quel point la perspective actionnelle dans l'enseigne-ment/apprentissage implique de miser sur l'évaluation formative, qui nécessite de la part des apprenants une attitude réflexive et de la part des enseignants de varier le format et le type d'évaluation dans le quotidien de la classe de langue.

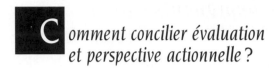

Comment concilier évaluation et perspective actionnelle ?

Alors que la perspective actionnelle semble bien représentée dans l'enseignement, les pratiques d'évaluation peinent à évoluer. Il convient de s'interroger sur les obstacles qui freinent l'évolution des pratiques.

OÙ EN SONT LES PRATIQUES ?

Les enseignants ne sont pas à l'aise avec la thématique de l'évaluation, qui a connu des évolutions majeures : quel est le rapport entre une notation dégressive sur 20 sur la base des erreurs commises et une évaluation ne débouchant pas sur une notation mais sur l'accumulation progressive de capacités ? La formulation positive des descripteurs du CECR conduit à évaluer ce que l'élève peut faire, et non ce qu'il ne peut pas faire. Si l'on devait résumer la situation, on pourrait dire que des évaluations internationales aux certifications externes délivrées par des organismes dont c'est le métier (CIEP, Gœthe Institut, Cervantès), sans doute l'enseignant a-t-il du mal à situer sa propre démarche évaluative et peut la dévaloriser, la jugeant moins scientifique et plus artisanale. La demande institutionnelle qui se situe dans une logique de résultats, de certifications, de diplômes, condamne-t-elle les enseignants à une logique d'évaluation sommative ?

LES ÉTAPES D'ÉVALUATIONS DANS LE TEMPS

Les pratiques effectives d'évaluation nous assurent du contraire, et nous reprendrons le déroulement logique de l'évaluation dans le temps pour l'enseignant dans la classe : l'accueil des apprenants en début de séquence d'apprentissage, le quotidien de la progression des apprenants, l'évaluation finale qui conduit l'apprenant à changer de groupe, à obtenir une certification, un diplôme.

L'évaluation initiale bien conduite constitue la garantie d'un fonctionnement harmonieux de la séquence d'apprentissage. Trois cas de figure existent : l'orientation des apprenants vers des groupes de niveaux, la création de sous-groupes dans une classe, le repérage des besoins d'un groupe hétérogène dont on ne peut modifier la composition. À l'Institut français de coopération de Tunis, qui compte 13 500 inscrits, la

135

Évaluer par les tâches :
une évaluation formative
accessible aux
enseignants et
aux apprenants

répartition des apprenants, sur la base d'une évaluation diagnostique, constitue un exercice vital. La charte de l'Institut (consultable sur www.ifctunisie.org), mise en place avec l'adhésion des 120 enseignants précise que les groupes d'apprenants et l'évaluation finale sont calés sur les six niveaux du CECR. Des outils simples, rapides à mettre en place, permettent de déterminer le profil linguistique de chaque apprenant ainsi que celui du groupe. L'approche actionnelle est-elle envisageable en évaluation initiale ? Une telle évaluation à partir de tâches est-elle techniquement réalisable ?

CRITIQUE DE L'APPROCHE PAR TÂCHES

Orienter les évaluations dans la perspective actionnelle du CECR nécessite préalablement de faire le point sur les critiques les plus courantes d'une évaluation par tâches selon les six niveaux du CECR : « La principale objection à une évaluation directe de la tâche est qu'elle n'évalue pas clairement la capacité linguistique par rapport aux capacités non linguistiques. » De même « Dans une approche fondée sur les tâches, lorsqu'il y a inévitablement une centration sur le sens, il faut mobiliser et diriger l'attention pour ne pas oublier la forme » (Shekan, 2004 : 36)[1]. Si l'évaluation par les tâches devait s'effectuer au détriment de l'évaluation des acquis linguistiques, alors la hantise de la fossilisation d'une interlangue de mauvaise qualité pourrait resurgir (Ellis, 2003 : 319)[2] : « Si l'on ne prête pas attention à la forme, les interlangues des apprenants se stabilisent et se fossilisent. Les apprenants qui utilisent leur compétence stratégique pour masquer leurs limites linguistiques [...] cessent d'apprendre. » Cette vision alarmiste ne rend pas bien compte des pratiques des enseignants.

AVANTAGES D'UNE ÉVALUATION À PARTIR DE TÂCHES

Les avantages d'une évaluation à partir de tâches sont pourtant nombreux (Ellis, 2003 : 279) : « L'intérêt est que les enseignants et les apprenants considèrent la langue comme un outil ; c'est-à-dire que ce type d'évaluation permet une remédiation, aisément intégrée au processus d'apprentissage ; elle alimente l'apprenant en diagnostics utiles sur ses progrès et ses résultats ; et l'évaluation peut également être comprise par tous y compris par des non-spécialistes ».

Une approche de l'évaluation par les tâches résout de facto deux types de problèmes : elle s'intègre bien au processus d'apprentissage, elle renvoie souvent à des critères faciles à comprendre par l'apprenant (la tâche est-elle réalisée ou non), qui est ainsi en mesure de s'auto-évaluer. Qu'elle rende compte de l'attitude générale de l'apprenant et de ses capacités extra-linguistiques correspond bien à la logique du CECR.

1. Voir Bérard dans ce numéro.
2. Rod Ellis (2003 : 279) : « It results in both... teachers and learners focusing on language as a tool ; i.e. it was favourable a washblack effect ; it enables assessment to be more easily integrated into the learning process ; it provides the learners with useful diagnostic feedback on progress and achievement ; and it enables the result of an assessment to be reported in a way that is intelligible to non-specialists ».

L'exemple développé par Ellis (2003 : 280)[3] concerne une situation de recherche d'article, décomposée en plusieurs tâches, proposée à des étudiants à la bibliothèque de l'université.

INSTRUCTIONS

Accomplissez chaque étape de la tâche à votre tour. Pour accomplir cette tâche, ne vous appuyez pas sur un autre étudiant. Si vous vous trouvez bloqué, arrêtez-vous et interrogez votre professeur, ou son représentant. Ne dérangez pas s'il vous plait les bibliothécaires !

Étape 1 (10 minutes)

Consultez les résumés d'articles dans les fichiers de références de la Bibliothèque Hamilton et trouvez autant de références que possible sur la concurrence Japon/États-Unis par rapport au développement de la haute technologie informatique.

Suggestions : Limitez votre recherche à un seul article. Commencez par consulter les résumés de sociologie de 1987.

Mots clés : ordinateurs, Japon, États-Unis

a) Notez le numéro de la page du résumé qui vous intéresse dans les résumés de sociologie.

b) Quelle difficulté avez-vous éprouvée à trouver les résumés de sociologie ?

Très difficile 0 1 2 3 4 5 6 7 Très facile

Étape 2 (5 minutes)

Consultez les fichiers de références jusqu'à ce que vous trouviez le sommaire des périodiques bleu ou vert.

Liste des périodiques. Vérifiez immédiatement si la revue que vous cherchez figure dans la liste des périodiques de la Bibliothèque Hamilton.

a) Notez la référence du périodique dont vous avez besoin. _____

b) Quelle difficulté avez-vous éprouvée à trouver la liste des périodiques ?

Très difficile 0 1 2 3 4 5 6 7 Très facile

Pour reprendre nos interrogations liminaires, nous pouvons dire qu'il est possible, à côté des tests de positionnement classiques, d'utiliser une tâche ou un ensemble de tâches en évaluation initiale pour situer la «débrouillardise» d'un apprenant, ce qui augure bien de son aptitude à apprendre. L'enseignant se trouve en position d'observateur global, sans qu'il tente d'analyser davantage dans un premier temps la prestation de l'apprenant. Si nous reprenons le cas de l'étudiant qui doit chercher un article de revue, n'est-il pas bien qu'il utilise toutes les ressources pour accomplir la tâche, qu'il transpose sa connaissance des bibliothèques universitaires, qu'il utilise sans doute les mots transparents ?

3. La fiche est proposée en traduction.

137

Évaluer par les tâches :
une évaluation formative
accessible aux
enseignants et
aux apprenants

L'évaluation par les tâches semble davantage adaptée à l'évaluation en cours et en fin de formation. Deux raisons orientent notre propos en ce sens : la mise en place de tâches constitue le quotidien de la classe de langues et une évaluation formative peut s'appuyer sur des tâches et des critères simples ; *a contrario*, une évaluation sommative peut s'appuyer sur une situation faisant appel à un enchainement de tâches mobilisant de nombreuses compétences et mettant en évidence une certaine complexité, la langue et l'utilisation de la langue constituant un tout. Une certaine défiance des enseignants par rapport à l'évaluation dans une approche actionnelle peut être compréhensible, même si les propositions du CECR en six niveaux sont réalistes, ne constituent pas une innovation inapplicable et permettent une transparence de l'évaluation entre les enseignants, les apprenants ainsi qu'avec le corps social.

Ceci posé, à savoir la validité de l'approche actionnelle en matière d'évaluation formative et sommative, comment choisir les instruments d'évaluation ?

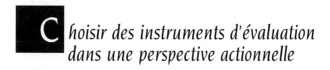

C hoisir des instruments d'évaluation dans une perspective actionnelle

Une proposition méthodique en quatre temps définira le lien entre cadre, descripteurs, référentiel, tâche et évaluation.

DES DESCRIPTEURS À L'ÉVALUATION

Une très grande cohérence existe entre les différents outils actuels : les référentiels B2 actuellement disponibles (Beacco, 2004) sont un développement du CECR. Les méthodes de FLE, les certifications sont dorénavant calées sur les six niveaux du CECR et s'attachent dans l'ensemble à des descriptions explicites.

Ce qui revient alors en propre à l'enseignant, c'est la vérification constante que le parcours d'apprentissage qu'il a construit atteint les objectifs qu'il s'est fixés. Il y aura donc des moments où l'enseignant devra se saisir des descripteurs du CECR pour aboutir à une activité d'évaluation. La formulation des descripteurs en terme de capacité décrit ce qu'une personne est capable de faire à un niveau donné, mais la performance attendue, en termes d'observabilité, n'est pas toujours présente. «Afin de déterminer cette performance, il faut notamment spécifier les contenus linguistiques et pragmatiques attendus.» (Rosen, 2007 : 94). En s'inspirant des propositions de Tagliante (2005 : 62, 63) et de Veltcheff, Hilton (2003 : 49, 50), nous proposons la démarche suivante.

CONSTRUIRE UNE ÉVALUATION

1. Objectifs et caractéristiques de l'évaluation

Au choix : ❏ sommative ❏ formative ❏ non critériée ❏ critériée ❏ évaluation externe certificative ❏ évaluation par l'enseignant ❏ auto-évaluation

2. Références de l'évaluation

    a- Choisir le niveau et la compétence visée

    b- Descripteurs retenus (descripteurs retirés/ ajoutés/ adaptés en fonction de la situation de classe i.e. enseignement professionnel, universitaire…)

    c- Tâches retenues : quelles sont les tâches les plus adéquates pour évaluer la compétence visée à ce moment de la séquence d'apprentissage ? une reformulation des descripteurs en tâches est-elle nécessaire ?

    d- Critères retenus (en nombre limité) : linguistique, morphosyntaxique, lexical, phonétique, sociolinguistique, discursif, stratégique

    e- Information aux apprenants : Les descripteurs et critères d'évaluation sont-ils proposés en amont aux apprenants ?

    f- Situation communicative retenue

    g- Exercices proposés : durée de l'évaluation, nombre d'exercices, types d'exercices

---

Afin d'illustrer ce propos, prenons une situation de classe où l'enseignant a pour objectif de confirmer le niveau A2 de son groupe d'étudiants de première année d'université en compréhension orale. Il propose en cours de séquence une évaluation formative critériée. Comme il s'agit de confirmer un niveau A2 *écouter*, il peut conserver tous les descripteurs du CECR. Pour sélectionner les critères d'évaluation, il se reportera aux référentiels et choisira par exemple d'insister sur « capter les informations essentielles » selon un critère discursif, « comprendre des phrases, expressions et mots relatifs à ce qui me concerne » selon un critère phonétique (discrimination auditive) et lexical. La situation choisie doit permettre d'enchainer un ensemble de tâches de façon fluide, par exemple l'audition d'un enregistrement de conversation quotidienne à partir duquel le repérage d'informations, une discrimination auditive ou des précisions sur le lexique pourront être demandés.

Le choix des tâches surdétermine souvent les critères retenus, et ce n'est qu'en procédant à des gammes en évaluation comme un pianiste que l'enseignant s'appropriera les différents outils.

Les évaluations pourront prendre des formes diverses : certaines, davantage axées sur la communication et les aspects pragmatiques, les autres davantage axées sur la langue. Les deux approches ne s'excluent pas, mais il faut songer à ne jamais surcharger une évaluation, faute de quoi on ne sait plus vraiment ce qu'on évalue. Le descripteur initial constitue le déclencheur à partir duquel un certain nombre de tâches seront proposées, elles-mêmes surdéterminantes pour les critères d'évaluation retenus. Le descripteur « reconnaitre qui dit quoi » peut se décliner en tâches différentes : « trouver, retrouver dans le dialogue les prénoms des personnages féminins », « repérer les formules de politesse », « repérer le tutoiement, le vouvoiement ». On trouvera utile-

139

*Évaluer par les tâches :
une évaluation formative
accessible aux
enseignants et
aux apprenants*

ment un tableau de mots « inspirateurs » ou générateurs de tâches dans Rosen (2007 : 21). Les listes de tâches ne sont évidemment pas fermées et permettent à l'enseignant une adaptation riche à son contexte d'enseignement.

Une typologie des outils d'évaluation, valables pour tous les niveaux, du QCM au QROC jusqu'au résumé et à la dissertation (Veltcheff, Hilton, 2003 : 47) peut compléter utilement la liste des tâches : il existe des QCM et des exercices sous forme de tableaux à remplir excessivement difficiles correspondant au niveau C ; à l'inverse, des outils d'évaluation complexes telles que les productions guidées ou créatives peuvent être proposées dès le niveau A. L'idée est bien de varier les évaluations afin de tester et de développer de vraies compétences en français et non de former les élèves à apprendre à répondre à un type d'évaluation.

Pour conclure, une approche méthodique selon le CECR fondée sur une sélection de critères notamment pour l'évaluation formative constitue un apport indéniable dans le quotidien de la classe. La philosophie du CECR et de la perspective actionnelle invitent à davantage, c'est-à-dire au repositionnement de l'enseignant et de l'apprenant, acteurs et co-responsables de l'enseignement/apprentissage.

 E *ngager les enseignants et les apprenants dans une attitude réflexive : miser sur l'évaluation formative*

L'évaluation formative – souvent jugée lourde et inutile – se situe en fait au cœur du dispositif actionnel. Varier le format et le type d'évaluations constitue d'abord une garantie quant à la réalité de la compétence des apprenants ; à partir d'exemples concrets d'évaluation de jeux de rôles et de scénarios, ce sont les micro-évaluations fondées sur peu de critères qui seront mises en exergue.

L'attitude des enseignants et des apprenants par rapport à l'évaluation est faite souvent de tensions : l'enseignant doit pouvoir évaluer un groupe d'apprenants par rapport à un objectif global (par exemple, passage du niveau A2 au niveau B1 en expression écrite) fixé en début de séquence, vérifier les progrès de l'apprenant lui-même en dehors de la référence à la norme. Selon Weir (2001 : 121)[4] : « Les enseignants doivent évaluer de façon formative afin de décider de façon appropriée la réorientation de leurs procédures d'enseignement et des activités des apprenants » ; l'apprenant doit pouvoir savoir où il se situe par rapport au groupe et à la norme, mais aussi quels sont ses progrès par rapport à son point de départ propre. Qu'il s'agisse de l'enseignant ou de l'apprenant, une attitude réflexive est nécessaire.

4. R. Weir (2001 : 121) : « Teachers need to evaluate formatively, to make appropriate decisions concerning modifications to teaching procedures and learning activities ».

Introduire une évaluation formative selon des formats variés constitue une aide précieuse en termes de prise de conscience et de motivation de l'ensemble des acteurs. Le compte rendu d'une recherche-action à l'Institut de la communication et des nouvelles technologies de Poitiers (www.institutcommunicationpoitiers/evaluationtaches.fr) montre la motivation réelle des étudiants face à une évaluation sous forme de scénario, enchainant les tâches pour de petits groupes d'étudiants autour d'une mission à accomplir : « J'ai trouvé très enrichissante cette nouvelle forme d'évaluation qui nous change des sempiternels tests de grammaire et d'expression que nous subissons depuis le collège » ; « J'ai plus pris cette évaluation pour un jeu, tout découlait tellement du fait de la continuité de l'exercice que je n'ai eu aucune gêne à m'exprimer aussi bien par écrit que par oral ». La motivation des étudiants pour une évaluation formative par les tâches n'est pas à démontrer.

Le matériel dont disposent les enseignants est désormais assez fourni : portfolios, fiches d'auto-évaluation sur le site du CECR, ou propositions sur Internet ou dans la littérature sur le sujet. Auto-évaluation et co-évaluation font partie intégrante des processus d'évaluation dans la perspective actionnelle (Rosen, 2007 : chap 5). Si l'on admet de donner du sens à toutes les activités d'enseignement, l'apprenant doit être impliqué, et doit prendre en charge lui-même une partie de son apprentissage et donc de son évaluation. Les apprenants doivent travailler de façon autonome et prennent l'habitude de s'auto-évaluer par rapport à un ensemble de compétences et à un ensemble de tâches précises.

Il semble davantage intéressant que l'apprenant s'approprie les objectifs, il pourra ainsi s'inscrire dans une logique agissante par rapport à son apprentissage (cf. les fiches de co-évaluation et d'évaluation dans Veltcheff, Hilton, 2003 : 132).

Le processus d'acquisition de la langue dans la perspective actionnelle est indissociable d'une auto-évaluation constante. Tous ces types d'auto-évaluation et d'évaluations formatives ne renvoient pas à une note mais plutôt à une appréciation binaire (est capable de : oui/non), plus facile à mettre en œuvre par tous. L'idéal serait de pouvoir proposer des tâches, de plus en plus proches de celle de la vie réelle : grâce à Internet, on peut confronter les apprenants à des tâches réelles (réserver un billet de train, etc.).

Miser davantage sur l'évaluation formative permettrait de rééquilibrer la responsabilité entre l'apprenant et l'enseignant, mais aussi d'ajuster en permanence les propositions pédagogiques de l'enseignant. Il apparait clairement que l'approche actionnelle induit une démarche pédagogique d'ensemble dont la conséquence majeure est de mettre en évidence le bien fondé d'une évaluation formative reposant sur toutes les tâches proposées dans la classe de langue.

Si l'on devait, pour conclure, poser le cadre général de l'évaluation dans cette perspective, on pourrait proposer :

141

Évaluer par les tâches :
une évaluation formative
accessible aux
enseignants et
aux apprenants

A. Accueil, orientation, évaluation diagnostique
Détermination du profil général du groupe et de chaque apprenant
B. Séquence d'apprentissage :
Un projet pédagogique repose

– sur un contrat pédagogique par compétence ;

– sur des tâches se situant sur un continuum des tâches scolaires aux tâches de la vie réelle propres également à soutenir la motivation des apprenants ;

– sur des évaluations formatives soutenant la motivation du groupe et de chaque apprenant.

C. Orientation en fin de formation reposant soit sur le croisement des évaluations formatives estimées suffisantes, soit sur une évaluation sommative supplémentaire.

L'évaluation formative, qui semble bien souvent inaccessible aux enseignants parce qu'apparemment lourde à mettre en œuvre et à utiliser, peut donc être insérée naturellement dans le dispositif d'apprentissage.

Bibliographie

BEACCO, J-C., BOUQUET, S., PORQUIER, R. (dir) (2004), *Un référentiel pour le français. Le niveau B2*, Paris, Didier.

CONSEIL DE L'EUROPE (2001a), *Cadre européen commun de référence pour les langues. Apprendre, enseigner, évaluer*, Paris, Didier.

CONSEIL DE L'EUROPE (2001b), *Portfolio européen des langues pour jeunes et adultes*, Paris, Didier.

ELLIS, R. (2003), *Task-based Language Learning and Teaching*, Oxford, Oxford Press University.

FIGUERAS, N., (2007), « Les évolutions dans l'évaluation de l'oral » in *Les Actes de la DGESCO*, Versailles, CRDP de l'Académie de Versailles, 19-32.

ROSEN, É. (2007), *Le Point sur le Cadre européen commun de référence pour les langues*, Paris, Clé International.

SHEKAN, P. (2004), « La recherche sur l'acquisition d'une langue seconde et les tâches » in *Travaux de didactique du français langue étrangère*, n° 51, Montpellier, Univ. Paul Valéry, 33-50.

TAGLIANTE, Ch. (2005), *L'Évaluation et le Cadre européen*, Paris, Clé International.

VELTCHEFF, C., HILTON, S. (2003), *L'Évaluation en FLE*, Paris, Hachette.

Pour conclure… sur des pistes ouvertes

FRANÇOIS CHAMPION
CHRISTIAN PUREN

Portrait de l'enseignant en jardinier, ou : Quelles perspectives de formation et de recherche pour les migrants ?

FRANÇOIS CHAMPION
UNIVERSITÉ DE PARIS X-NANTERRE

« Toute vérité et toute action impliquent un milieu et une subjectivité humaine. »
Jean-Paul Sartre (1946)

La publication du CECR a engagé en direction des publics migrants des premiers niveaux de qualification d'importantes initiatives qui distribuent une nouvelle donne. Il faut la replacer dans son contexte historique, complexe, pour en évaluer les enjeux en termes de formation et de recherche. La perspective actionnelle nous offre un point de vue particulièrement pertinent : nul milieu mieux adapté que celui de l'insertion économique et professionnelle des migrants, pour « considérer l'usager et l'apprenant d'une langue comme des acteurs sociaux ayant à accomplir des tâches (qui ne sont pas seulement langagières) » (CECR : 15).

Nous voudrions montrer que la perspective actionnelle du CECR confirme des orientations didactiques déjà bien assises sur le terrain des migrants et de l'entreprise. Les réorientations institutionnelles présentent de nouveaux enjeux de formation et de recherche qui favorisent – enfin ! – la jonction entre les univers des « formateurs » de la formation professionnelle continue et des « professeurs de français langue étrangère ». En fait, la perspective actionnelle renforce le rôle dévolu à la situation, notion linguistique (Germain 1973) autour de laquelle devraient se rapprocher les traditions didactiques de l'action et de la

*Portrait de l'enseignant
en jardinier, ou :
Quelles perspectives de
formation et de recherche
pour les migrants ?1*

communication. Les enjeux scientifiques et les priorités de l'ingénierie peuvent, à partir de là, être plus clairement identifiés et renversés sur le terrain de la formation des formateurs-enseignants, anciens et nouveaux praticiens de ces sortes de «jardins ouvriers» de la didactique du FLE.

L *a perspective actionnelle confirme les orientations didactiques antérieures*

La définition de l'approche actionnelle et de l'«approche par les tâches» décrit des pratiques de la formation professionnelle et continue ancrées dans une tradition didactique antérieure au Niveau-Seuil (Coste et al., 1976), orientée déjà vers les publics migrants. L'intégration des «usages effectifs de la langue» aux objectifs, contenus, activités, compétences professionnelles, la notion de «tâches reliées directement aux situations de communication», le principe de pertinence (adaptation de l'effort minimal pour le résultat maximum) ont toujours prévalu dans les pratiques et les recherches (cf. JUPP et al. 1978). Il s'est toujours agi d'une pédagogie de projet – le projet social et/ou professionnel du migrant – sur laquelle Puren (2006) voit déboucher la perspective actionnelle qui nous projette, donc, vers Célestin Freinet et les années 1920.

La priorité de lier le sens à l'action caractérise bien les formations conçues depuis 1958 par l'ACPM[1], par le programme d'adaptation à la vie sociale et professionnelle pour les réfugiés politiques de l'ADAP (1976-1995), ainsi que les outils, matériels didactiques, études, réFLExions très variés produits depuis 1945 dans les instances successives en charge de ces problématiques. Mais c'est en marge du développement du FLE que la formation linguistique dut être prise en charge dans des dispositifs parfois confidentiels, sous des appellations variées: alphabétisation, formation linguistique, formation de base, formation générale professionnelle, remise à niveau en français ou – en jonction avec des dispositifs centrés sur la littéracie – lutte contre l'illettrisme, remise à niveau des savoirs de base, etc. C'est par la force des choses que les praticiens vinrent à la didactique du FLE à travers celle du FLM, mais rarement avec l'accompagnement de chercheurs issus de la linguistique appliquée ou des sciences du langage, donc comme des jardiniers s'initient par nécessité à l'agronomie sans techniciens ni ingénieurs. Leurs didacticiens s'intéressent aux travaux des ergonomes ou sociolinguistes du groupe Langage et travail, mais ignorent encore ceux des acquisitionnistes issus du programme ESF, des spécialistes de la communication exolingue (Porquier 1984), de la construction de l'interlangue du migrant, de l'analyse des séquences potentiellement acquisitionnelles. Les recherches des spécialistes de

1. Pour le sens détaillé des sigles, voir en fin d'article.

l'analyse conversationnelle leur sont inconnues. C'est à la suite des formations liées à la vie quotidienne et sociale que la didactique du FLE pénètre lentement les problématiques professionnelles. L'enseignement du FLE par immersion se spécifie tardivement. Mais ce sont en partie les initiatives de la formation professionnelle des adultes associée à la formation continue qui ont permis au FLE de cristalliser les terminologies récentes de «français langue professionnelle» (Mourlhon-Dallies 2007) et de «français compétence professionnelle» (de Ferrari 2006). Il s'agissait déjà de cela[2].

Il s'agissait surtout de plus que cela, si l'on entend par tâche cette «partie du travail de classe qui fait que les apprenants comprennent, manipulent, produisent et communiquent entre eux dans la langue cible en centrant leur attention sur le sens plus que sur la forme», et si l'on admet avec Puren (2006) que «l'agir de référence est l'action sociale qui est un agir avec l'autre», et non «sur l'autre», au contraire de l'approche communicative dont «l'agir de référence est la simulation». Le plus haut niveau d'abstraction de la définition de Puren prend son sens plein : «Tâche : unité de sens dans l'activité d'apprentissage» (ibidem). Piotrowsky (2007) la relie à la notion de consigne : quel terme plus proche de l'univers professionnel ? Delahaye (1989), pour le BTP, avait déjà formulé le principe de cette gestion linguistique des tâches : «Partir de situations de chantiers, connues et pratiquées, pour désenfouir les savoirs en mathématiques, en physique et en français, pratiques avec lesquels ils se confond[ai]ent; à partir d'un certain moment de ce travail d'extraction il faut traiter ces savoirs comme tels en les faisant se confronter à d'autres champs que ceux du chantier». Dartois (1992), à sa suite, montrait qu'une approche didactique spécifique était alors nécessaire à promouvoir.

Ainsi, la perspective actionnelle n'est pas une nouveauté sur ce terrain, et les nouvelles typologies opèrent les mises à jour nécessaires. L'important, c'est le changement de la donne institutionnelle et, surtout, l'arrivée, dans le jardin ouvrier, de nouveaux sociétaires.

2. Une étude serait à conduire à travers les publications de l'Institut national pour la formation des adultes (INFA), du CRAPEL (Nancy), du Centre universitaire économie d'éducation permanents (CUEEP), des revues *Éducation permanente*, *Migrants formation*, des actions de l'Association pour la Formation professionnelle des adultes (AFPA), du Groupe permanent de lutte contre l'illettrisme (GPLI), de l'Agence nationale de lutte contre l'illettrisme (ANLCI), etc. Schwartz et Sarrazin (2007) nous en montrent la voie.

L e CECR *accompagne la redistribution d'une nouvelle donne institutionnelle*

La maitrise d'une compétence linguistique n'avait jamais été en France une condition juridique d'accès au séjour, et moins encore d'accès au travail. Depuis 2004, le demandeur d'un titre de séjour de longue durée est soumis à une évaluation linguistique. Il doit justifier d'une compétence minimale (orale principalement) qui donnera droit au titre de séjour définitif et pourra être éventuellement validée, même avant la venue en France, par le Diplôme d'initiation à la langue française (DILF).

Le niveau A1.1 offre une maquette pour la préparation aux épreuves orales, avec des descripteurs détaillés « en réception et en production d'écrits ». Le « droit » à un dispositif gratuit pour atteindre en France ce niveau de base est soumis à la signature d'un Contrat d'accueil et d'intégration (CAI). Pour accompagner ces nouveaux dispositifs, les missions des institutions traditionnelles ont dû être élargies. La gestion des diagnostics, du CAI, et des préparations au DILF est confiée à une agence, l'ANAEM et le développement du français hors-CAI et du « français compétence professionnelle » à une autre agence, l'ACSE, missionnée pour l'élaboration d'un futur « DILF professionnel ». Ces dispositifs sont donc « orientés » d'abord par des visées normatives de contrôle social.

En outre, des dispositifs juridiques incitatifs viennent desserrer l'accès à la formation continue pour les migrants. Déjà, le législateur avait dû rappeler ce principe du droit du travail : « Ce qui n'est pas interdit y est autorisé » et donc préciser en 1998 que la lutte contre l'illettrisme relevait aussi de la FPC. Mais la prégnance des problématiques de l'écrit professionnel, dans ces stages mal remplis par les seuls Français illettrés, les a ouverts aux migrants. Or, le traitement conjoint de publics présents dans les mêmes environnements mais aux besoins et stratégies d'apprentissages différents requiert une action didactique complexe et des professionnels expérimentés et formés. Faute d'en disposer, il fallait aller au plus court : en 2004 il est précisé que « l'apprentissage de la langue française », lui aussi, relève de la formation continue. Le français pourra être labellisé « compétence professionnelle » et les migrants se voir gérés dans des dispositifs spécifiques sur des programmes préformatés pris en charge par les formateurs du secteur social. Au même moment, l'accroissement général des besoins en formation continue et la pression des partenaires sociaux conduisent à la création du Droit individuel à la formation (DIF), conçu sur le modèle du Congé individuel de formation (CIF), mais annualisé (20 heures par an, sur le temps de travail, cumulables sur cinq ans), qui ouvre un nouveau droit pour les salariés à se former sur leur propre initiative et selon leur choix. Pour les migrants des premiers niveaux de qualification, cela offre un plus large accès par l'entreprise aux formations linguistiques. C'est assurément la mesure la plus importante.

Enfin, trois nouveaux partenaires, déjà présents sur le terrain du FLE, arrivent sur celui de la formation professionnelle : la Délégation générale à la langue française et aux langues de France (DGLFLF), déjà impliquée dans la mise en place du CECR et du A1.1. ; le Centre international d'études pédagogiques (CIEP), chargé des certifications (diagnostiqueurs, diplômes) ; enfin les universités et leurs spécialistes du FLE : une nouvelle génération de didacticiens du FLE est sollicitée dans les problématiques linguistiques et professionnelles des migrants. Elle est au fait, naturellement, des recherches anglo-saxonnes sur la pragmatique, et a été préparée par les travaux de ses prédécesseurs (acquisitionnistes, ethno-méthodologues, pragmalinguistes), profitant aussi des recherches d'équipes canadiennes – sur l'approche communicative et l'enseignement en immersion – et suisses – sur l'analyse des discours professionnels –.

Ainsi, de nouveaux partenaires se trouvent aux prises avec d'anciennes problématiques pour de nouveaux enjeux de formation. Et surtout, deux cultures didactiques viennent se heurter : celle du français et de ses déclinaisons, et celle du professionnel et de ses variétés de contextes et de publics. Des cloisonnements didactiques hétérogènes sont appelés à réorganiser un terrain disciplinaire complexe. Or, le CECR et sa perspective actionnelle offrent une chance de fédérer les approches et les universités peuvent favoriser la jonction nécessaire entre les «formateurs» et les «professeurs de FLE» pour promouvoir l'action de «l'enseignant-formateur» (Delahaye 1989)

La perspective actionnelle réunira-t-elle formateurs et enseignants de FLE ?

Cette possible jonction représente une belle espérance pour la didactique du français.

Le français compétence professionnelle est conçu pour «promouvoir le français autour des réalités professionnelles en terme de durée et de contenu et tenir compte des enjeux de productivité» (CLP 2007). S'agit-il d'une tentative de passer du jardinage au maraîchage et à une horticulture normative ? Relié aux référentiels métiers, intégrant dans une perspective communicative les «compétences langagières» à une carte des compétences professionnelles et cognitives qui s'inspire du diplôme de compétence en langue (DCL) des GRETA, il élabore son premier outil de positionnement dans un cadre conceptuel applicationniste relativement complexe qui risque de troubler bien des «démultiplicateurs» de son outil diagnostique. Il s'inspire cependant des bonnes vieilles techniques et reste ouvert à beaucoup d'ajustements, car la relation d'apprentissage comme la relation didactique restent dominées par l'analyse des situations : «activités, environnement, contextes, supports, relations (équipe, hiérarchie, encadrement), relationnels internes ou externes (clients, fournisseurs, contrôles), canaux de transmission, cadres organisationnel et juridique, etc.» (ibidem).

Un couplage plus pertinent, dans une perspective actionnelle, rassemblant les deux traditions didactiques, nous parait être celui du CECR avec le Référentiel des savoirs de base (Dartois 2000), pour autant qu'on ne réduise pas abusivement «savoirs de base» au «trépied : lire, écrire, compter» de la formation initiale scolaire. Ces deux référentiels sont le fruit d'années de pratiques, de recherche, de théorisations sur

149

*Portrait de l'enseignant
en jardinier, ou :
Quelles perspectives de
formation et de recherche
pour les migrants ?l*

leurs terrains propres, dans une même tradition épistémologique : le constructivisme piagétien et vytgotskien qui donnent une place centrale à la notion d'interaction. Bien qu'ils n'aient pas été conçus pour les mêmes publics, leurs structures les rendent complémentaires dans l'approche des domaines référentiels et des interactions et ils permettent d'intégrer les analyses sur la communication exolingue, l'interlangue et les processus de grammaticalisation (Porquier 1984, 1994, 2007).[3]
Ainsi la confrontation de ces deux outils nous parait-elle offrir une véritable perspective de collaboration transversale entre formateurs et professeurs de FLE. Mais, quelle que soit la perspective de tel ou tel outil, les notions d'action ou de communication restent commandées par la notion linguistique de situation. C'est autour d'elle que la collaboration entre les deux traditions peut s'initier.

L a situation, notion linguistique, réunit les notions d'action et de communication

Qu'il s'agisse, au travail comme en formation, d'apprendre à dire ou d'apprendre à faire, il s'agit toujours de reproduire, d'entretenir, d'établir, de spécifier des rapports sociaux fondés sur l'échange de produits, d'argent, de services, d'actes, d'informations, de paroles, d'écrits, de symboles, etc. : en définitive, de sens. Celui-ci est co-produit dans des situations données par l'action adaptée – langagière ou autre – des sujets. C'est ce qu'a voulu expliciter Prieto (1964) quand il a donné à l'acte de parole la fonction « d'établir un rapport social » (*ibidem* : 13). La situation didactique est un échange de mots et de sens. Il s'agit de savoir dire la situation pour y faire, surtout lorsque des problèmes y surgissent. Il faut savoir décrire, raconter, expliquer, justifier, argumenter, expliciter *la* situation pour être capable de le faire *dans* la situation, pour y converser, pour y communiquer. On ne peut dissocier le sujet et l'objet, l'intérieur et l'extérieur, l'action et l'environnement, la parole et la pensée : Sartre, en exergue de cet article, est là pour nous le rappeler. Le dictionnaire Galisson et Coste (1976) définit d'ailleurs ainsi la situation de communication :

> « Ensemble des éléments extra-linguistiques présents dans l'esprit des sujets ou également dans la réalité physique extérieure au moment de la communication et auxquels on peut assigner un rôle dans le conditionnement de la forme ou de la fonction des éléments linguistiques »

Germain (1973) avait déjà proposé une même formulation, mais plus synthétique : « ensemble des faits connus par le locuteur et l'interlocuteur » (ibidem : 26), faits physiques, kinésiques, relevant du contexte linguistique ou renvoyant à « l'esprit des interlocuteurs ». Le CECR, après Moirand (1982), Boyer et alii (1994), s'appuie sur une telle conception pour décrire la compétence de communication ou « compétence lan-

3. On retrouve d'ailleurs dans le Référentiel une macro-typologie fonctionnaliste des tâches similaire à celle de Frauenfelder et Porquier (1984).

gagière » et ses différentes composantes, qui s'intègrent naturellement dans les modélisations des professionnels.

Germain (1973) en a été conduit à considérer la situation comme une notion linguistique. Pour rendre l'expression verbale la plus économique et son interprétation la plus rapide possibles, il faut recourir aux connaissances, explicites ou implicites, que nous avons acquises : celles que nous avons « appris » à observer dans – ou à déduire de – la situation « au moment où l'acte de parole a lieu ». Germain (1972 : 35-42) en décrit la procédure, qui correspond aux descriptions par Py (1993) de la construction de la compétence à partir des tâches (tâches, système, norme), par Boogards (1994) du processus engagé dans l'apprentissage du vocabulaire, par Porquier (1994, 2007) dans la description des tâches didactiques. Germain s'inspire de Prieto (1964) qui place cette analyse à l'intérieur d'une sémiologie de la communication et d'une linguistique de la parole auxquelles on peut relier les recherches en pragmatique développées après lui. La parole, « fait abstrait » agissant comme signal, ne fait que « contribuer à l'établissement du sens », « fait concret » (Prieto, 1964 : 13), par un processus spécifique de traitement des indices (ou processus d'indication), généralisable à tous les systèmes de signes linguistiques et non linguistiques, particulièrement observable dans les contextes d'enseignement/apprentissage professionnel avec des migrants (Champion 2004). Ainsi, la perspective actionnelle du CECR, comme la perspective communicative, dépendent-elles d'une problématique situationnelle qui conduit l'enseignant-formateur à devoir s'appuyer spécifiquement sur l'environnement et le discours de l'apprenant pour l'aider à constituer l'univers de la parole et l'univers du sens.

I ndication », ingénierie et formation des enseignants-formateurs

Une telle orientation repose sur une relation d'enseignement elle-même active, communicative et en situation telle que déjà Delahaye (1989) la préconisait, que Dartois (1999) plaçait au principe de sa conception sur l'individualisation et la socialisation des savoirs, et que la didactique du FLE promeut à travers le concept central d'interaction, dans la lignée de Jupp et al. (1978). La conséquence en est que l'enseignant-formateur doit avoir la maitrise autant de la communication de classe, créatrice de situations non prévues par le programme (Porquier 2007), que de tous les processus d'indication qui s'y engagent en référence aux situations professionnelles et aux savoirs-faire et savoirs qui leur sont associés.

151

Portrait de l'enseignant
en jardinier, ou :
Quelles perspectives de
formation et de recherche
pour les migrants ?l

L'intervention la plus pertinente aujourd'hui (donc, dans nos parcelles de jardinage, la plus économique) requiert, de notre point de vue, que l'enseignant lui-même prenne en charge les relations didactiques à la fois du français et des autres savoirs, de sorte que les recherches à venir sont à orienter non pas vers la conception/fabrication d'outils d'application pour des cultures intensives mais vers la formation didactique (Dartois 1992) de formateurs/enseignants pour des cultures d'acclimatation plus écologiques. Le formateur seul peut suivre les effets des changements produits par les actions engagées (en formation, au poste de travail). Nous aboutissons en fait à un schéma d'organisation didactique « inversé » de celui que continue de promouvoir l'ingénierie pédagogique : c'est l'enseignant-formateur qui doit s'adjoindre les savoirs associés de son public, du formateur professionnel et des didacticiens du français, lesquels ont à lui fournir des outils « à sa main ». Bronckart (1984), à l'aube de ses travaux, en avait déjà formulé l'exigence. Les nouvelles technologies peuvent aujourd'hui nous permettre de la satisfaire. C'est ainsi l'enseignant-formateur qui choisit ou conçoit les outils à partir d'une méthodologie cohérente (Champion 1999) élaborée avec lui conjointement par les didacticiens des métiers et des langues.

On comprendra alors que, sans ignorer l'importance du travail de nos collègues anglo-saxons, suisses et canadiens, je plaide pour que la recherche concernant ce « nouveau » terrain d'intervention pour le FLE, se tourne d'abord vers nos praticiens et théoriciens français. Vingt-cinq ans après les recommandations de Bronckart (1984), les universités s'offrent une chance nouvelle d'être des acteurs essentiels du « désenfouissement » des savoirs accumulés et des recompositions nécessaires.

C onclusion : *portrait du formateur en jardinier*

Mais cette chance sera-t-elle saisie ? Depuis plus de trente ans on accroit les financements des organes de gestion et de contrôle en réduisant ceux des actions de formation. On continue dans le secteur social à faire appel aux bénévoles que l'on met en concurrence avec les spécialistes formés à l'université. On n'offre à ces derniers qu'emplois précaires, sous-payés, sans perspective de carrière. À la plus haute exigence didactique, nos décideurs répondent que « connaitre une langue suffit à savoir l'enseigner » : pour eux, jardiner est à la portée de tous. Chaque nouveau venu s'institue découvreur de terres, pourtant déjà maintes fois amendées, et pense qu'il suffit de rebaptiser les parcelles pour redonner vie aux friches délaissées. Ainsi, malgré la distribution de cette nouvelle donne qu'occasionne le CECR, nous ne sortons pas, à propos de l'action culturelle intérieure de la France, du même « constat désespérant» que faisait Xavier North (1997), dans son «Portrait du diplomate en jardinier», à propos de son action culturelle extérieure, qui «excelle à préserver des acquis, mais ne réussit que médiocrement à innover (quand elle ne fait pas fausse route avec l'enthousiasme du néophyte).»

Le CECR, initiative européenne, offre donc une ouverture. Mais, pour les praticiens et chercheurs engagés auprès des adultes migrants, c'est cette Europe qui reste leur dernière mais meilleure garantie : elle seule contraindra la France à adapter son outil de formation au niveau des meilleures normes européennes pour accueillir et former enfin dignement ces migrants qui en ont fait la richesse et sans lesquels elle n'aura pas d'avenir. N'est-elle pas là, la véritable perspective actionnelle que doivent prendre aujourd'hui ensemble les didacticiens?

Sigles

ACSE : Agence pour la cohésion sociale et contre les exclusions. Elle reprend les missions du FASILD.

ACPM : Association de formation pour la coopération et la promotion professionnelle méditerranéenne. Fondée en 1958.

ANAEM : Agence nationale pour l'accueil des étrangers et pour les migrations. Elle absorbe les missions de l'OMI et du SSAE.

ADAP : Association pour la diffusion, l'adaptation et la préformation (1978-1995).

BTP : Bâtiment et travaux publics.

CAI : Contrat d'accueil et d'intégration.

CIF : Congé individuel de formation.

CLAP : Comité de Lutte pour l'Alphabétisation et la Promotion.

CLP : Comité de liaison pour la promotion des migrants et des publics en difficulté d'insertion. Tête de réseau d'associations.

DIF : Droit individuel à la formation.

DILF : Diplôme d'initiation à la langue française.

DPM : Direction de populations et des migrations.

FAS : fonds social d'action sociale (fondé en 1954, devenu FASILD en 1998).

FPC : Formation professionnelle continue.

GRETA : Groupement d'établissements (Organismes académiques de la formation continue de l'Éducation nationale).

SSAE : Service social d'accueil des émigrants (Fondé en 1927, intégré à l'ACSE en 2004).

Bibliographie

BOGAARDS, P. (1994), *Le Vocabulaire dans l'apprentissage des langues étrangères*, Paris, Hatier.

BOYER H., BUTZBACH M., PENDANX M. (1994), *Nouvelle introduction à la didactique du français langue étrangère*, Paris, CLE International.

BRONCKART, J.-P. (1984), «Un modèle psychologique de l'apprentissage des langues?», in *Le français dans le monde*, n°185.

CHAMPION, F (1999), «Par delà les méthodes : réFLExions pour une méthodologie» in *Illettrisme et entreprise*, la Documentation française.

153

Portrait de l'enseignant
en jardinier, ou :
Quelles perspectives de
formation et de recherche
pour les migrants ?I

CHAMPION, F. (2004), *Le Mot et ses indices, Rôle du lexique dans l'interaction didactique avec des adultes migrants en situation professionnelle*, Paris X Nanterre, thèse de doctorat (à paraitre en 2008, l'Harmattan, Paris)

CONSEIL DE L'EUROPE (2004), *Cadre européen commun de référence pour les langues*, Paris, Didier.

COSTE, D. et al. (1976), *Un niveau seuil*, Paris, Didier.

DARTOIS, C. (1992), « La dialectique peut-elle casser des briques ? » *Éducation permanente*, n°111.

DARTOIS, C. (1999), « Individualisation de la formation et socialisation des savoirs », in *Formation de formateurs responsable pédagogique*, Unité 5 – séquence 51.03 « Quels bénéfices apporte l'individualisation de la formation ? », CAFOC Bordeaux, 1999.

DARTOIS, C. (2000), « Référentiel des savoirs de base », dans *Former les publics peu qualifiés*, Paris, La Documentation française.

DE FERRARI, M. (2006), « Développer la formation linguistique au titre de la formation professionnelle continue en entreprise », *Migrations études*, n° 133, janvier 2006.

DELAHAYE, P. (1989), « Les formations générales professionnelles », *Actualité de la formation permanente*, n°94.

FRAUENFELDER, U. PORQUIER, R. (1980), « Le problème des tâches dans l'étude de la langue de l'apprenant », *Langages*, n° 57, 51-71.

GALISSON, R., COSTE, D. (1976), *Dictionnaire de didactique des langues*, Paris, Hachette.

GERMAIN, C. (1973), *La Notion de situation en linguistique*. Ottawa, Éditions de l'Université d'Ottawa.

JUPP, T.G, HODLING, S., HEDDESHEIMER, C., LAGARDE, J.P. (1978), *Apprentissage linguistique et communication, Méthodologie pour un enseignement fonctionnel aux émigrés*, Paris, CLE International.

MOIRAND, S. (1982), *Enseigner à communiquer en langue étrangère*, Paris, Hachette.

MOUTLHON-DALLIES, F. (2007), « Quand faire c'est dire : évolutions du travail, révolutions didactiques ? », in *Le français dans le monde, Recherches et Applications*.

NORTH, X. (1997), « Portrait du diplomate en jardinier », *Le Banquet*, n° 11.

PORQUIER, R. (1984), « Communication exolingue et apprentissage des langues. » in PY, B. (dir.), *Acquisition d'une langue étrangère III*, Universités de Paris VIII et de Neuchâtel, p. 17-47.

PORQUIER, R. (1994), « Communication exolingue et contextes d'appropriation : le continuum acquisition / apprentissage. », *Bulletin suisse de linguistique appliquée*, n° 59, 159-169.

PORQUIER, R. (2007), « Le statut cognitif des activités d'apprentissage dans une didactique des langues », *Colloque international Didcog 2007*, Université Toulouse-le Mirail.

PIOTROWSKI, S. (2006), *Gestion des tâches et mode d'accès à la langue*, TNUL, Jana Pawla II, Lublin.

PRIETO, L. J. (1964), *Principes de noologie, Fondements de la théorie fonctionnelle du signifié*, La Haye, Mouton.

PUREN, C. (2006), *De l'approche communicative à la perspective actionnelle*, Conférence RANACLES, Université de Poitiers, http://uptv.univpoitiers.fr/web/canal/61/theme/28/manif/125/video/1180/index.html

PY, B. (1993), « L'apprenant et son territoire : système, norme et tâche », *AILE*, n° 2, 9-27.

SARTRE, J.-P. (1946), *L'Existentialisme est un humanisme*, coll. Pensées, Nagel, Paris.

SCHWARTZ L., SARRAZIN,G (2007), *Construire une pensée collective pour l'action*, *Revue POUR*, n° 189, Groupe de recherche pour l'éducation et la prospective (GREP), Paris.

Variations sur la perspective de l'agir social en didactique des langues-cultures étrangères

CHRISTIAN PUREN
UNIVERSITÉ DE SAINT-ÉTIENNE

Dans les limites de cet article de clôture, j'ai choisi de présenter synthétiquement un maximum d'idées portant sur le concept central de la nouvelle perspective actionnelle, à savoir l'« agir social ». Les lecteurs reconnaîtront aisément parmi ces idées toutes celles qui ont déjà été abordées (parfois avec des nuances, voire des divergences) par les collaborateurs de ce numéro : ainsi la relation entre approche communicative et perspective actionnelle, l'autonomie des apprenants, la pédagogie du projet et plus généralement l'apprentissage collaboratif, la problématique du document authentique, l'apport des nouvelles technologies éducatives, la perspective dynamique d'une culture à co-construire, l'intérêt des théories socioconstructivistes ; et bien sûr tous les développements concernant « l'agir social » lui-même, que l'on retrouve forcément traité dans de nombreuses contributions de ce numéro puisqu'il constitue désormais à la fois le nouvel objectif et le nouveau moyen privilégiés en classe de langue-culture, et que j'ai donc choisi comme fil directeur de cette synthèse.

Les lecteurs me pardonneront une écriture qui pourra parfois paraître trop allusive et trop affirmative : j'aurai l'occasion de développer ces idées dans une version longue de cet article à paraitre sur le site www.fdlm.org, et j'ai par ailleurs déjà présenté un certain nombre d'entre elles dans plusieurs articles publiés dans les numéros 347 de septembre-octobre et 348 de novembre-décembre 2006 du *Français dans le monde*, ainsi que sur le site de l'APLV, www.aplv-languesmodernes.org

L' « agir », concept central d'une nouvelle orientation générale en didactique des langues-cultures (DLC)

155

*Variations sur
la perspective
de l'agir social
en didactique des
langues-cultures
étrangères*

L'«approche *communicative*» (AC) avait été ainsi nommée parce que l'objectif social de référence de cette méthodologie était de former les apprenants à communiquer en langue étrangère (L2). Le choix de l'appellation «perspective *actionnelle*» (PA) par les auteurs du CECR est tout aussi logique : l'objectif affiché dans ce document est en effet la formation d'un «*acteur* social», et tous les nouveaux concepts-clés – *compétence, contexte, texte, domaine et stratégie* – y sont définis par rapport à des termes appartenant au champ sémantique de «l'agir» : acte, acteur, activité, agir, opération, tâche (voir CECR, p. 15).

L' *agir d'apprentissage en tant qu'action sociale*

À cette même page 15 du CECR, dans le seul et bref paragraphe où est définie cette PA, plusieurs «décrochages» d'avec l'AC concourent à ébaucher une nouvelle conception de l'agir d'usage de référence, qui n'est plus la communication langagière[1]. D'une part, en effet, on passe de l'acte de parole (qui est un agir langagier individuel sur un autre) à l'«action sociale» (définie comme un agir collectif langagier et/ou non langagier avec d'autres). D'autre part, les situations d'action sociale prises en compte ne sont plus seulement celles de l'usage courant de la L2 dans son environnement originel (le français dans un pays francophone, par exemple), mais aussi bien le milieu d'apprentissage, celui de la classe de L2 : c'est en tout cas l'interprétation que je fais du passage où les auteurs du CECR écrivent que la perspective actionnelle «considère avant tout l'usager et l'apprenant d'une langue comme des acteurs sociaux» (p. 15, je souligne).

On retrouve d'ailleurs cette conception de la classe comme une société authentique à part entière dans la pédagogie du projet, qui est appelée à être la forme privilégiée de la mise en œuvre de la perspective actionnelle parce qu'elle répond au principe didactique fondamental de l'homologie fin-moyen : de même que dans l'AC le moyen principal d'enseigner à communiquer en L2 était de mettre les apprenants en classe dans des situations de communication en L2, de même, dans la perspective actionnelle, la formation d'acteurs sociaux en L2 impliquera de les mettre en classe dans des situations d'action sociale en L2.

1. Je les ai déjà présentés dans le n° 347 du *Français dans le monde* (p. 37).

L' agir social en tant qu'apprentissage

À l'inverse, dans leurs environnements sociaux-professionnels actuels en permanente évolution, l'une des compétences décisives des acteurs est devenue leur capacité à apprendre. C'est le thème bien connu de «la formation tout au long de la vie» repris par toutes les grandes organisations internationales telles que l'UNESCO, l'OCDE ou encore l'Union européenne[2].

Les entreprises elles-mêmes, dans l'environnement de plus en plus complexe et concurrentiel qui est le leur, doivent devenir – c'est un thème très présent en management depuis des années – des «entreprises apprenantes»[3]. Or il se trouve qu'une classe de langue-culture est par nature une authentique «entreprise apprenante», et que l'apprentissage collectif d'une langue-culture étrangère exige la mise en œuvre de compétences telles que la capacité à travailler en groupe, à prendre des risques, à non seulement admettre l'erreur chez soi et chez les autres mais à en tirer profit pour tous, à affronter l'inconnu, l'incertitude et la complexité, à réfléchir sur ses activités (métacognition) et ses productions (conceptualisation), à s'auto-évaluer…: autant de compétences qui sont précisément celles désormais exigées d'un collaborateur qui ne soit pas un simple «employé», mais un véritable acteur au sein de son entreprise. De sorte que l'on peut maintenant concevoir le cours de langue étrangère non pas seulement comme une formation à un outil langagier de communication et d'action (comme dans cette orientation didactique bien connue des lecteurs du *Français dans le monde*, que l'on appelle le FOS, Français sur Objectifs Spécifiques), mais comme une partie intégrante de la formation à l'agir social professionnel. C'est l'idée que j'ai présentée en 1998 à l'occasion d'un Congrès de l'UPLEGESS, dans une conférence que j'avais intitulée «Les langues vivantes comme outil de formation des cadres»[4].

2. Voir par exemple, sur le site de l'Union Européenne (http://www.europa.eu), le dossier intitulé «Éducation et formation tout au long de la vie»: http://europa.eu/scad-plus/leg/fr/s19001.htm pour la version en français.

3. Les lecteurs pourront taper l'expression dans leur moteur de recherche préféré sur Internet pour constater le nombre d'articles référencés sur la question…

4. Conférence 28 mai 1998, pp. 7-14 in: *Actes du XXVIᵉ Congrès de l'UPLEGESS* (Union des professeurs enseignant les disciplines littéraires dans les classes préparatoires scientifiques), «L'enseignement des langues dans les grandes écoles: programmes, contenus et idées directrices». Saint-Étienne: École Nationale Supérieure des Mines, 1998, 148 p.

L' agir d'usage en classe de langue: de la simulation à la convention

Dans l'exercice de référence de l'approche communicative – la simulation ou le jeu de rôles –, les apprenants faisaient comme s'ils étaient des étrangers ou comme s'ils communiquaient avec des étrangers lors de rencontres initiales et ponctuelles: la situation sociale d'usage de référence de cette méthodologie était en effet le voyage touristique (cf. l'introduction des *Niveaux seuils* des années 70); situation qui, parce qu'elle était à l'exact opposé de la réalité de la situation scolaire, exigeait en classe le recours systématique à la simulation.

157

*Variations sur
la perspective
de l'agir social
en didactique des
langues-cultures
étrangères*

La situation de référence de la PA est l'action sociale ; or une classe de langue-culture, de quelques dizaines d'heures ou sur une année entière, correspond bien à une action de ce type, qui demande aux uns et aux autres, enseignants et apprenants, un certain investissement collectif au service d'un résultat commun, en l'occurrence l'enseignement-apprentissage. Une classe de langue-culture est par nature un projet collectif hors apprentissage naturel et individuel, au sein duquel les tâches d'apprentissage telles que les exercices collectifs de grammaire, de lexique ou de phonétique ont par conséquent non seulement leur efficacité mais leur authenticité.

Pour ces tâches d'apprentissage formel comme pour la conduite de leurs projets pédagogiques, enseignants et apprenants vont certes utiliser la langue cible, mais cette utilisation commune de la L2 – y compris en milieu scolaire où une même L1 est le plus souvent partagée par tous les élèves et l'enseignant – ne relève pas de la *simulation*, mais de la *convention*. On retrouve cette notion essentielle de convention dans les deux nouvelles situations sociales d'usage de référence du CECR, qui sont celles du vivre ensemble (dans une société multilingue et multiculturelle) et du travailler ensemble (dans l'espace universitaire et professionnel européen en voie d'intégration) : il s'agira par exemple d'un cours d'économie de l'Amérique Latine donné par un enseignant français à des étudiants français dans une formation de LEA d'une université française[5] ; ou d'une Française de langue maternelle arabe et d'un Français de langue maternelle espagnole installés en Allemagne depuis 10 ou 20 ans, et qui vont de manière tout à fait « naturelle » (*i.e.* sans se demander quelle langue utiliser à quel moment et sans même remarquer quelle langue ils utilisent) travailler entre eux en anglais dans leur entreprise internationale, parler en famille en français, et discuter en allemand avec leurs conjoint(e)s au cours d'un repas commun chez des amis allemands.

Alors que la simulation de l'AC tendait à envoyer aux élèves un message négatif sur leur situation d'apprentissage en classe lorsque l'enseignant leur demandait de faire comme s'ils ne s'y trouvaient pas, ce n'est pas le moindre intérêt de la perspective actionnelle que de permettre aux didacticiens et aux enseignants de revenir enfin à l'un des fondamentaux de la pédagogie, en réintégrant l'usage en classe de la langue étrangère à l'intérieur de cet ensemble de conventions scolaires qui sont passées entre l'enseignant et ses élèves dans le cadre de ce que l'on appelle le « contrat didactique ».

5. « Langues étrangères appliquées », formation universitaire en langues étrangères à orientation professionnelle. Cet exemple me vient immédiatement à l'esprit parce que j'ai personnellement été amené à donner un cours de ce type, à l'Université de Bordeaux III à la fin des années 80…

L' *agir d'apprentissage et l'agir d'enseignement, des agir fonctionnellement artificiels*

Dans la perspective actionnelle, les apprenants agissent réellement avec les autres apprenants, lors de projets menés en classe, bien entendu, mais tout autant lors des exercices collectifs centrés sur l'apprentissage de la langue. Ces tâches d'apprentissage sont en même temps artificielles, mais que l'on connote négativement cette artificialité est une autre affaire, et qui prête assurément à discussion : une paire de lunettes, une paire de béquilles, un pont routier ou un pontage cardiaque sont assurément des artéfacts, mais ils aident à lire, à marcher, à circuler ou à vivre ceux qui ne pourraient le faire sans cela : il apparaitrait tout à fait saugrenu de les critiquer parce que non « naturels ». Il devrait en être de même en DLC, parce que l'artificialité y correspond très précisément à l'aide spécifique que peut apporter un dispositif d'enseignement-apprentissage d'une langue par rapport à une situation d'acquisition naturelle. On parle parfois d'« ingénierie didactique », parce que l'on considère que l'enseignant, en tant que concepteur de dispositifs d'apprentissage, est d'abord un ingénieur, c'est-à-dire un inventeur d'artéfacts ; un « professionnel de l'artificiel fonctionnel », pour reprendre sinon une expression, du moins une idée d'Herbert A. Simon[6], qu'il a longuement développée dans son ouvrage le plus connu, *Sciences des systèmes, sciences de l'artificiel* (1re éd. 1969).

A *gir avec la langue : du document support « authentique » au document « fabriqué » de travail*

Il est courant en didactique des langues-cultures d'opposer les documents dits « authentiques », définis comme des documents réalisés par des natifs pour des natifs, aux documents « fabriqués » par les concepteurs de manuels ou les enseignants pour les besoins de l'apprentissage. La perspective actionnelle remet en cause cette dichotomie, en imposant comme documents authentiques à part entière les textes fabriqués par les élèves aussi bien en cours de projet (notes, synthèses, comptes rendus et autres types de textes que l'on appelle précisément des « documents de travail ») que comme objectifs de leurs projets (tels que des exposés de groupe à la fin d'une recherche collective, par exemple). À partir d'un certain niveau de compétence – et plus tôt sans doute que ne le pensent beaucoup d'enseignants dans des pays où la centration se fait traditionnellement sur les programmes, les manuels

6. *« Turing Award »* (le « Nobel de l'Informatique ») en 1975 pour ses recherches sur l'Intelligence artificielle et la Science de la cognition, Prix Nobel 1978 de Sciences économiques.

159

*Variations sur
la perspective
de l'agir social
en didactique des
langues-cultures
étrangères*

et/ou les enseignants –, il est tout à fait possible de faire travailler la langue par les apprenants seulement ou principalement à partir de leurs propres productions langagières.

A gir avec les Nouvelles Technologies Éducatives

Les Nouvelles Technologies Éducatives (NTE), en particulier celles liées à l'Internet, modifient profondément la problématique des documents en DLC, en particulier la place et le statut des «documents supports» ou «documents de base», dont on connait l'importance jusqu'à présent dans la conception des unités didactiques, et leur fonction dans la gestion de la progression collective d'enseignement-apprentissage :

1) Les NTE, particulièrement celles du Web 2.0., permettent le passage noté ci-dessus de la communication à la co-action : pour les participants, les documents partagés sur Internet et qu'ils élaborent à distance en commun, comme c'est le cas sur les wikis et autres plateformes collaboratives, sont des documents non de communication réciproque, mais d'action commune.

2) Les NTE permettent aussi la disponibilité permanente, pour les apprenants eux-mêmes, d'une masse énorme de documents en langue et culture cibles, au lieu des quelques documents préalablement sélectionnés par les concepteurs du manuel ou l'enseignant. De ce fait, il est désormais possible de concevoir des unités didactiques où les relations tâches-documents et enseignant-apprenants sont simultanément inversées : ce ne sont plus les tâches qui sont instrumentalisées par les enseignants au service de leurs propres documents (comme dans l'intégration didactique autour d'un document de base, que ce soit un texte littéraire comme dans la méthodologie active scolaire des années 1920-1960 en France, ou un dialogue fabriqué comme dans la méthodologie audiovisuelle), mais ce sont les documents sélectionnés par les apprenants qui sont instrumentalisés par eux-mêmes au service de leurs propres tâches (comme dans le cas d'un exposé préparé par un groupe d'apprenants à partir de documents divers qu'ils ont trouvés sur le Web).

3) Les NTE permettent enfin la publication sur Internet des productions des élèves, faisant potentiellement de tous les documents fabriqués par les élèves des «documents sociaux» à part entière. Cette appellation de «documents sociaux» a été utilisée par certains didacticiens de langues-cultures parce qu'ils ne voulaient pas accorder le statut de «documents authentiques» à des documents qui ne le seraient plus véritablement à partir du moment où ils seraient utilisés en classe comme supports d'enseignement-apprentissage. Or les supports d'enseignement-apprentissage fabriqués par les apprenants pour un exposé en classe et/ou publication sur Internet, par exemple, sont

d'emblée des documents sociaux; et des documents authentiques dans la mesure où ils relèvent en amont d'une visée d'action sociale, et qu'ils sont soumis en aval à une validation sociale.

Agir d'usage autonome, agir d'apprentissage dirigé

Par rapport au nouvel agir de référence de la PA (l'action sociale) et à sa mise en œuvre didactique privilégiée (le projet), il est possible de revisiter cet autre concept de base de la DLC de ces dernières décennies, celui d' «autonomie».

Ce concept avait été développé à l'intérieur du paradigme individualiste qui était celui de l'approche communicative. Il est à repenser maintenant en partie au niveau du groupe: les critères d'évaluation des actions sociales en classe de langue sont à redéfinir en termes collectifs, d'une part, de responsabilité et de complémentarité individuelle, d'autre part.

Par ailleurs, l'autonomie en DLC n'a pas échappé au risque de dérive idéologique, devenant pour certains une sorte d'absolu vers lequel il faudrait absolument tendre partout le plus possible et le plus vite possible. Or le travail sur projet ne permet pas de la part de l'enseignant un contrôle des apports langagiers aussi ciblé, ni de la part des apprenants une reprise des mêmes formes linguistiques aussi intensive, que lorsque l'unité didactique était construite sur un ou même plusieurs supports de base choisis ou fabriqués par l'enseignant ou le concepteur du manuel. De sorte qu'il faut maintenant distinguer dans la problématique de l'autonomie entre la question de l'agir d'usage et celle de l'agir d'apprentissage, et considérer que plus les apprenants seront autonomes dans la conduite de leur projet, plus l'enseignant pourra peut-être choisir d'être directif dans l'enseignement de la langue qui y sera mobilisée.

Agir sur l'information: de la compétence communicative à la compétence informationnelle

L'approche communicative tendait à ne confier aux apprenants qu'une partie infime de la gestion de l'information, et en outre sa partie la plus «mécanique», à savoir l'opération de transmission interindividuelle: le dispositif le plus représentatif de la logique de l'AC est le croisement

161

*Variations sur
la perspective
de l'agir social
en didactique des
langues-cultures
étrangères*

de l'information gap et du pair work. La mise en œuvre de la perspective actionnelle amène à prendre en compte l'ensemble du processus informationnel dans lequel la responsabilité des acteurs sociaux peut être engagée, depuis la définition des besoins collectifs et des critères de recherche jusqu'au suivi des effets produits, en passant par toutes les opérations dites de «traitement de l'information» (sélection, évaluation, réorganisation, repérage et élaboration de l'information manquante, transformation, communication, stockage et entretien pour une réutilisation postérieure éventuelle…).

La responsabilité d'un acteur social vis-à-vis de l'information exige aussi de lui qu'il prenne en compte son utilisation/réutilisation efficace par d'autres que lui, ailleurs, à d'autres moments et pour d'autres actions : les enjeux correspondants, comme on peut l'imaginer, dépassent très largement ceux d'une communication efficace dans la situation interaction langagière de référence de l'AC, qui était celle d'un échange d'informations en temps réel entre deux individus[7].

A gir ensemble pour un projet commun : de l'interaction à la co-action

On connait la phrase de Saint-Exupéry : «Aimer, ce n'est pas se regarder l'un l'autre, c'est regarder ensemble dans la même direction». On peut transposer cette pensée aux acteurs sociaux des classes de langue-culture (les enseignants et les apprenants) et des sociétés multiculturelles (les citoyens) : l'enjeu pour les uns et les autres n'est pas seulement de cohabiter ni même d'interagir, mais aussi et surtout d'agir ensemble dans une perspective commune, c'est-à-dire de «co-agir». En classe, il s'agit de mener à bien collectivement le processus conjoint d'enseignement-apprentissage ; et en société – du moins dans la tradition française, très exigeante sur ce point –, la citoyenneté ne relève pas seulement d'un multiculturel assumé (d'un «vivre à côté») ni d'un interculturel apaisé (d'un «vivre ensemble») : elle exige un «projet de société», un «faire ensemble» à dimensions à la fois collective et historique.

A gir sur la culture : de l'interculturel au «co-culturel», des «représentations» aux «conceptions»

Très logiquement, l'approche *interculturelle* est venue se combiner, dans l'approche communicative, à la formation à l'*interaction* langa-

7. Je développe très longuement les implications de ce passage de la compétence communicative à la compétence informationnelle dans un article publié sur le site de l'APLV : «Une perspective actionnelle sur les activités langagières en classe de langue: de la compétence communicative à la compétence informationnelle» http://www.aplv-langues modernes.org/spip.php?article1841.

gière, cet opérateur commun *inter* correspondant à la situation de référence de l'AC, qui est le contact initial et ponctuel avec des étrangers de rencontre.

Les deux nouvelles situations sociales de référence du CECR sont celles d'acteurs au sein d'environnements sociaux et professionnels stables à la fois multilingues et multiculturels. En milieu professionnel se réalisent des actions communes dans la durée qui ne demandent plus seulement la maitrise des *représentations* croisées, comme dans la communication interculturelle ponctuelle, mais la mise en œuvre des mêmes *conceptions* de l'action. Une «co-culture», c'est précisément l'ensemble des conceptions partagées que certains acteurs se sont créées ou qu'ils ont acceptées en vue de leur type d'action conjointe dans un environnement social déterminé: c'est ce que l'on l'entend par exemple lorsque l'on parle de «culture scolaire» ou de «culture d'entreprise». Comme je l'écrivais dans un article de 2002[8], «lorsqu'il s'agit non plus seulement de "vivre ensemble" (co-exister ou co-habiter), mais de "faire ensemble" (co-agir), nous ne pouvons plus nous contenter d'assumer nos différences: il nous faut impérativement créer ensemble des ressemblances.»

Il me semble que le récent *Livre blanc sur le dialogue interculturel* du Conseil de l'Europe (2008) marque une prise de conscience de la nécessité de dépasser, précisément, le seul «dialogue inter-culturel» comme objectif en tant que tel. Le sous-titre «Vivre ensemble dans l'égale dignité» renvoie déjà au multiculturel, et l'objectif final annoncé – «construire une identité européenne» (p. 3) – renvoie au co-culturel. Le dialogue interculturel est désormais conçu comme un moyen au service du vivre et du faire ensemble: «S'il faut construire une identité européenne, celle-ci doit reposer sur des valeurs fondamentales partagées, le respect de notre patrimoine commun et la diversité culturelle ainsi que le respect de la dignité de chaque individu. Le dialogue interculturel a un rôle important à jouer à cet égard» (p. 3). Il ne s'agit plus seulement d'échanger avec les étrangers et de les respecter, mais de les intégrer en tant que co-acteurs sociaux: «Les pouvoirs locaux sont fortement encouragés à prendre des mesures visant à renforcer l'engagement civique et une culture de la participation démocratique. Les programmes municipaux en faveur de l'intégration et les "conseils des étrangers", qui permettent aux personnes appartenant à des minorités et aux migrants de prendre part à la vie politique locale, sont des exemples de bonnes pratiques en la matière.» (p. 47)

Cette exigence de «créer ensemble des ressemblances» vaut pour toute société comme pour toute classe de langue-culture, dans laquelle le projet commun d'enseignement-apprentissage ne peut se conduire que sur la base d'un accord sur une «culture didactique» commune. Cet accord n'implique pas que les apprenants s'acculturent – dans le sens où ils devraient modifier leur culture personnelle d'apprentissage –, mais seulement qu'ils s'engagent à appliquer les conceptions com-

8. «Perspectives actionnelles et perspectives culturelles en didactique des langues-cultures: vers une perspective co-actionnelle co-culturelle», *Les Langues modernes* n° 3/2002, juil.-août-sept. 2002, pp. 55-71. Paris: APLV. Disponible en ligne: http://www.aplv-langues modernes.org/spip.php? article844.

163

*Variations sur
la perspective
de l'agir social
en didactique des
langues-cultures
étrangères*

munes lorsqu'ils apprennent avec les autres : nous retrouvons là l'idée de convention, qui renvoie à celle de « contrat didactique », dont nous avons déjà parlé plus haut. Ces conceptions peuvent être en partie nouvelles, en partie composites, ou encore empruntées aux uns ou aux autres sur la base de compromis réciproques : ce qui est sûr, c'est qu'il ne s'agit plus seulement de comprendre l'autre, comme dans l'interculturel, mais d'agir efficacement avec lui, et que l'action commune dans la durée à la fois exige des conceptions communes, et en crée de nouvelles.

Q uelle formation à l'agir d'enseignement ?

Toute action sociale, que ce soit en classe ou hors-classe, est toujours hautement contextuelle parce qu'étroitement dépendante de la culture des acteurs et de la culture locale. De même que le citoyen européen doit maintenant posséder une « compétence plurilingue » et une « compétence pluriculturelle » lui permettant de s'adapter à sa société, de même l'enseignant doit-il désormais disposer d'une « compétence pluri-méthodologique » pour s'adapter aux différentes cultures d'apprentissage. Il ne s'agit pas de gérer éclectiquement une juxtaposition de stratégies d'enseignement et d'apprentissage hétérogènes : l'enjeu est au contraire pour lui de parvenir avec chacun de ses groupes d'apprenants à la construction d'une « co-culture » d'enseignement-apprentissage, condition pour que les uns et les autres puissent se comporter déjà en classe, en tant qu'enseignant et apprenants, comme de véritables acteurs sociaux efficaces.

« Le Cadre de référence n'a pas pour vocation de promouvoir une méthode d'enseignement particulière mais bien de présenter des choix », écrivent les auteurs du CECR en page 110. Cette formule s'applique aussi telle quelle à tous les formateurs, qui n'ont pas pour vocation de promouvoir une méthode d'enseignement particulière – fût-elle la dernière en date, la perspective actionnelle –, mais bien de présenter des choix parmi lesquels enseignants et apprenants pourront opérer leurs propres sélections, articulations et combinaisons de manière à élaborer eux-mêmes leurs conceptions communes de l'enseignement-apprentissage. C'est la philosophie que j'ai voulu aussi mettre en œuvre dans le présent article : proposer aux lecteurs de faire leur choix parmi un certain nombre d'idées.

La rationalisation de l'évaluation en langues au niveau européen, qui constitue le projet le plus clairement affiché et le plus rigoureusement construit du CECR, implique parallèlement que l'on tienne le plus grand compte de la diversité des cultures d'enseignement-apprentissage : on ne peut en effet parvenir aux mêmes résultats dans des environnements différents que si l'on différencie les moyens d'y parvenir. En d'autres termes, l'harmonisation maximale des échelles et procédures d'évaluation au niveau européen implique à l'inverse la diversification maximale des procédés d'enseignement-apprentissage.

L'agir social entre enseignants, pour de l'« innovation durable »

Appliquée aux pratiques des enseignants, la nouvelle perspective actionnelle ouvre une réflexion nouvelle – à côté de celle bien connue concernant les divers types de formation (initiale, continuée et continue) – sur des formes d'agir social rendues techniquement possibles par l'Internet. Les réseaux d'échanges de ressources entre enseignants existent déjà, de manière plus ou moins occasionnelle (sur les listes de diffusion ou certains sites d'éditeurs, par exemple) ou systématique (sites spécialisés créés et gérés par des associations d'enseignants). On pourra visiter par exemple www.weblettres.net, site d'enseignants de français langue maternelle et www.openenglishweb.org, site d'enseignants d'anglais langue étrangère en France. Les outils et environnements collaboratifs d'ores et déjà disponibles sur l'Internet – en particulier ceux du Web 2.0. – permettent de passer entre enseignants de l'approche communicative à la perspective co-actionnelle, c'est-à-dire de les concevoir comme des supports et outils non plus seulement d'échanges plus ou moins occasionnels, mais de travail commun dans la durée. Ces sites ont été créés par des associations qui, comme il est écrit dans la présentation d'une journée de réflexion organisée sur cette question le 24 septembre 2008 à l'INRP, « se sont développées autour de la mutualisation et du travail coopératif [et] s'engagent aujourd'hui dans le travail collaboratif »[9].

Le « projet professionnel » de chaque enseignant doit désormais être conçu prioritairement sur cette nouvelle base de collaboration entre pairs dans la durée. Comme je l'écrivais en conclusion de l'un de mes articles publiés en 2006 dans Le français dans le monde :

> À l'opposé de toute logique hiérarchique et bureaucratique (fût-elle celle du Conseil de l'Europe…), il est temps désormais, avec les enseignants aussi, de passer de l'approche communicative (on les informe des dernières orientations décidées par des « experts ») à la perspective actionnelle (ils sont d'emblée partie prenante d'une action collective d'innovation). (Puren, 2006c, p. 44)

Ce n'est qu'à cette condition que pourra émerger un nouveau modèle d'innovation qui provoquera sûrement chez les enseignants moins de résistance compréhensible, plus d'accord spontané et de participation active que les innovations passées : à l'image de ce modèle de développement qui s'est imposé pour les pays au niveau international, on

9. Voir l'annonce à l'adresse http://eductice.inrp.fr/EducTice/partenariats/journeeTCol/, consultée le 29 août 2008. Voir aussi l'article de Jean-Pierre ARCHAMBAULT, « Développement de ressources pédagogiques en ligne libres et mutualisées », Médialog n° 63 de septembre 2007, pp. 42-45. Disponible en ligne : http://www.epi.asso.fr/revue/articles/a0711a.htm (consulté le 29 août 2008).

165

*Variations sur
la perspective
de l'agir social
en didactique des
langues-cultures
étrangères*

doit désormais concevoir, en didactique des langues-cultures aussi, de l'*innovation durable*.

 uelles théories de l'agir en didactique des langues-cultures?

La perspective actionnelle est proposée par les auteurs du CECR sans référence non seulement à aucune théorie nouvelle, mais à aucune théorie que ce soit. Ils déclarent en effet qu'il ne leur appartient pas de trancher entre des théories linguistiques concurrentes (p. 89), reconnaissent qu'il n'existe pas actuellement de théorie cognitive d'apprentissage admise par tous (p. 108), et même – plus surprenant si l'on pense à l'importance de cette notion dans le calibrage des échelles d'évaluation du *Cadre* – qu'ils ne disposent pas de théorie de la compétence langagière (p. 23).

C'est seulement la nouvelle «compétence plurilingue» qui constitue à leur yeux un «retournement de paradigme» (p. 11) avec ses nécessaires «implications» (p. 8) et «répercussions» (p. 21), mais ce statut déclaré de rupture épistémologique n'est appuyé sur aucune théorie correspondante: aussi bien la description proposée de ce «répertoire langagier dans lequel toutes les capacités linguistiques trouvent leur place» et où les différentes langues «sont en corrélation et interagissent», que les échelles de niveaux suggérées pour mesurer une telle compétence, sont conçues sur la base d'une alternance entre langues juxtaposées auxquelles le locuteur aurait recours de manière complémentaire ou compensatoire, pour assurer une compétence globale par ailleurs toujours définie dans le cadre du paradigme communicatif antérieur (voir page 11).

Cette situation appelle à mon avis deux stratégies complémentaires:

– L'une consiste à développer la pédagogie du projet, qui a depuis longtemps fait ses preuves sur le terrain. C'est ce que je fais régulièrement depuis la publication du CECR, en défendant l'idée que la perspective actionnelle y est bien plus importante que les échelles de compétence en ce qui concerne l'évolution historique de la didactique des langues-cultures.

– L'autre consiste à élaborer une théorie de l'agir social à la fois moderne et propre à la didactique des langues-cultures, c'est-à-dire des modèles diversifiés de relations entre l'agir d'enseignement, l'agir d'apprentissage et l'agir d'usage des langues-cultures, qui puisse couvrir la diversité des publics, des finalités-objectifs, des cultures et environnements d'enseignement-apprentissage.

À cet effet, toutes les théories dites «constructivistes» de l'apprentissage sont potentiellement intéressantes pour la construction de modèles didactiques diversifiés, puisqu'elles considèrent l'action du sujet apprenant comme premier principe explicatif du processus d'apprentissage : c'est le cas du «constructivisme cognitif», avec l'hypothèse de l'interlangue, bien connue en DLC depuis plus de 20 ans[10]. Dans la perspective de l'agir social qui est la nôtre ici, on ne peut que s'intéresser tout particulièrement aux théories que l'on qualifie de «socioconstructivistes», puisqu'elles mettent l'accent sur l'importance des différents acteurs intervenant dans ce processus. Le modèle de la «zone proximale de développement» de Vygostki fournit ainsi un modèle mettant dynamiquement en relation l'action de l'apprenant et celle de l'enseignant. L'auteure d'une thèse soutenue récemment[11] est allée pour sa part, pour concevoir les relations entre agir d'apprentissage et agir d'enseignement dans le cadre d'une pédagogie du projet, chercher des idées très convaincantes chez Alfred Schütz, le représentant autrichien du «constructivisme phénoménologique».

C'est sur cette idée fondamentale de *la gestion positive de la diversité nécessaire des idées* que je voudrais conclure, diversité tout aussi indispensable dans cette minuscule partie de la noosphère qu'est la didactique des langues-cultures, que ne l'est la biodiversité dans la biosphère.

10. On notera la domination de l'opérateur «inter» en DLC depuis plusieurs décennies, avec la place accordée à l'interlangue, l'interaction langagière et l'interculturel. L'émergence de la perspective actionnelle peut s'interpréter, d'un point de vue épistémologique, comme le passage, en ce qui concerne l'opérateur logique de référence, de l'«inter-» au «co-».

11. PERRICHON Émilie, *Agir d'usage et agir d'apprentissage en didactique des langues-cultures étrangères : enjeux conceptuels, évolution historique et construction d'une nouvelle perspective actionnelle.* Thèse en Didactique des langues-cultures et Sciences du langage à l'Université de Saint-Étienne. Direction Ch. Puren. Octobre 2008.

Conclusion

Nous avons vu que les auteurs du CECR hésitent, dans leur document, entre les appellations d'«approche actionnelle» et de «perspective actionnelle». C'est la seconde qui semble actuellement s'imposer, comme on le voit encore dans le titre de ce numéro 45 de *Recherches et Applications*. Je m'en réjouis personnellement, parce que le terme de «perspective» correspond mieux à l'idée que je me fais pour ma part de la nécessité pour les enseignants et les didacticiens, afin de gérer la complexité des environnements d'enseignement-apprentissage et pour cela de maintenir une réflexion complexe sur les processus correspondants, de diversifier au maximum les manières de considérer les problématiques en enchaînant les perspectives différentes les unes aux autres, comme on peut le faire pour un objet aux formes tarabiscotées dont on ne peut saisir visuellement les volumes qu'en le faisant tourner constamment entre ses doigts. On peut dire, en détournant une expression française dont le sens habituel est négatif (elle signifie «ne pas se décider à dire enfin les choses telles qu'on les voit»), que «tourner autour du pot», c'est justement ce qu'il faut faire dans notre discipline, la DLC, les deux seules questions qui s'y posent étant comment choisir les bons pots et comment bien tourner autour.

167

*Variations sur
la perspective
de l'agir social
en didactique des
langues-cultures
étrangères*

J'ai repris ici à la suite des collaborateurs de ce numéro un certain nombre de ces «pots», et j'en ai rajouté d'autres, parmi lesquels les lecteurs choisiront ceux qui leur conviennent, ainsi que leur manière de tourner autour; voire s'en trouveront d'autres, qui leur sembleront mieux correspondre à leur personnalité, à leur expérience et à leur environnement. Toutes les configurations didactiques ont eu dans le passé leur propre «perspective actionnelle», dans le sens très général qu'il faut à mon avis conserver aussi à cette expression, celui de relation fondamentale entre l'agir d'usage de référence et l'agir d'apprentissage de référence (Puren, 2006a, p. 39). J'ai cherché à montrer ici que la nouvelle perspective actionnelle, celle de l'agir social, permet de jeter de multiples regards renouvelés sur des problématiques traditionnelles de la DLC aussi fondamentales que la relation entre enseignement et apprentissage, enseignement-apprentissage «scolaire» et acquisition «naturelle», classe et société, documents «fabriqués» et documents «authentiques», autonomie et guidage, dimensions collective et individuelle.

On connait le mot de Georges Braque: «Il faut toujours deux idées. L'une pour tuer l'autre.» Je pense qu'il faut aller plus loin encore en DLC, pour y conserver disponibles non seulement la perspective de l'agir communicationnel (l'approche communicative) et celle de l'agir social (la perspective actionnelle du CECR), mais toutes les perspectives actionnelles antérieures. Cela me parait nécessaire tout autant pour maintenir en permanence la possibilité d'une vision complexe – c'est-à-dire dynamique, enchainant constamment différentes perspectives –, que pour éviter à la dernière le destin qu'ont subi toutes les précédentes, celui d'opérer un «arrêt image automatique» imposant une vision unique et réductrice, ce que l'on appelle maintenant une «pensée unique».

Je suis intimement persuadé que ce n'est qu'en maintenant ouvertes toutes les perspectives actionnelles possibles que pourra être construite cette «didactique complexe des langues-cultures» indispensable pour qu'enseignants de toutes cultures et traditions didactiques puissent être eux aussi, comme leurs apprenants, des co-acteurs à part entière de cette nouvelle «perspective de l'agir social».

Glossaire des termes du CECR

Jean-Marie Gautherot
ASSOCIATION PROFESSIONNELLE DES ENSEIGNANTS DE CLASSES BILINGUES EN ALSACE-MOSELLE

Soucieux d'une «communication» aisée et transparente entre «les professionnels des langues vivantes», le CECR a su se garder d'une "valse terminologique" induisant en l'illusion d'une révolution des enseignements apprentissages des langues et donnant raison au fameux "encore une!". Toutefois, le repositionnement d'un certain nombre de concepts didactiques fondamentaux et l'élargissement de la taxinomie ont conduit à un renouvellement raisonné et cohérent de la terminologie, plus profond qu'un *"aggiornamento"* – quand le CECR ose le mot de «retournement de paradigme[1]»! – dont il peut être utile, dans les mailles d'un glossaire, de retenir les constituants pour en cerner les contours et les contenus.

À l'instar du CECR lui-même, ce glossaire s'est voulu «suffisamment exhaustif» sans autre prétention toutefois d'abord que de recenser, au fil des quelque 180 pages de l'édition française, les termes clés constituant la constellation de la notion centrale et ultime de «tâche» – constellation dont le champ est défini par les questions auxquelles le Conseil de l'Europe dit, dans l'avertissement liminaire à la publication, avoir voulu «encourager les praticiens dans le domaine des langues vivantes, quels qu'ils soient, y compris les apprenants, à se poser»[2].

Cette visée s'est accompagnée d'une option méthodologique de principe: «laisser parler le CECR», inventorier les termes clés, dont la liste suffirait à donner à lire la trame notionnelle de ce document, et extraire de la «gangue» du texte intégral les passages les plus clairement et efficacement définitoires. Les caractères italiques reprennent généralement les termes soulignés en gras dans le CECR, les italiques mêmes de celui-ci ou soulignent les termes clés des citations définitoires. Les guillemets à la française signalent les «citations littérales du CECR» tandis que les guillemets à l'anglaise sont des "marques" – soulignement ou prise de distance – de l'auteur du glossaire ou des auteurs du CECR lui-même.

1. CECR 1.3 p.11.
2. CECR Avertissement 1 p.4.

À sa tentative d'arpentage du «parc didactique» du CECR, ce glossaire aurait pu ajouter le souci d'en donner à apercevoir le relief, par le biais d'un comptage de la fréquence des occurrences des termes retenus. Cette opération comme d'autres qui contribueraient à en mettre en valeur toutes les ressources – commentaires des termes concepts élaborés dans des publications "de référence" avenues et à venir, évaluations de projets explicites de mise en œuvre dans des contextes variés, etc. – peuvent encore être entreprises. La littérature, abondante déjà, suscitée par le CECR, ne montre-t-elle pas que tout n'a pas été dit et que l'on ne vient pas trop tard… Tel qu'il se présente ici cependant, ce glossaire aurait déjà prouvé son utilité s'il facilitait à celles et à ceux qui "font" les classes de langues et en langues – enseignants et apprenants – l'usage d'un texte qui n'a jamais eu d'autre prétention que d'être d'abord un vade-mecum.

A ction

Premier des termes clés du CECR, s'il en est. Dès l'avertissement, celui-ci est présenté comme l'un des outils aidant «jeunes et moins jeunes» à «se forger les savoirs, savoir-faire et attitudes […] pour acquérir davantage d'indépendance dans la réflexion et dans l'action afin de se montrer plus responsables et coopératifs dans leurs relations à autrui», contribuant à ce titre «à promouvoir une citoyenneté démocratique[3]». Cette notion – qui s'applique aussi bien à l'apprenant qu'à l'enseignant – est naturellement en relation avec *activité(s)*, *(perspective) actionnelle*, *acteur social* et *tâche(s)*. Elle motive la récurrence insistante des termes *efficace/efficacité* d'un bout à l'autre du CECR ainsi que l'accent mis sur les *stratégies* d'apprentissage et de politiques linguistiques.

A ctionnelle (perspective)

«*Perspective* privilégiée» par le CECR, «elle considère *l'usager et l'apprenant* d'une langue comme des *acteurs sociaux* ayant à accomplir des *tâches* (qui ne sont pas seulement langagières) dans des circonstances et un environnement donnés, à l'intérieur d'un domaine d'action particulier. Elle prend en compte les ressources cognitives, affectives, volitives et l'ensemble des capacités que possède et met en œuvre l'acteur social». Cette vision *intégrale*[4] et *complexe* de l'acte de langage trouve son résumé le plus clair dans la formulation suivante, où l'on rencontre un large éventail des notions clés du CECR:

3. CECR Avertissement 2 p.4.
4. «Une vision complète de l'utilisation de la langue et de l'utilisateur doit trouver une place pour l'individu dans son intégrité, mais l'individu en situation sociale, comme "acteur social"». John Trim (Guide CECR, p. 15).

«L'usage d'une langue, y compris son apprentissage, comprend les actions accomplies par des gens qui, comme individus et comme acteurs sociaux, développent un ensemble de *compétences générales* et, notamment une *compétence à communiquer langagièrement*. Ils mettent en œuvre les compétences dont ils disposent dans des *contextes* et des *conditions variés* et en se pliant à différentes *contraintes* afin de réaliser des *activités langagières* permettant de traiter (en réception et en production) des *textes* portant sur des thèmes à l'intérieur de *domaines* particuliers, en mobilisant les *stratégies* qui paraissent le mieux convenir à l'accomplissement des *tâches* à effectuer.»[5]

Bien que l'expression «approche actionnelle» concurrence maintes fois, dans la version française du CECR, l'expression «perspective actionnelle», c'est cette dernière que l'on retiendra parce que la plus en cohérence avec l'ensemble du projet CECR, celle par laquelle il convient le plus justement de le "prendre au mot".

A ctivités langagières

Distinctes des *tâches* et des *finalités*, elles renvoient à des classes d'actions. «Exercice de la compétence à communiquer langagièrement, dans un domaine déterminé, pour traiter un ou des textes en vue de réaliser une tâche», elles peuvent «relever de la *réception*, de la *production*, de *l'interaction* et de la *médiation*, soit à l'oral, soit à l'écrit». Deux types d'activités – interaction et médiation – viennent élargir ici en un quatuor le duo pédagogico-didactique traditionnel antérieur, en raison du «rôle central que [ces activités] jouent dans la communication» et de «la place considérable qu'elles tiennent dans le fonctionnement langagier ordinaire de nos sociétés»[6].

Distinguer les diverses activités langagières ne doit pas faire oublier cependant que «de nombreuses situations – sinon toutes – supposent des types d'activité mixtes»[7].

A ptitudes

Capacités exigées de l'utilisateur de la langue pour mener à bien une suite d'activités langagières :

Cognitives : prévoir et organiser un message (pour parler et écrire); interpréter un message (pour écouter et lire).

Auditives : percevoir un énoncé (pour écouter). *Visuelles* : percevoir un texte écrit (pour lire). *Phonétiques* : prononcer un énoncé (pour parler).

5. CECR 2.1 p.15.
6. CECR 2.1 p.15 et 2.1.3 p.18.
7. CECR 4.4 p.48.

Orthographiques : reconnaître le graphisme (pour lire). *Motrices* : écrire ou transcrire un texte.

Sémantiques : comprendre un message (pour écouter et lire).

Linguistiques : formuler (pour parler et écrire) et identifier (pour écouter et lire) un énoncé ou un message.

A rborescence

Ce système de «présentation des niveaux communs de référence», «de type hypertexte», proposé par le CECR, découle du constat que les six niveaux du schéma descriptif «correspondent à des interprétations supérieures ou inférieures de la division classique en niveau de base, niveau intermédiaire et niveau avancé».

«L'avantage d'une approche de type hypertexte ou *approche arborescente* – sa *souplesse* – est qu'un ensemble de niveaux et/ou de descripteurs peut être "découpé" par différents utilisateurs selon les niveaux locaux qui existent en fait, et en des points différents, afin de répondre aux besoins locaux et de rester pourtant relié au système général»[8].

Un tel système «permet aux praticiens de définir des niveaux dont la gradation large ou étroite dépend du degré de finesse souhaité pour établir des distinctions au sein d'une population donnée d'apprenants»[9] et «aux institutions de développer les branches qui correspondent à leur cas afin de situer et/ou de décrire les niveaux utilisés dans leur système dans les termes du CECR»[10].

A uto-évaluation

«L'auto-évaluation est le jugement que l'on porte sur sa propre compétence»[11].

Si l'évaluation est l'une des trois finalités forces du CECR (cf. son intitulé), l'*auto-évaluation* constitue la face intégrée et individualisée – essentielle – de sa troisième finalité.

Elle s'avère «un complément utile et juste à l'évaluation par l'enseignant et par les examens, si elle se fait en référence à des descripteurs qui définissent clairement des normes de capacité et/ou si l'évaluation est en relation avec une expérience particulière comme celle de la passation de tests». Elle recourt à des descripteurs formulés selon le schéma «je peux/je suis capable de… (faire)».

«Toutefois, le plus grand intérêt de l'auto-évaluation réside dans ce qu'elle est un facteur de motivation et de prise de conscience : elle aide les apprenants à connaître leurs points forts et reconnaître leurs points

8. CECR 3.5 pp.30-31.
9. CECR Avertissement 2 p.5.
10. CECR 3.5 p.31.
11. CECR 9.3.13

faibles et à mieux gérer ainsi leur apprentissage». En ce sens, elle relève de l'évaluation diagnostique ; mais elle a une autre vertu, dynamique : «par l'encouragement à l'*apprentissage autonome*, les apprenants renforcent la maîtrise ainsi que la conscience qu'ils ont de leur apprentissage»[12].

La perspective actionnelle lui fait ainsi une place singulière : « On fait de plus en plus appel à l'auto-évaluation des apprenants, que ce soit pour organiser et planifier leur apprentissage ou pour rendre compte de leur capacité à communiquer dans des langues qu'ils n'ont pas apprises de manière formelle mais qui contribuent à leur développement plurilingue»[13].

C'est dans cette perspective qualitative qu'a été dévolu au PEL le rôle «d'encourager les apprenants à faire régulièrement la mise à jour de leur auto-évaluation pour chaque langue et de l'archiver»[14].

C adre de référence

L'initiative en est née en 1991, au symposium de Rüschlikon (Suisse), dont la troisième des conclusions proposait : «il est souhaitable d'élaborer un *Cadre européen commun de référence pour l'apprentissage des langues à tous les niveaux*, dans le but (a) de promouvoir et faciliter la coopération entre les établissements d'enseignement de différents pays, (b) d'asseoir sur une bonne base la reconnaissance réciproque des qualifications en langues, (c) d'aider les apprenants, les enseignants, les concepteurs de cours, les organismes de certifications et les administrateurs de l'enseignement à situer et à coordonner leurs efforts».

Le CECR se définit autant par ce qu'il est ou veut être («une base commune» pour l'élaboration d'outils d'enseignement-apprentissage) que par ce qu'il n'est pas et ne veut pas être. D'une part il «décrit ce que les apprenants d'une langue doivent apprendre pour communiquer» et il «énumère les connaissances et les habiletés nécessaires à un comportement langagier efficace» (dimension horizontale). D'autre part, il «définit les niveaux de compétence permettant de mesurer le progrès de l'apprenant à chaque étape de l'apprentissage et à tout moment de la vie» (dimension verticale). Les auteurs du CECR eux-mêmes cependant mettent en garde contre une interprétation linéaire des échelles de niveaux[15].

Et s'il «se veut aussi exhaustif que possible, ouvert, dynamique et non dogmatique, il ne peut prendre position dans les débats sur la nature de l'acquisition des langues et sa relation à l'apprentissage, pas plus qu'il ne saurait préconiser une approche particulière de l'enseignement»[16].

12. CECR Annexe C *Les échelles de DIALANG* p.162.
13. CECR 2.4 p.22.
14. CECR 2.4 p.22.
15. CECR 1.1 p.9 et 2.2 p.19-20.
16. CECR 2.3.2 p.21.

Au-delà de ce par quoi il se définit et de ce qu'il propose, le CECR « affiche deux objectifs principaux qui ont présidé à son élaboration : (a) encourager les praticiens à se poser un certain nombre de questions, (b) faciliter les échanges d'informations entre les praticiens et les apprenants » – deux objectifs suffisamment originaux, volontaristes et *politiques*, pour être relevés[17].

Compétence(s)

Elle(s) englobe(nt) « les savoirs, savoir-faire et attitudes que l'usager se forge au fil de son expérience et qui lui permettent de faire face aux exigences de la communication par-delà les frontières linguistiques et culturelles – c'est-à-dire d'effectuer des tâches et des activités communicatives dans les divers contextes de la vie sociale, compte tenu des conditions et des contraintes qui leur sont propres. »[18]. En d'autres termes, « [elles] sont l'ensemble des connaissances, des habiletés et des dispositions qui permettent d'agir »[19] et « qui sous-tendent l'utilisation de la langue à un quelconque niveau »[20].

(On notera, dans cette définition, l'usage plus fréquent du pluriel, dans lequel il faut sans doute voir un trait « essentiel »).

Sous le terme de compétences, le CECR[21] distingue deux catégories : les *compétences générales (individuelles)* – celles auxquelles on fait appel pour des activités de toutes sortes, y compris langagières – et *les compétences à communiquer langagièrement* ou *compétences communicatives langagières*. Chacune de ces deux catégories se décompose elle-même en sous-catégories :

Les *compétences générales* recouvrent les *savoirs ou connaissances déclaratives* (connaissance du monde, académique et empirique ; savoir socioculturel, conscience culturelle et interculturelle) ; les *habiletés et savoir-faire* (aptitudes sociales, pratiques, techniques et professionnelles, culturelles et interculturelles) ; les *savoir-être* (attitudes, motivations, valeurs, croyances, styles cognitifs, traits de la personnalité – marqués culturellement et sujets à variations) ; les *savoir-apprendre* et *savoir-découvrir l'autre* (conscience de la langue et de la communication, aptitudes phonétiques, aptitudes à l'étude et à la découverte).

Les *compétences communicatives langagières* se déclinent en trois composantes (chacune constituée de savoirs, d'habiletés et de savoir-faire, marqués culturellement) : *linguistique* (compétences lexicale, grammaticale, sémantique, phonologique, orthographique, orthoépique) ; *sociolinguistique* (marqueurs des relations sociales, règles de politesse, expressions de la sagesse populaire, différences de registre, dialecte et accent) ; *pragmatique* (compétences discursive, fonctionnelle et des schémas interactionnels et transactionnels).

17. CECR Avertissement 2 p.4.
18. CECR Avertissement 2 p.5.
19. CECR 2.1 p.15.
20. Guide CECR (p.16), qui souligne que le terme ne renvoie pas à l'efficacité avec laquelle l'apprenant est capable d'utiliser la langue.
21. CECR 2.1.1 et 2.1.2 pp.16-18 et 5.1 et 5.2 pp.81-101 ; cf. également Guide CECR pp.29-39.

L'intérêt de cette analyse réside dans le fait qu'elle appréhende l'individu utilisateur et/ou apprenant d'une langue et/ou de plusieurs langues dans son « intégrité » de sujet doté de facultés langagières[22], i.e. la totalité de sa personne individuelle et sociale – la compétence langagière mettant en jeu tout l'être humain, les compétences prises isolément « se combinant de manière complexe pour faire de chaque individu un être unique »[23].

ompétence culturelle et interculturelle

Les termes référant à ces concepts n'apparaissent dans le CECR qu'en relation avec d'autres termes ou expressions qui réfèrent aux composantes de la compétence de l'utilisateur/apprenant de la langue :

Culture générale (connaissance du monde) : « Toute communication humaine repose sur une connaissance partagée du monde »[24]. « La communication dépend de la congruence du découpage du monde et de la langue intégrés par les interlocuteurs »[25].

Communication interculturelle : « La connaissance des valeurs et des croyances partagées de certains groupes sociaux dans d'autres régions ou d'autres pays telles que les croyances religieuses, les tabous, une histoire commune, etc., sont essentielles à la communication interculturelle »[26].

Savoir socioculturel : « À proprement parler, la connaissance de la société et de la culture de la (ou des) communauté(s) qui parle(nt) une langue est l'un des aspects de la connaissance du monde. C'est cependant assez important pour mériter une attention particulière puisque, contrairement à d'autres types de connaissances, il est probable qu'elles n'appartiennent pas au savoir antérieur de l'apprenant et qu'elles sont déformées par des stéréotypes »[27].

Prise de conscience interculturelle : « La connaissance, la conscience et la compréhension des relations (ressemblances et différences distinctives), entre "le monde d'où l'on vient" et "le monde de la communauté cible", sont à l'origine d'une prise de conscience interculturelle. [Celle-ci] inclut la conscience de la diversité régionale et sociale des deux mondes. Elle s'enrichit également de la conscience qu'il existe un plus grand éventail de cultures que celles véhiculées par les L1 et L2 de l'apprenant. Cela aide à les situer en contexte. Outre la connaissance objective, la conscience interculturelle englobe la conscience de la manière dont chaque communauté apparaît dans l'optique de l'autre, souvent sous la forme de stéréotypes nationaux »[28].

Aptitudes et savoir-faire interculturels : « [ils] comprennent la capacité d'établir une *relation* entre la culture d'origine et la culture étrangère ; la sensibilisation à la notion de culture et la capacité de reconnaître et d'utiliser des stratégies variées pour établir le contact avec des gens

22. Guide CECR p.15.
23. CECR.1.1 p.9.
24. CECR 2.1.1 p.16.
25. CECR 5.1.1.1 p.8.
26. CECR 2.1.1 p.16.
27. CECR 5.1.1.2 p.82-83.
28. CECR 5.1.1.3 p.83.

d'une autre culture ; la capacité de jouer le rôle d'intermédiaire culturel entre sa propre culture et la culture étrangère et de gérer efficacement des situations de malentendus et de conflits culturels ; la capacité à aller au-delà de relations superficielles stéréotypées »[29].

Développement d'une personnalité interculturelle : « Beaucoup considèrent que le développement d'une personnalité interculturelle formée à la fois par les attitudes et la conscience des choses constitue en soi un but éducatif important »[30].

C ompétence(s) partielle(s)

« Qualifications partielles qui conviennent à une connaissance[31] réduite de la langue » : développement préférentiel de certaines activités langagières (comprendre plus que parler, par exemple), en lien avec des objectifs fonctionnels définis de *rentabilité* ou un *temps disponible limité* pour l'apprentissage d'une langue. « La reconnaissance formelle de capacités de ce type aidera à promouvoir le plurilinguisme par l'apprentissage d'une plus grande variété de langues »[32].

« La compétence partielle dans une langue donnée peut concerner des *activités langagières*, (mettre l'accent sur le développement ou une meilleure réalisation de telle ou telle capacité) ; elle peut concerner un *domaine particulier* et des *tâches spécifiques* ; mais elle peut aussi avoir trait à des *compétences générales* (*savoirs* autres que langagiers) ».

« Il ne s'agit pas de se satisfaire, par principe ou par réalisme, de la mise en place d'une maîtrise limitée ou sectorisée d'une langue par un apprenant mais bien de poser que cette maîtrise, imparfaite à un moment donné, fait partie d'une *compétence plurilingue*, qu'elle enrichit. Cette compétence dite « partielle », inscrite dans une *compétence plurielle*, est en même temps une *compétence fonctionnelle* par rapport à un objectif délimité que l'on se donne »[33].

C ompétence plurilingue et pluriculturelle

« Compétence à communiquer langagièrement et à interagir culturellement d'un acteur social qui possède à des degrés divers, la maîtrise de plusieurs langues et l'expérience de plusieurs cultures. On considérera qu'il n'y a pas là superposition ou juxtaposition de compétences distinctes mais bien existence d'une compétence complexe, voire composite, dans laquelle l'utilisateur peut puiser ; selon cette conception, loin d'être une collection de compétences à communiquer distinctes et séparées selon les langues maîtrisées, cette compétence plurielle

29. CECR 5.1.2.2 p.84.
30. CECR 5.1.3 p.85.
31. Dans ce contexte d'emploi, les termes « connaissance » et « compétences » ne sont pas toujours soigneusement distincts (comme ici) dans la version française du CECR. D'une manière générale, « connaissance(s) » renvoie à des savoirs déclaratifs, tandis que compétences renvoie à des capacités, d'ordre pragmatique, d'agir dans la langue. En ce sens, « connaissance » subsume « compétence » (cf. les articles « compétence plurilingue » et « connaissance partielle »).
32. CECR 1.1 p. 9.
33. CECR 6.1.3.4 p.106.

englobe l'ensemble du répertoire langagier à disposition de l'utilisateur»[34].

Mais sa dimension pluriculturelle ne postule pas pour autant des relations d'implication entre développement des compétences culturelles et développement des compétences langagières[35].

Une telle compétence se présente généralement, d'autre part, comme *déséquilibrée et évolutive* : degrés de maîtrise variables des différentes langues, profils linguistiques et culturels variables d'une langue à l'autre et par ailleurs transitoires (selon l'évolution de la biographie linguistique et culturelle de l'usager).

Mettant en œuvre de manière *différenciée*, selon les langues auxquelles elle a recours, les capacités générales et langagières et les stratégies sollicitées pour la réalisation de tâches à dimension langagière, elle s'autorise à *jouer de l'alternance* des codes et des formes.

Facteur de dynamisation de la conscience linguistique et communicationnelle, la compétence plurilingue et pluriculturelle revêt une dimension éducative privilégiée.

C onnaissance(s) partielle(s)

«Entre langues voisines particulièrement – mais pas seulement – des sortes d'osmoses de connaissances[36] et de capacités interviennent. Du point de vue curriculaire, il convient d'affirmer simultanément :

(a) toute connaissance d'une langue, si apparemment "maternelle" et "native" soit-elle, est partielle en ce qu'elle n'est *jamais aussi développée ni aussi parfaite* chez un usager réel ordinaire que chez l'utopique locuteur idéal et en ce qu'elle n'est *jamais pleinement équilibrée*, pour un communicateur donné, entre ses différentes composantes ;

(b) toute connaissance partielle est *moins partielle qu'il n'y paraît* (utilisation, pour l'atteinte d'un objectif limité, de connaissances et d'habilités utilisables pour d'autres buts).

(c) savoir une langue, c'est aussi *savoir déjà bien des choses de bien d'autres langues*, mais sans toujours savoir qu'on les sait»[37].

C urriculum

«Parcours accompli par un apprenant à travers une séquence d'expériences éducationnelles, sous le contrôle ou non d'une institution. Un curriculum ne s'achève pas avec la scolarité mais se poursuit tout au long de la vie»[38]. Un curriculum *"scolaire"* s'articule donc sur un curri-

34. CECR 8.1 p.129.
35. CECR 8.1 p.129.
36. Voir les articles «compétences partielles» (et la note) et «compétence plurilingue et pluriculturelle».
37. CECR 8.2.2 p.130.
38. CECR 8.4 p.132.

culum *"existentiel"*, ce qui induit «qu'une compétence plurilingue et pluriculturelle peut donner lieu à construction dès avant la scolarisation et parallèlement à la scolarisation – constat d'une grande banalité mais que l'école est bien loin de prendre toujours en compte»[39].

D escripteurs

Énoncés de description des capacités langagières – d'un niveau dit «introductif ou de découverte» jusqu'à un niveau dit «de maîtrise ou de compétence opérationnelle globale» et selon un éventail défini de «catégories d'utilisation de la langue» – dont l'ensemble constitue le «schéma descriptif» de «l'échelle de niveaux communs de référence» du CECR[40].

Élaborés dans une démarche «relativement rigoureuse», mettant en œuvre la «combinaison systématique de méthodes intuitives, qualitatives et quantitatives»[41] et contrôlée par un étalonnage comparé, les descripteurs se caractérisent par une formulation en termes de *«capacités (effectives) à faire»* dans la langue (performance) et leur centration sur l'utilisateur.

«Ils renvoient aux trois métacatégories du schéma descriptif adopté par le CECR : (1) *activités* communicatives (réception, interaction production), (2) *stratégies*, (3) *compétences* communicatives langagières»[42] (cf. ces termes).

«Ils doivent rester globaux»[43] et leur rédaction doit satisfaire à cinq exigences fondamentales: «formulation positive, précision, clarté, brièveté, indépendance ou autonomie»[44].

Le CECR invite cependant ses usagers «à utiliser [la] batterie d'échelles et leurs descripteurs de manière critique[45]».

D omaines

Espaces divers et variés d'utilisation d'une langue, dans lesquels s'inscrivent les activités langagières des utilisateurs accomplissant des tâches. Le CECR en retient quatre «majeurs», «en relation à l'apprentissage des langues»: *public* (échanges sociaux ordinaires), *professionnel* (interventions et relations des acteurs dans l'exercice de leur activité professionnelle), *éducationnel* (contexte de formation, le plus souvent institutionnalisé, où l'utilisateur se trouve), *personnel* (relations familiales et pratiques sociales individuelles)[46].

39. CECR 8.4.1 p.133.
40. CECR 3.1 et 3.2 pp.23-25.
41. CECR 3.1 p.24.
42. CECR 3.4 p.29.
43. CECR 3.4 p.29.
44. CECR Annexe A, pp.148-150 et CECR 3.4 p.30.
45. CECR Avertissement 2 p.5.
46. CECR 2.1.4 p.18.

Loin d'être des lieux fermés, ces domaines, fréquemment, « se che-vauchent » ou « empiètent » les uns sur les autres et « nombre de situations relèvent de plusieurs domaines »[47].

Le Guide du CECR souligne l'importance du *concept de domaine* en relation avec le choix des thèmes, des activités, des tâches et des textes, à égale distance d'«un apprentissage hors de propos» et d'«une extrême spécialisation »[48].

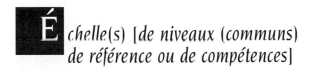

É chelle(s) [*de niveaux (communs) de référence ou de compétences*]

«Série mobile de seuils fonctionnels définis par des descripteurs appro-priés »[49].

«Toute tentative pour définir des niveaux de compétence est arbitraire, dans une large mesure, comme elle le serait dans tout autre domaine de savoir ou de savoir-faire. Toutefois, il est utile, pour des raisons pratiques, de mettre en place une *échelle de niveaux* afin de segmen-ter le processus d'apprentissage en vue de l'élaboration de pro-grammes, de rédaction d'examens, etc. »[50].

«Les échelles sont prévues non seulement pour une compétence glo-bale mais également pour chacun des paramètres étalonnables de la compétence langagière. Ceci permet d'affiner la différenciation des profils au sein des groupes d'apprenants»[51].

Toutefois «il faut être prudent dans l'interprétation d'un ensemble de niveaux et d'échelles de la compétence langagière et ne pas les consi-dérer comme un instrument de mesure semblable à un mètre. Il n'existe pas d'échelle ni d'ensemble de niveaux qui puisse se prévaloir d'être ainsi linéaire[52] ».

E xercice

C'est au titre d'exemple d'une tâche «essentiellement langagière» requérant une «activité avant tout langagière», c'est-à-dire portant sur la langue, qu'au chapitre 2 du CECR (*Perspective actionnelle*), l'exercice fait d'abord l'objet d'une mention, et ce, dans la forme d'un «exercice à trous»[53].

Au chapitre 4, qui traite de «*l'utilisation de la langue et* [de] *l'appre-nant/utilisateur*», les «exercices» sont cités, à côté des «textes, activi-tés, tests, etc. », comme l'un des éléments de la panoplie familière des auteurs de programmes ou de manuels, dont le contenu doit faire l'ob-

47. CECR 4.1.1 p.41.
48. Guide p.23.
49. CECR Synopsis, p.7.
50. CECR 2.2 p.20 et l'Annexe B, (p. 155-160) «Les échelles de démonstration», qui présente une description du projet suisse (1993-1996) au cours duquel ont été élaborées ces échelles, dont les descripteurs ont été utilisés pour créer les niveaux du CECR.
51. CECR Avertissement 2 p.5.
52. CECR 2.2 p.20.
53. CECR 2.1.5 p.19.

jet de «décisions concrètes très précises»[54] et comme l'un des «supports écrits» ou des «textes oraux» auxquels aura recours l'apprenant dans son apprentissage, dans les «nombreuses situations [qui] supposent des activités mixtes»[55].

Abordant, au chapitre 6, la délicate question des opérations d'apprentissage et d'enseignement («*Comment les apprenants apprennent-ils ?*»), le CECR clôt une rapide revue des diverses conceptions issues des différentes théories de l'apprentissage par la mention – porteuse d'un implicite jugement – de la dernière «hypothèse de travail» suivante : «certains (encore qu'ils soient bien moins nombreux qu'autrefois) croient que l'on peut atteindre ce but par des exercices systématiques jusqu'à saturation»[56]. Et recensant ensuite les «modalités» des diverses «options méthodologiques» pour l'enseignement et l'apprentissage, le CECR mentionne derechef les «exercices (mécaniques)» comme l'un des composants possibles d'une «combinaison» d'activités[57].

Considérés sous leurs deux faces de «textes traités» et de «textes produits», et qu'ils soient «oraux» ou «écrits»[58], les «exercices» sont rangés par le CECR, selon une option méthodologique éclectique, parmi les outils «formels» auxquels il peut être fait recours pour «développer les compétences linguistiques», lexicales et grammaticales notamment[59].

Les occurrences relevées ici n'épuisent pas toutes les mentions de cette «activité» dans la totalité des pages du CECR. Mais on aura noté – et un relevé exhaustif des occurrences le confirmerait, si besoin était – la coloration des qualificatifs qui habillent un vocable qui ne se rencontre que rarement "nu" : «à trou», «systématique», «mécanique» «formel». Toutefois, assigné à une place et affecté à une fonction «précise» – pour reprendre le mot du CECR cité plus haut – l'exercice n'en est pas pour autant frappé d'ostracisme et reste disponible au rayon des «tâches ou activités de nature plus spécifiquement pédagogique»... «dans la mesure où [celles-ci] exigent des apprenants qu'ils en comprennent, négocient et expriment le sens afin d'atteindre un but communicatif»[60].

É *valuation*

54. CECR 4.Introd. p.40.
55. CECR 4.4 p.48 et 4.6.2 p.76.
56. CECR 6.2.2.2 p.109.
57. CECR 6.4.1 p.111.
58. CECR 6.4.3 pp.112 et 113.
59. CECR 6.4.7.1 et 6.4.7.8 pp.115 et 116.
60. CECR 7.1 p.121 et 122.
61. CECR 9.1 p.135.

Terme entendu par le CECR au sens de «évaluation de la mise en œuvre de la compétence de la langue,» plus précisément «de la performance». Mais, précise le CECR, évaluation ne se confond ni avec «test» ni avec «contrôle»[61]. «Pour rendre compte de la compétence, l'évaluation ne doit pas se focaliser sur une performance particulière mais tendre plutôt à juger les compétences généralisables mises en évidence par cette performance». Pour traiter d'évaluation, «trois concepts sont considérés comme fondamentaux :

la validité : ce qui est effectivement testé est ce qui doit être évalué et l'information recueillie donne une image exacte de la compétence des testés ; [la validité exige par ailleurs] que l'on dispose d'un échantillon de types représentatifs de discours ;

la fiabilité (mesure selon laquelle on retrouve le même classement des candidats dans deux passations des mêmes épreuves) ;

la faisabilité ou *praticabilité* (temps limité, échantillon limité de performances, nombre et nature des critères limités) ».

Évaluer conduit à faire des choix entre différentes options ; le CECR en énumère et en définit un certain nombre en binômes de termes opposés : évaluation normative/évaluation critériée, continue/ponctuelle, formative/sommative, directe/indirecte, subjective/objective, holistique ou globale/analytique, évaluation du savoir/évaluation de la capacité, de la performance/des connaissances, sur une échelle/sur une liste de contrôle, par série/par catégorie, évaluation mutuelle/auto-évaluation, etc.[62]

I *nteraction*

L'activité d'interaction orale recouvre l'alternance, chez l'utilisateur de la langue, des rôles de locuteur et d'auditeur avec un ou plusieurs interlocuteurs dans la construction conjointe d'un discours conversationnel dont le sens se négocie suivant un principe de coopération.

L'interaction écrite recouvre des activités d'échange, de transmission ou de négociation des divers types de textes propres à ces situations langagières.

Mais « l'interaction en face à face peut mettre en œuvre différents moyens : l'oral, l'écrit, l'audiovisuel, le paralinguistique et le paratextuel ».[63]

M *édiation*

Activités où « l'utilisateur de la langue joue simplement le rôle d'intermédiaire entre des interlocuteurs (généralement mais non exclusivement de langues différentes) incapables de se comprendre en direct ». Relèvent de cette activité *l'interprétation* (orale simultanée, consécutive et non formelle), la *traduction* (écrite) ainsi que le *résumé* et la *reformulation* dans la même langue[64].

62. CECR 9.3 pp.139-145.
63. CECR 4.4.3.1 et 4.4.3.2 pp.60 et 68.
64. CECR 4.4.4 p.71.

M ultilinguisme

«Connaissance d'un certain nombre de langues ou coexistence de langues différentes dans une société donnée»[65]. À distinguer du *plurilinguisme*.

N iveau de compétence

«Degré de capacités langagières sur une échelle *curriculaire* d'apprentissage ou d'usage». Les six niveaux généraux de référence du CECR visent à «permettre de mesurer le progrès de l'apprenant à chaque étape de l'apprentissage et à tout moment de la vie[66] [...] au fur et à mesure qu'il construit sa compétence à travers les paramètres du schéma descriptif»[67].

Ces niveaux communs de référence reposent sur le constat d'«un large consensus (encore que non universel) sur le nombre et la nature des niveaux appropriés pour l'organisation de l'apprentissage en langues et [d'] une reconnaissance publique du résultat» – les six niveaux correspondant «à des interprétations supérieures ou inférieures de la division classique en niveau de base, niveau intermédiaire et niveau avancé»[68]. Toutefois, «l'élaboration d'un ensemble de points de référence communs ne limite en aucune façon les choix que peuvent faire des secteurs différents, relevant de cultures pédagogiques différentes, pour organiser et décrire leur système de niveaux. On peut aussi espérer que la formulation précise de l'ensemble de points communs de référence, [ainsi que] la rédaction des descripteurs, se développeront avec le temps, au fur et à mesure que l'on intègre dans les descriptions l'expérience des États membres et des organismes compétents dans le domaine»[69].

P lurilinguisme

À distinguer du *multilinguisme*. «L'approche plurilingue met l'accent sur le fait que, au fur et à mesure que son expérience langagière, dans son contexte culturel, s'étend de la langue familiale à celle du groupe social puis à celle d'autre groupe, l'individu ne classe pas ces langues et ces cultures dans des compartiments séparés mais construit une compétence communicative à laquelle contribuent toute connaissance et toute expérience des langues et dans laquelle celles-ci sont en cor-

65. CECR 1.3 p.11.
66. CECR 1.1 p.9.
67. CECR Avertissement 2 p. 5.
68. CECR 3.2 pp.24-25.
69. CECR 3.3 p.25.

rélation et interagissent. [Il développe ainsi] un *répertoire langagier* dans lequel toutes les capacités linguistiques trouvent leur place »[70]. Cf. également *compétence plurilingue et pluriculturelle*

P olitique linguistique

L'intitulé du premier chapitre du CECR « Le *Cadre européen commun de référence* dans son contexte politique et éducatif » présente claire-ment le CECR comme l'un des outils clés de « la politique linguistique du Conseil de l'Europe », laquelle met l'accent « sur l'importance, aujourd'hui et dans l'avenir, du développement de domaines d'action particuliers tel que les stratégies de diversification et d'intensification de l'apprentissage des langues, afin de promouvoir le plurilinguisme en contexte pan-européen »[71].

P ortefeuille européen des langues (*Portfolio ou* PEL)

Outil dérivé du CECR, le PEL – objet individuel et personnalisé – conjugue deux fonctions : « faire mention non seulement des certifica-tions ou validations officielles obtenues dans l'apprentissage de telle ou telle langue, mais aussi enregistrer des expériences plus informelles de contact avec des langues et cultures autres », c'est-à-dire « les diffé-rentes facettes [d'une] biographie langagière »[72] – ce que le CECR appelle encore « le curriculum existentiel »[73].
Caractéristique notable : en proposant « une mise en forme des expé-riences interculturelles et d'apprentissage des langues les plus variées », le PEL « permet de les enregistrer et de leur donner une reconnaissance formelle »[74].
Visant à « permettre aux apprenants d'apporter la preuve de leur pro-grès vers une compétence plurilingue en enregistrant toutes les sortes d'expériences d'apprentissage qu'ils ont eues dans un grand éventail de langues, progrès qui, sans cela, resterait méconnu et non certifié, [...] le *Portfolio* encouragera les apprenants à faire régulièrement la mise à jour de leur *auto-évaluation* pour chaque langue et à l'archiver. Il sera essentiel pour la crédibilité du document que les témoignages de progrès soient apportés de façon responsable et transparente. La référence au *Cadre commun* sera garante de la validité »[75].

70. CECR 1.3 p.11.
71. CECR 1.1 et 1.2 pp.9-11.
72. CECR 8.4.2 p.133.
73. CECR p.133.
74. CECR 1.3 p.11.
75. CECR 2.4 p.22. L'année de sa publication (2001), déclarée « année européenne des langues », le CECR présentait ainsi cette « idée », au futur, après que plusieurs projets expérimentaux en avaient démontré la faisabilité. La même année (2001) était publié un « Guide à l'usage des concepteurs » de portfolios (G. Schneider, P. Lenz). Depuis, les réalisations de PEL se sont multipliées, diversifiées et qualitativement étoffées.

Production

Cette *activité* «inclut la production orale (parler ou expression orale) et la production écrite (écrire ou expression écrite)».L'utilisateur de la langue produit des textes et des énoncés qui sont reçus par un ou plusieurs auditeurs ou lecteurs[76].

Profil

Ensemble de compétences (langagières et générales), définies de manière particulière et différenciée pour chacun des paramètres étalonnables caractérisant un utilisateur apprenant ou une population d'usagers. Le CECR permet ainsi de définir et de décrire des qualifications langagières partielles convenant (pour une plus grande «rentabilité») à un usage réduit ou à un apprentissage temporellement limité de la langue.

Projet

La perspective de type actionnel, privilégiée par le CECR, «en ce qu'elle considère avant tout l'usager et l'apprenant d'une langue comme des acteurs sociaux ayant à accomplir des tâches (qui ne sont pas seulement langagières) dans des circonstances et un environnement donnés, à l'intérieur d'un domaine d'action particulier[77]», fait de ceux-ci, d'une certaine manière, les acteurs d'un «projet» au sens premier et littéral du terme.

C'est dans ce sens que le terme est pris lorsque le CECR souligne la nécessité pour les apprenants d'être «outillés» pour «les tâches [qu'ils] devront entreprendre ou auront besoin d'entreprendre dans le domaine éducationnel comme participants dans des interactions guidées ou finalisées, des *projets*, des simulations, des jeux de rôles, etc.»[78] ou, plus précisément, «en cours de langue», lorsqu'ils auront à «communiquer en sous-groupe avec [leurs] camarades sur un *projet*»[79]. Mais au-delà des situations pédagogiques (de classe), où le «projet» s'inscrit dans un ensemble d'«activités mixtes» langagières, «la poursuite d'un objectif peut trouver place dans un projet d'ensemble pour l'apprentissage»[80], participer de tâches plus «complexes» «exigeant plus ou moins d'activités langagières» et relever alors de ce que l'on appelle la «pédagogie de projet»[81]. Dans cette perspective «les tâches» à travers la réalisation desquelles se construit «la compétence

76. CECR 4.4.1.1 et 4.4.1.2 pp.48 et 51.
77. CECR 2.1 p.15.
78. CECR 4.3 p.47.
79. CECR 4.4 p.48.
80. CECR 6.1.4 p.106.
81. CECR 7.1 (*Description de la tâche*) p.121.

plurilingue et pluriculturelle » font office d'« objectifs apparents ou relais pour la poursuite d'autres objets »[82].

Plus généralement, les nombreuses occurrences, au fil des quelque 180 pages, des termes : *objectif(s), visée, but, tâches, stratégie(s), processus, curriculum, progression, perspective(s), opération(s)/opérationnel, planifier/planification*, etc. confortent l'utilisateur dans une "lecture large" de la « tâche cible » « proche de la vie réelle » et comprise comme un « projet », qui trouve une illustration exemplaire dans le Portfolio. Et le concept de « capacité à faire » peut alors être considéré comme l'élément moteur du « projet »[83] ?

R éception

Cette *activité* « inclut l'écoute (ou compréhension de l'oral) et la lecture (ou compréhension de l'écrit) ». L'utilisateur de la langue, comme auditeur, reçoit et traite un message parlé par un ou plusieurs locuteurs ; et, en tant que lecteur, des textes écrits produits par un ou plusieurs scripteurs[84].

R éférentiels

« Le CECR offre une base commune pour l'élaboration de programmes de langues vivantes, de *référentiels*, d'examens, de manuels, etc. en Europe »[85].

Cette occurrence du terme est, semble-t-il, unique[86] dans le CECR, qui ne parle ensuite que de « spécifications linguistiques pour chaque langue donnée ».

Si « les descripteurs [des niveaux communs de référence] doivent rester globaux, afin de donner une vue d'ensemble », de « nouvelles batteries de spécifications linguistiques » peuvent être développées dressant, sous forme d'*inventaires*, « les listes détaillées des fonctions et microfonctions, des formes grammaticales et du vocabulaire nécessaires pour *réaliser les tâches* communicatives décrites dans les échelles ». Dans ce processus d'analyse, « les compétences générales peuvent faire l'objet d'une liste semblable » [87].

82. CECR 6.1.4.1 p.108.
83. À noter que certaines occurrences du terme *projet*, dans le CECR renvoient également à une réalité institutionnelle : *une étude, un travail de recherche* ou de *réalisation d'outils.*
84. CECR 4.4.2.1 et 4.4.2.2 pp.54 et 57.
85. CECR 1.1 p.9.
86. Le terme a pu d'ailleurs faire problème de par son origine (terme venu du domaine de la formation professionnelle et renvoyant à une qualification). Aussi la Division des Politiques linguistiques du COE incline-t-elle à lui préférer, pour ce qui concerne la langue française, la dénomination neutre de « descriptions des niveaux de rófóronco » (DNR). Sur cot aspect sémantique, cf. : « Le Niveau B2 pour le français n'est pas un référentiel au sens institutionnel (français) du terme : il ne définit pas les objectifs, les savoirs et les savoir-faire et les contenus langagiers nécessaires à l'obtention d'une certification ou d'un diplôme précis, définissant une qualification dans un contexte donné ». CONSEIL DE L'EUROPE (2004) *Niveau B2 pour le français, Un référentiel*, Paris, Didier p.8.
87. CECR 3.4 p.29.

R épertoire langagier

Avec l'approche plurilingue, « le but de l'enseignement des langues se trouve profondément modifié. Il ne s'agit plus simplement d'acquérir la "maîtrise" d'une, deux, voire même de trois langues [ou plus], chacune de son côté, avec le "locuteur natif idéal" comme ultime modèle. Le but est de développer un répertoire langagier dans lequel toutes les capacités linguistiques trouvent leur place ».

Une telle approche constitue, selon le CECR « un retournement de paradigme ».

S avoirs

Ils relèvent des compétences générales et recouvrent :

la culture générale ou connaissance du monde, acquise par l'expérience, l'éducation, l'information, etc. – la communication dépendant de la congruence du découpage du monde et de la langue intégrés par les interlocuteurs ;

le savoir socioculturel, qui n'appartient généralement pas au savoir antérieur de l'apprenant et que déforment les stéréotypes – et qui concerne vie quotidienne, conditions de vie, relations interpersonnelles, valeurs, croyances et comportements, langage du corps, savoir-vivre et comportements rituels ;

la prise de conscience interculturelle, ou connaissance et compréhension des relations entre « le monde d'où l'on vient » et « le monde de la communauté cible », incluant la conscience de leur diversité régionale et sociale, de leurs auto- et hétéro-représentations ainsi que du plus large éventail global de cultures dans lequel ils s'inscrivent.[88]

S avoir-apprendre

Relève des compétences générales. « Capacité à observer de nouvelles expériences, à y participer et à intégrer cette nouvelle connaissance ; aptitude qui se développe au cours même de l'apprentissage ». Cette compétence recouvre :

une conscience de la langue et de la communication : i.e. une connaissance et une compréhension des principes d'organisation et d'usage des langues, ouvertes à de nouvelles expériences linguistiques ; une conscience phonétique : aptitudes à la compréhension et à la maîtrise

88. CECR 5.1.1 pp.82-83.

de systèmes phonétiques nouveaux (sons, phonèmes, chaîne sonore) ; *des aptitudes à l'étude* : capacité d'utiliser efficacement occasions, conditions, moyens et méthodes d'apprentissage, d'identifier ses besoins et de choisir ses stratégies ; *des aptitudes (à la découverte) heuristiques* : capacité à s'accommoder d'une expérience nouvelle et à utiliser de nouveaux outils pour une tâche nouvelle[89].

S avoir-être

Il relève des compétences générales (facteurs personnels) et recouvre : les *attitudes* : degré d'ouverture à l'altérité et capacité de distanciation culturelle ; les *motivations* : internes et externes, instrumentales et inté-gratives ; les *valeurs* : éthiques et morales ; les *croyances* : philoso-phiques, idéologiques, religieuses ; les styles cognitifs (holistiques, ana-lytiques, synthétiques) et les traits de la personnalité. Est rangé sous ce terme – non sans poser de questions – tout ce qui touche au *dévelop-pement d'une personnalité interculturelle.*[90]

S avoir-faire

Ils relèvent des compétences générales et comprennent :
les aptitudes pratiques : sociales, techniques et professionnelles, propres à la vie quotidienne et aux loisirs ;
les aptitudes interculturelles : capacité à établir une relation entre cul-ture d'origine et culture étrangère, à reconnaître et à utiliser les straté-gies adéquates de contact avec une autre culture, à gérer un rôle d'in-termédiaire et à dépasser les relations stéréotypées.[91]

S cénario(s) curriculaire(s)

Schémas de planification institutionnelle des enseignements-apprentis-sage selon lesquels sont conçus « des programmes intégrés qui cou-vrent un certain nombre de langues dans une perspective plurilingue ». Les scénarios curriculaires couvrent l'école primaire, le premier et le second cycles du secondaire et exigent que la planification soit envisa-gée sur une base locale ou régionale »[92].

89. CECR 5.1.4 pp.85-86.
90. CECR 5.1.3 pp.84-85. « Des questions se posent, de type éthique et pédagogique, telles que : Dans quelle mesure le développement de la personnalité peut-il être un objectif éducatif explicite ? Comment réconcilier le relativisme culturel avec l'intégrité morale et éthique ? etc. Quels traits de la personnalité facilitent et/ou entravent l'apprentissage et l'acquisition d'une langue étrangère ou seconde ? etc. » (ibid).
91. CECR 5.1.2 p.84.
92. Guide CECR p.48.

S tratégies

« Moyens utilisés par l'usager d'une langue pour mobiliser et équilibrer ses ressources et pour mettre en œuvre des aptitudes et des opérations en vue de répondre aux exigences de la communication en situation et d'exécuter une tâche avec succès, de la façon la plus complète et la plus économique possible, en fonction de son but précis ».

On peut les voir comme « l'application des principes métacognitifs de l'activité communicative [que sont] la *planification*, l'*exécution*; l'*évaluation* et la *remédiation*[93] ». Dans ce sens, on pourrait également les considérer comme les composantes de l'*ergonomie* et de la *démarche qualité* du processus de communication langagière et à ce titre, « constituant une base pratique pour l'étalonnage de la capacité langagière »[94]. Chaque type d'activité langagière met en œuvre des stratégies propres :

Les stratégies de production – parmi lesquelles on distingue les stratégies d'*évitement* et les stratégies de *réalisation* – mettent en œuvre, pour la mobilisation des ressources, des démarches comme la *préparation* ou la répétition, la *prise en compte du destinataire*, la *localisation des ressources*, l'*adaptation à la tâche*, l'*adaptation du message*; pour l'ajustement des moyens à la tâche, la *compensation*, la *construction sur un savoir antérieur*, l'*essai*, le *contrôle du succès* et l'*autocorrection*[95];

Les stratégies de réception recouvrent l'identification, à partir d'indices, du contexte et de la connaissance du monde qui lui est attachée ainsi que du schéma communicatif mis en œuvre. *Cadrage, déduction, vérification d'hypothèses* et *révision éventuelles* de celles-ci en constituent les principales opérations[96];

Les stratégies d'interaction conjuguent d'abord toutes les stratégies de réception et de production mais comportent aussi une classe de stratégies propres, centrées sur la gestion du processus lui-même de l'activité et provoquant, en raison de la situation fréquente de face à face, une plus grande redondance textuelle.

Appartiennent à cette catégorie les démarches suivantes : *repérage des lacunes d'information et d'opinion, estimation de ce qui peut être considéré comme acquis, planification des échanges, prise de tour de parole, coopération interpersonnelle, coopération de pensée, demande d'aide, contrôle de la cohérence du schéma et de l'action, contrôle de l'effet et du succès, clarification ou demande de clarification*[97];

Les stratégies de médiation « reflètent les façons de se débrouiller avec des ressources limitées pour traiter l'information et trouver un sens équivalent ». Elles puisent dans un arsenal d'opérations où l'on rencontre : *développement du savoir antérieur, localisation des supports, préparation d'un glossaire*; *prise en compte des besoins des interlocuteurs, sélection de la longueur de l'unité à interpréter*; *anticipation,*

93. CECR 4.4 p.48 et 4.5 pp.74-75.
94. CECR 4.4 p.48.
95. CECR 4.4.1.3 p.53.
96. CECR 4.4.2.4 pp.59-60.
97. CECR 4.4.3.3 pp.69-70.

enregistrement des possibilités et des équivalences, comblement des lacunes; contrôle de la conformité et de la cohérence des textes et des usages, affinement à l'aide de dictionnaires et de thésaurus, consultation d'experts et de sources[98].

S upport

Canal spécifique (ondes acoustiques ou objet écrit) par lequel est véhiculé un texte. Les caractéristiques matérielles du support affectent les opérations de production et de réception. La nature du canal exerce une influence non négligeable sur la nature du texte et vice versa[99].

T âches

Le CECR y consacre tout un chapitre (chp.7 pp.121-127)
«Est définie comme tâche toute visée actionnelle que l'acteur se représente comme devant parvenir à un résultat donné en fonction d'un problème à résoudre, d'une obligation à remplir, d'un but qu'on s'est fixé»[100]. «L'exécution d'une tâche suppose la mise en œuvre *stratégique* de *compétences* données, afin de mener à bien un ensemble d'*actions* finalisées dans un certain *domaine* avec un *but* défini et un *produit* particulier»[101].
Certaines tâches, «proches de la vie réelle» ou dites *authentiques*, peuvent être choisies en fonction des *besoins de l'apprenant hors de la classe*, dans les domaines personnel ou public ou en relation à des besoins professionnels ou éducationnels. D'autres, de nature plus spécifiquement *pédagogique* («faire-semblant accepté volontairement»), se fondent sur la nature sociale et interactive «réelle» et le caractère immédiat de la *situation de classe*. Les tâches pédagogiques communicatives peuvent avoir pour compléments des tâches *intermédiaires* «méta-communicatives»[102].
Dans une tâche communicative – qui exige des apprenants qu'ils en comprennent, négocient et expriment le sens afin d'atteindre le but – l'accent est mis sur le succès de l'exécution; en conséquence, le sens est au centre du processus de réalisation des intentions communicatives[103].
Lieux de la communication et de l'apprentissage, «les tâches ne sont [toutefois] pas uniquement langagières même si elles impliquent des activités langagières et sollicitent la compétence à communiquer du sujet»[104].

98. CECR 4.4.4.3 p.72.
99. CECR 4.6.1 pp.75-76.
100. CECR 2.1 p.16.
101. CECR 7.1 p.121.
102. CECR 7.1 p.121.
103. CECR 7.1 p.122.
104. CECR 2.1.5 p.19.

T*exte*

«Toute séquence discursive orale ou écrite que les usagers-apprenants reçoivent, produisent ou échangent. En conséquence, il ne saurait y avoir acte de communication langagière sans texte, que celui-ci soit considéré comme objet fini ou comme visée, comme objectif ou comme produit en cours d'élaboration. Les textes peuvent être classés selon des types différents appartenant à des genres différents».

Chaque texte est véhiculé par un support. Support et texte sont assez étroitement liés et dérivent tous deux de la fonction qu'ils remplissent.[105]

U *sager / utilisateur (de la langue)*

Bien que sa visée soit explicitement d'abord l'*apprenant* et le *praticien* des langues (enseignant et évaluateur), le CECR met immédiatement en avant, dans la définition même de la *perspective actionnelle* dans laquelle il déclare se situer[106], les termes d'*usager* et d'*utilisateur* de la langue : «La perspective privilégiée ici est [...] de type *actionnel* en ce qu'elle considère avant tout l'*usager* et l'apprenant d'une langue... etc.». Et l'«avertissement» du CECR caractérise ainsi le mode de description proposé aux praticiens de l'enseignement : «fondé sur l'hypothèse que le but de l'apprentissage d'une langue est de faire de l'apprenant un utilisateur compétent et expérimenté».

Et c'est le même terme d'«utilisateur» qui est utilisé pour étiqueter les trois niveaux principaux des échelles de référence : *utilisateur* élémentaire, indépendant, expérimenté.

V*erbale (communication non)*

On recense sous ce terme des *gestes* et des *actions* clairement observables : désignation démonstration commentaires, ordres ; des *comportements paralinguistiques* : langage du corps, utilisation d'onomatopées et de traits prosodiques (caractéristiques vocales) ; des *éléments para-textuels* : illustration, typographie[107].

«*L'approche actionnelle* considère que la langue n'est que l'un des aspects d'un évènement de communication complet dans lequel les participants échangent de l'information et parviennent à une compréhension mutuelle par tous les moyens mis à leur disposition»[108].

---

105. CECR 4.6 pp.75-77.
106. CECR 2.1.
107. CECR 4.4.5 p.73.
108. Guide CECR p.27.

En choisissant de "laisser parler le CECR", ce glossaire ou « lexique d'un domaine spécialisé »[109] voulait s'interdire d'abord toute explication "partisane" et datée d'un vocabulaire qui se donnerait comme fini et courrait le risque d'être appréhendé comme un « code ». Tel qu'il se présente, dans sa banale ou commune apparence, il pourrait toutefois prétendre prendre place, dans la bibliothèque du didacticien et des
« praticiens des langues vivantes quels qu'ils soient », aux côtés des dictionnaires de didactique des langues, à la suite du CECR, et pour lui servir, selon l'intention déclarée du Conseil de l'Europe dans l'avertissement liminaire, d'"utilité".

Bibliographie

CONSEIL DE L'EUROPE (2001), *Cadre européen commun de référence pour les langues*, Paris, Didier.

CONSEIL DE L'EUROPE (2001), *Cadre européen commun de référence pour les langues*, *Guide pour les utilisateurs*, Strasbourg.

BEACCO, J.-C. (2007), *L'Approche par compétences dans l'enseignement des langues*, Paris, Didier.

CONSEIL DE L'EUROPE (2004), *Niveau B2 pour le français*, *Un référentiel*, Paris, Didier.

CONSEIL DE L'EUROPE (2007) *Niveau A1 pour le français*, *Un référentiel*, Paris, Didier.

CONSEIL DE L'EUROPE (2008) *Niveau A2 pour le français*, *Un référentiel*, Paris, Didier.

PUREN C. (2002), « Perspectives actionnelles et perspectives culturelles en didactique des langues-cultures : vers une perspective co-actionnelle, co-culturelle », in *Les Langues modernes*, n°3/2002, 55-71.

PUREN C. (2006a), « De l'approche communicative à la perspective actionnelle », in *Le français dans le monde*, n°347, Paris, CLE international, 37-40

PUREN C. (2006b), « Les tâches dans la logique actionnelle », in *Le français dans le monde*, n°347, Paris, CLE international, 80-81

PUREN C. (2006c), « Le Cadre européen commun de référence et la réflexion méthodologique en didactique des langues-cultures : un chantier à reprendre »,
http://www.aplv-languesmodernes.org//spip.php?article35

ROSEN, É. (2004), « Du niveau A1 au niveau C2. Étude de synthèse relative à la répartition des compétences et des exposants linguistiques » in *Niveau B2 pour le français – textes et références*, Paris, Didier, 17-119.

ROSEN, É. (2005), « La mort annoncée des « quatre compétences » – pour une prise en compte du répertoire communicatif des apprenants en classe de FLE » in *Glottopol*, n° 6, http://www.univ-rouen.fr/dyalang/glotto-pol/numero6.html, 120-133

ROSEN, É. (2006), *Le Point sur le Cadre européen commun de référence pour les langues*, Paris, CLE international.

109. REY A., REY-DEBOVE, J. (1990), *Le Petit Robert 1*, Paris, Dictionnaires Le Robert.

N° d'éditeur : 10149634 – Janvier 2009

Imprimé en France par La Nouvelle Imprimerie Laballery – 58500 Clamecy – N° d'impression : 812082